2019年教育部人文社会科学研究规划基金西部和边疆地区项目（19XJA740006）
陕西师范大学优秀著作出版基金资助出版
陕西师范大学重点学科建设项目资助出版

语言学论丛

● STUDIES IN JAPANESE-BASED MANDARIN
LOANWORDS IN THE NEW ERA

日源新词探微

彭广陆 / 著

北京大学出版社
PEKING UNIVERSITY PRESS

图书在版编目(CIP)数据

日源新词探微/彭广陆著. —北京：北京大学出版社，2020.7
（语言学论丛）
ISBN 978-7-301-31086-1

Ⅰ.①日… Ⅱ.①彭… Ⅲ.①日语－词源－研究 Ⅳ.①H363.9

中国版本图书馆CIP数据核字(2020)第017549号

书　　　名	日源新词探微 RIYUAN XINCI TANWEI
著作责任者	彭广陆　著
责任编辑	兰　婷
标准书号	ISBN 978-7-301-31086-1
出版发行	北京大学出版社
地　　　址	北京市海淀区成府路205 号　100871
网　　　址	http://www. pup. cn　　新浪官方微博：@ 北京大学出版社
电子信箱	lanting371@163.com
电　　　话	邮购部010-62752015　　发行部010-62750672 编辑部010-62759634
印 刷 者	大厂回族自治县彩虹印刷有限公司
经 销 者	新华书店 650毫米×980毫米　16开本　15.75印张　320千字 2020年7月第1版　2020年7月第1次印刷
定　　　价	58.00元

未经许可，不得以任何方式复制或抄袭本书之部分或全部内容。
版权所有，侵权必究
举报电话: 010-62752024　电子信箱: fd@pup.pku.edu.cn
图书如有印装质量问题，请与出版部联系，电话: 010-62756370

目 录

零、日源新词面面观（代序） ……………………………… 1
壹、说"～族" ……………………………………………… 19
贰、说"～屋" ……………………………………………… 27
叁、说"问题" ……………………………………………… 34
肆、说"写真" ……………………………………………… 50
伍、说"蒸发" ……………………………………………… 63
陆、说"献金" ……………………………………………… 77
柒、说"过劳死" …………………………………………… 95
捌、说"料理" ……………………………………………… 104
玖、说"瘦身" ……………………………………………… 128
拾、说"友情出演" ………………………………………… 150
拾壹、说"慰安妇" ………………………………………… 163
拾贰、说"人脉" …………………………………………… 179
拾叁、说"变身""转身""化身""变脸" ………………… 199
拾肆、说"自信满满"和"信心满满" …………………… 218
出处一览 …………………………………………………… 243
后记 ………………………………………………………… 245

零、日源新词面面观（代序）

1. 引言

中日两国一衣带水，一苇可航，这种地缘优势为两国之间的文化接触提供了便利条件，与中日文化接触相伴而生的是汉日语言接触。古代汉语在文字、音韵、词汇等方面对日语产生了全面而深远的影响，尤其是日本人使用汉字以及脱胎于汉字的假名来记录日语，使日语成为有文字的语言。而且，千余年来日语一直不间断地使用汉字，这一现象在人类的语言历史上也具有非常重大的意义。汉字成为汉日语言接触强有力的手段和重要的推动力，具体表现为汉日语言之间的大量借词，两种语言间的相互借词起到了丰富各自语言词汇的作用。

词汇是语言的三大要素之一，同时也是最容易发生变化的语言要素，所以它被称为时代的一面镜子。我国自改革开放以来，社会发生了巨变，新的事物层出不穷，新的概念大量产生，因此新词不断涌现，成为这一时期汉语词汇的主要特征。不同语言之间的接触，也会导致新词的出现。对于汉语中的新词，通常可以看到如下不同的定义：

① 指1919年以来汉语中新出现的词汇（符淮青1985：170）
② 指1949年中华人民共和国成立以来汉语中新出现的词汇（郭熙1993）
③ 指1978年改革开放以来汉语中新出现的词汇（刘吉艳2010：7）

我们采用外延最小的③的观点。

在汉语的新词中，就有不少是来自其他语言的外来词，其中也包括源自日语的外来词。汉语新词中的日源外来词（以下称之为"日源新

词"）为数不少，其特点鲜明，对汉语的词汇影响较大。本书在笔者以往研究的基础上，专门讨论汉语中的日源新词问题，从不同的角度对日源新词进行考察和分析，并论及相关的问题。

有一点需要说明的是，这里所说的"新词"是广义的，还包括新义，即词形是固有的，但它又产生了新的义项，具有这样的新义的词也属于我们考察的对象。而且，这里的"新词"，严格地说应该称之为"新词语"，即不仅包括新词，还包括新词缀（新类语缀）和新语（新的熟语）。

2. 汉语从日语借词的两次高潮

汉语与日语相互借词的历史可以追溯到一千数百年前，古代直至近代主要是日语从汉语借用大量的词汇，以至于「漢語」（音读汉字词）[1]早已成为日语词汇的重要组成部分。近代以降则是汉语从日语借词，数量也颇为可观。我们认为，历史上汉语从日语借词共有两次高潮：第一次高潮出现在19世纪末至20世纪初，第二次高潮则出现在改革开放后尤其是20世纪80年代至今的四十余年间。这两次从日语借词的高潮在方方面面表现出明显的差异，大致可以归纳如下（见表1）：

表1　两次从日语借词高潮的异同

区分	时期	动因	方法、途径	借词的范围	数量
第一次从日语借词高潮	19世纪末至20世纪初	吸收西方的文化和文明	西书汉译	自然科学和社会科学的词汇	大量
第二次从日语借词高潮	20世纪80年代以降	吸收日本的文化和文明	大众传媒、互联网、人员往来	与衣食住行相关的词汇及抽象词汇	不如第一次高潮数量多，但也在逐渐增多

---

[1] 日语的词汇根据其来源的不同通常被分为四类：「和語」（和语词）、「漢語」（音读汉字词）、「外来語」（外来词）、「混種語」（混合词），其中「漢語」有许多是来自古代汉语的借词，同时也有不少是江户时代末期和明治时期日本人翻译西方学术著作时借用汉字创造的新词。

3. 日语借词研究概观

关于第一次高潮期的日语借词研究迄今已有大量成果问世，代表性的学术著作有実藤惠秀（1960）、沈国威（1994、2010），马西尼（1997），荒川清秀（1998），陳力衛（2001），朱京偉（2003），何华珍（2004），李运博（2006），刘凡夫、樊慧颖（2009），邵艳红（2011），常晓宏（2014），孙建军（2015）等，其特点可以归纳为：有的研究限定在专书、专人上，深入细致；有的研究限定在某一个领域，特点突出；有的研究则侧重宏观上的把握，系统性强。

关于第二次高潮期的日语借词研究，有不少学者积极参与，这一研究领域的论文数量也颇为可观，尤其许多日语语言文学专业或汉语言文学专业、对外汉语专业的硕士研究生或博士研究生都以此为题撰写学位论文。诸多成果中尤以谯燕、徐一平、施建军（2011）最为引人注目，该论文集收录的均为对具体日源新词进行描写研究的论文，其作者多为研究生，反映了学术新生代的研究成果。此外，顾江萍（2011），崔崟、丁文博（2013）也颇具学术价值，但二者均有相当篇幅涉及第一次高潮期的日语借词，很难说是研究汉语新词中的日源外来词的专论。

纵观有关汉语新词中的日源新词的研究成果，不难看出如下特点：以特定的日源新词为对象的个案研究不少，但这些成果从整体上把握不够；间或有宏观上的论述，但因为缺少个案研究作为支撑，流于泛泛而谈，缺乏足够的说服力。总而言之，成果数量不少，但视角单一，鲜有系统而深入的研究，也未见有个人研究专著出版。

4. 日源新词研究方法之我见

我们认为，对于日源新词及相关问题应该进行全方位的、系统的研究，应该力争做到以下几点：

（1）确定日源新词的外延（具体数量）和内涵（各种类型）；
（2）遴选高频的日源新词进行细致的描写；
（3）找出日源新词变异的规律和类型；
（4）厘清日源新词的特殊性和整体特征。

研究的思路应该以实证研究为主导，将微观研究、中观研究、宏观研究有机地集合起来。具体到日源新词研究而言，微观研究指对有代表性的日源新词进行个案研究；中观研究指以微观研究为基础，归纳出日源新词的不同类型及其基本特征；宏观研究指在微观研究和中观研究的基础上，总结出日源新词的整体特征和借用的一般规律。

研究的内容具体可以分为两大部分：一部分是作为系统研究支撑的个案研究，主要以词性和语言单位的不同为线索来展开，具体考察特定的日源新词进入汉语词汇系统的全过程；另一部分则是考察报纸上日源新词的使用情况和词典中日源新词的收录情况，前者是动态的，而后者是静态的，二者相互印证。通过上述考察，总结出日源新词的主要类型、基本特征和借用的一般规律。

至于应该如何确认日源新词，我们认为首先要对该词的词源进行考证，要证明该词的词形或词义、用法在日语中的出现早于汉语；要尽量找出最早的书证来证明该新词或新义是何时进入汉语词汇体系的；要通过实例论证该新词或新义在汉语中是如何固定下来的，即要进行历时的考察，动态的考察。不仅如此，日源新词进入汉语词汇体系后大多都发生了变异，要对变异的过程进行描写；对于有些汉化的日源新词也要进行考察；受到日语的影响汉语中也出现了一些新的能产的词缀（类语缀），使得汉语中出现了大量的新的词群，对此也有必要进行细致的描写。

总之，在日源新词的研究方法上要有所创新，我们主张将接触语言学研究、传播学研究、社会语言学研究、对比语言学研究，以及语料库语言学、词典学等融为一炉；宏观研究、中观研究和微观研究相结合；历时考察与共时考察相结合；定性分析与定量分析相结合。只有做到这些，才能够揭示新时期汉日语言接触的主要特征，厘清日源新词的特性及其变异的规律，阐明日源新词对汉语词汇产生的影响及其类型，进而对汉语词汇学研究、汉日语言接触研究、汉日对比研究均有所贡献。

5. 日源新词大量出现的原因

进入新时期以来，汉语之所以又开始从日语大量地借词，有其社会、心理、语言内部和科技等方面的原因。

一般而论，一种语言从其他语言借词，与该社会的开放程度以及与其他文化的接触的程度是成正比的，即社会越开放，与其他文化接触得越多，就越容易从其他语言借词。1978年以后，外来文化如潮水般涌来，国民对于外来文化如饥似渴，与外来文化的接触导致了外源新词的大量产生。

年轻人追求新奇，厌恶陈腐的表达方式，赶时髦，这是日源新词大量出现的心理原因。

汉语和日语都使用汉字，因此相互之间借词时无需转写，可以直接借用词形，使得借词更加便捷、容易，为从日语借词创造了有利的条件。大量的新概念的引进，是日语借词大量产生的语言方面的直接原因。

信息时代的到来和计算机网络技术的发达，加速了外来词固定下来的速度，这是以往任何时代都无法比拟的。

6. 日源新词的类型

因为日源新词具有多方面的特征，所以需要对其从不同的角度进行分类和考察，这样才能揭示出日源新词的全貌。

6.1 根据语言单位进行分类

① 借用词

○毒舌、腹黑、物流、和食

② 借用词缀

a.前缀

○初～、激～、暴～、全～、超～

○问题～

b.后缀

○～族、～屋、～男、～女、～酱、～桑

③ 借用熟语

○自信满满、年中无休（全年无休）

○友达以上（朋友以上）、恋人未满

6.2 根据音节数进行分类

① 单音节词
　　○宅、萌
② 双音节词
　　○熟女、献金、绘本、达人、援交、人妻
③ 多音节词
　　○违和感、脱北者、必杀技、少子化、天然呆、喜好烧、茶碗蒸、乌冬面
　　○日本料理、问题意识、高岭之花、人畜无害、自信满满（信心满满）

6.3 根据词性进行分类

① 名词
　　○熟女、御姐、忍者、声优、绘本、料理、玄关、素颜、民宿
② 形容词
　　○违和、毒舌、腹黑、一级棒
③ 动词
　　○乱入、秒杀、完败、逆袭、研修、买春、援交、失格
④ 动词兼形容词
　　○宅

6.4 根据借用方式进行分类

① 音译
　　a. 全部使用汉字进行翻译
　　○榻榻米、欧巴桑、卡哇伊、撒由娜拉（莎哟哪啦）
　　b. 部分使用汉字、部分使用西文字母进行翻译
　　○卡拉OK

② 音译与意译融合

　　○一级棒、扒金库

③ 音译与意译组合

　　○乌冬面

④ 借形词

　　a. 使用假借字

　　○寿司、刺身、天妇罗

　　b. 汉字表意

　　○古着、变身、写真、大赏、异动、秒杀

　　○新干线、人形烧、不名誉、关东煮、茶碗蒸、必杀技、小确幸、一目惚

　　○友情出演、欲求不满、人间蒸发

　　c. 部分汉字表意、部分汉字不表意

　　○回转寿司

6.5　根据词源进行分类

① 纯粹日源词

　　○萌、物语、寿司、刺身、腹黑、卡哇伊

② 二次借用词

　　○蒸发[1]

③ 回归词

　　○写真、人气、献金、料理

④ 部分日源、部分外源词

　　○卡拉OK

由于日语中的原词大多是使用汉字书写的，所以汉语在借用时往往是连带词形也借用过来，这使得汉语从日语借词极为便捷，这点是源自西方语言的借词无法企及的。

---

[1] 参见彭广陆（2003a），以及本书"伍、说'蒸发'"。

7. 日源新词进入汉语词汇体系的过程

当我们说特定的日源新词已经进入汉语的词汇体系时，需要有客观的根据。具体而言，首先要看该词是否已经被汉语有代表性的语文词典（例如《现代汉语词典》等）所收录，如果被收录了，说明该词已经得到专家们的认可了。当然，编纂词典的专家们确定收录与否时，应该是有客观的标准的。我们认为，这个标准应该体现在三个方面：一是看该词形是否固定下来了；二是看该词的词义或义项是否明确而且固定下来了；三是看使用频率。这些都可以通过一些报刊的数据库加以确认。

日源新词在汉语中出现到固定下来需要一个过程，由于媒体的发达和互联网的普及，日源新词固定下来所需要的时间较之从前大大缩短了。日源新词大多最早出现在与日本有关的文本或翻译中，且最初多带有引号或用括弧加以注释，随着该词的认知度的提高，引号和注释也就不再出现了。通过这一现象，我们也可以观察到日源新词被普遍接受的过程。例如：

（1）a. 孔祥明，经数年努力，于1985年升为八段。最近去日本"研修"半年，研究日本棋界现状和进修日语。

（文摘报 1987年1月28日）

b. 最近，警察厅为挽回影响，组织都道府县警察干部"研修"，进行作风整顿。　（南方周末 2000年1月14日）

c. 记者拨通了河北大学媒介经济研究所所长曹朋的电话。他说，是要办摄影研修班，具体事情让江涛给他来电话。

（北京青年报 2002年7月17日）

（2）a. 一名资深日本外交官昨天在神奈川县被捕，罪名是涉嫌接受一名15岁的在校女生的"援助交际"，与其发生性关系。

（北京晚报 2002年2月22日）

b. 近年来，日本社会兴起了由在校女学生提供的名为"援助交际"的性服务，这恰好适合了日本政界各种"达官贵人"的胃口。日本媒体曾报道说，"援助交际"兴起后，一些官员乐此不疲，他们与那些年龄足以做他们女儿的小女生出

游,或到私人别墅大玩性派对,来满足自己的需要。

(环球时报2002年5月30日)

　　c. 少女援交谁之痛　　(中国新闻周刊2011年43期封面)

(3) a. 在一天之内连续参观了大宫市的一家"七至十一"方便店、一家"便当"(盒饭)工厂和上尾市的一家送货中心。

(CCL[1])

　　b. 他曾和我们谈及,那时吃到几粒糖就感到快乐无比,偶得一盒"便当"(盒饭)就是全家盛宴了。　　(CCL)

　　c. 除了一日三餐吃饭用米之外,日本人喜爱食用以大米为原料的寿司、便当盒饭、煎饼,以及日本清酒和酱汤,要消耗大量的大米。　　(CCL)

　　d. 天仇:霞姨,这些便当是我的。　　(周星驰喜剧剧本选)

8. 日源新词的变异

　　日源新词一旦进入汉语的词汇体系,往往容易发生变异,即出现新的意义或用法。

　　例如,日语中的「熟女」一词是「熟年女性」的简称,「熟年」则是1970年代后期日语中出现的一个新词,是「中高年」的意思,而「中高年」通常指45～65岁的中老年人。「熟女」在日语中通常指35岁至50岁的虽然不再年轻但具有女人魅力的女性,有时还指60岁以上的女艺人。但汉语中的日源新词"熟女"有时还可以指20多岁的女性,在汉语中使用时主要表示"成熟的女性"之意,而不太限定年龄。而且,有的年轻女性还自称自己是熟女,这是日语中没有的用法。例如:

　　(4) 28岁熟女眼袋切除手术全程收录　　　　　　(CCL)

　　(5) 日前,当红主持人柳岩在自己的微博上贴了一张自己16岁时的照片,照片上的她身穿红色坎袖衫,白色裤子,梳着齐耳短发与现在的时尚性感完全不搭界。连她自己也忍不住说道:"说从16岁的土妞Loli变成今天的熟女,也意味着离大妈

---

[1] 北京大学中国语言学研究中心语料库,以下简称CCL。

不远啦，越长大越懂理解妈妈的爱，据说今天是Loli日，那就叫我'柳妈'好了。"

（http://www.chinanews.com/yl/2011/10-13/3386396.shtml 2011年10月13日）

"写真"一词表示"照片"之意的新义项也是借自日语的，日语是在翻译英语的photograph和photography时借用了汉语古已有之的"写真"这个词形。但该义项进入汉语后，发生了词义缩小的现象。例如林伦伦、朱永锴、顾向欣编著的《现代汉语新词语词典（1978—2000）》（花城出版社，2000）中的"写真"一词的释义为"以某人的身体为创作主体的人体摄影，是日语しゃしん的汉语借词，但现在多暗指女性裸体照片"。从日语中的「写真」（照片）到汉语中的"人体摄影"，再到"女性裸体照片"，显然词义的范围大大缩小了。例如：

（6）舒淇又要拍<u>写真</u>。　　（民族地区经济报1999年12月25日）

（7）文章还称在日本时张丽玲曾做过陪酒小姐，在粗俗的日本体育小报上"拍<u>写真</u>"。文章一经披露，张丽玲本人及剧组迅速做出了反应。　　（北京晚报2000年6月9日）

再比如"罗生门"也是近些年借自日语的新词，但「羅生門」在日语中是专有名词，本来指日本古都平城京、平安京的大门，又叫"罗城门"，后来「羅生門」还被用于著名作家芥川龙之介创作的短篇小说的篇名和著名导演黑泽明拍摄的电影的片名，但它进入汉语后却变为了普通名词，而且意义也明显地发生了变化——现在通常指事件当事人各执一词，分别按照对自己有利的方式进行表述证明或编织谎言，最终使得事实真相扑朔迷离，难以水落石出。例如：

（8）天皇是否萌生退意已成<u>罗生门</u>，日本媒体大肆报道，宫内厅单方面否认，更让人感到扑朔迷离的是这条新闻传出的时机。

（新京报2017年7月17日）

（9）陆川秦岚上演罗生门：女方承认分手男方否认
（https://ent.qq.com/a/20140312/003420.htm 2014年3月12日）

9. 日源新词的汉化

有的日源新词进入汉语后，在词形上被改造了，更加符合汉语的习惯。例如，日语的「宅急便」是一家快递公司（ヤマト運輸）使用的商标，也许是为了避免侵权，也许还有"便"字容易让人联想到排泄物的原因，所以中国的一家物流公司的名称叫作"宅急送"。

再比如，日语的「年中無休」（ねんじゅうむきゅう）通常用于表示商家一年到头都不休息，每天都营业。但在汉语中，"年中"表示"一年里中间的一段，多指六七月间"（《现代汉语词典》第7版，商务印书馆，2016）之意，与日语的原意有出入，所以「年中無休」（ねんじゅうむきゅう）进入汉语后多被改造为"全年无休"这个词形使用，当然，"年中无休"这个借形词也在使用。

10. 日源新词与汉语固有的词并存

有时汉语从日语借词，并非不得已而为之，汉语中明明有表示该意义的词，却还要从日语中借用近义（同义）而词形不同的词，究其原因，大概是使用者喜新厌旧的心理使然，为了追求修辞效果，尽量使表达多样化。虽然从日语借用了新的词形，但汉语的固有词形并未退出历史舞台，从而形成了二者和平共处的局面。正因为如此，使得汉语中的近义词（同义词）的数量增加了，同时汉语的表达也更加丰富多彩了。

下面所列的就是这样的近义词，破折号左边的是汉语固有的词，右边的是日源新词：

○同事——同僚
○大奖——大赏
○盒饭——便当
○减肥——瘦身
○进修——研修

○剖腹——切腹
○异地恋——远距离恋爱
○～馆、～厅、～店——～屋

下面是这类词语的实例：

（10）a. 在本届奥运会圣火刚熄时，从东道国日本传来一则消息：日本著名长跑运动员圆谷幸吉因奥运战绩不佳而<u>切腹</u>自杀了。　　　　　　　（作家文摘2001年2月23日）

b. 在三岛极为出色地演完了那幕<u>切腹</u>的闹剧之后，这类争论达到了顶峰，直至30年后的今天仍然没有定论，这在世界文学史上恐怕也是罕见的。　（环球时报2000年1月28日）

c. 河北一男子在医院<u>剖腹</u>自残　院方紧急抢救
　　　　　　　　　　　　　（燕赵都市报2002年3月13日）

d. 软弱丈夫顶句嘴凶悍妻子竟"<u>剖腹</u>"　丈夫被吓昏
　　　　　　　　　　　　　（扬子晚报2002年3月25日）

（11）a. 天仇：霞姨，这些<u>便当</u>是我的。　（周星驰喜剧剧本选）

b. 孙萌萌愣在那儿，她清楚地记得很久以前的那个时候，肖毅的公司刚刚开始起步，她刚毕业，每天中午都会拿着<u>便当</u>去他的小公司找他。　　　　　　　　　（婚久必昏）

c. 7点到公司，晚上7点回家，在家吃习惯的家常饭，中午在办公室吃<u>盒饭</u>。　　　　（人民日报1994年7月1日）

d. 91次列车<u>盒饭</u>质量太差——真坑人！
　　　　　　　　　　　　　（人民日报1994年7月30日）

（12）a. 都市的<u>咖啡屋</u>，坐着许多边品边聊的人。
　　　　　　　　　　　　（世界信息报1997年第38期）

b. "杀时间"最有效的方法就是花上几个法郎，在街头<u>咖啡馆</u>坐它几个小时。　（作家文摘·青年导刊2000年1月14日）

（13）a. 星期天抓他上街兜了一圈，逛了七八家"<u>精品屋</u>"，挑了十余种名牌货，丈夫不是嫌色彩太花哨，便是怪样式太新潮。　　　　　　　　　（中华周末报1996年10月18日）

b.《访祥云国货精品店》这一条获奖新闻是她做的，获奖时，李瑞英同志说："播音员都应该是这样，能播也能采……"　　　　　　　（购物导报·书市周刊 2000年1月17日）

11. 同形的日源新词与被改造的日源新词并存

还有一种现象比较特殊，即汉语一方面原样借用了日语的词形（属于借形词），同时又为了使之更加符合汉语的习惯而对该词形进行了部分的改造。从实际使用的情况来看，同形的日源借形词和改造的词形都在使用，事实上也导致了汉语中的近义词（同义词）的增加。下列三组近义词，破折号左边为借形词，右边是改造的词形：

○年中无休——全年无休
○自信满满——信心满满[1]
○友达以上，恋人未满——友人以上，恋人未满

下面是这方面的实例：

（14）a. 平时自信满满的她，今天看上去心事重重。　　（CCL）
　　　 b. 蒋迪对自己选择的道路信心满满。　　　　　　（CCL）
（15）a. 我不知道怎么去形容这种感觉，也许就像那句话：友达以上，恋人未满……
　　　　 （http://home.babytree.com/u2302345449/journal/show/11185003 2012年11月14日）
　　　 b. "友达以上，恋人未满"，短短八个字会瞬间触及游荡于心中割舍不下的情怀。
　　　　 （https://www.wenzhangw.cn/wenzhang/xinqing/74447.html 2015年6月10日）

12. 日源新词对汉语词汇的影响

大量的日源新词进入汉语词汇体系后，不仅使得汉语词汇的数量增

---

[1] 详见彭广陆（2016），以及本书"拾肆、说'自信满满'和'信心满满'"。

加了，丰富了汉语的表达方式，而且它还对汉语的词汇乃至语法产生了明显的影响，最主要的表现为大量新的词族的出现。主要是一些能产的前缀和后缀非常活跃，不断地产生许多新的派生词。类推造词还表现为，「熟女」在日语中并没有与之对应的「熟男」，它是不对称的，所以它是有标的。而汉语中借用了"熟女"以后，很快也就出现了"熟男"一词，从形式上看男女平等了。

"问题"在汉语中本来只有名词的用法，它不能直接修饰名词，但受到日语的「問題」的用法的影响，"问题"也可以修饰名词了，这种用法已经非常常见了。

"～中"这个后缀的用法也是借自日语的，例如汉语过去使用"正在营业"，而现在更多地使用"营业中"。"～中"作为汉语体（aspect）的一种标记正在发挥着重要的作用。

13. 结语

以上我们粗线条地对现代汉语中的日源新词从不同侧面进行了一个大致的描写，从中不难看出日源新词的鲜明特性，它对于丰富汉语的表达方式起到了积极的作用。而且，随着中日文化接触和汉日语言接触的持续和发展，日源新词还将不断地增加。

参考文献

1. 常晓宏，2014，鲁迅作品中的日语借词，南开大学出版社。
2. 崔崟、丁文博，2013，日源外来词探源，世界图书出版公司。
3. 冯天瑜，2004，新语探源——中西日文化互动与近代汉字术语生成，中华书局。
4. 符淮青，1985，现代汉语词汇，北京大学出版社。
5. 高名凯、刘正埮，1958，现代汉语外来词研究，文字改革出版社。
6. 顾江萍，2011，汉语中的日语借词研究，上海辞书出版社。
7. 郭伏良，2001，新中国成立以来汉语词汇发展变化研究，河北大学出版社。
8. 郭熙，1993，汉语新语汇词典，江苏教育出版社。
9. 何华珍，2004，日本汉字和汉字词研究，中国社会科学出版社。

10. 李运博，2006，中日近代词汇的交流——梁启超的作用与影响（日文版），南开大学出版社。

11. 刘凡夫、樊慧颖，2009，以汉字为媒介的新词传播——近代中日间词汇交流的研究，辽宁师范大学出版社。

12. 刘吉艳，2010，汉语新词群研究，学林出版社。

13. 刘叔新，1990，汉语描写词汇学，商务印书馆。

14. ［意］马西尼，黄河清译，1997，现代汉语词汇的形成——十九世纪汉语外来词研究，汉语大词典出版社。

15. 彭广陆，2000，从汉语的新词语看日语的影响·之一——说"～族"，汉日语言研究文集（第三集），北京出版社、文津出版社。

16. 彭广陆，2001a，从汉语的新词语看日语的影响——说"～屋"，日本学研究——日本学国际学术研讨会论文集，中国人民大学出版社。

17. 彭广陆，2001b，从汉语的新词语看日语的影响·之四——说"问题"，日本文化论丛，大连理工大学出版社。

18. 彭广陆，2002，从汉语的新词语看日语的影响·之二——说"写真"，日本语言文化论集（3），北京出版社、文津出版社。

19. 彭广陆，2003a，从汉语的新词语看日语的影响·之三——说"蒸发"，日本学研究第12期，世界知识出版社。

20. 彭广陆，2003b，汉语新词中的日源词——以《现代汉语词典》（2002年增补本）为考察对象，日语教育与日本学研究论丛第一辑，民族出版社。

21. 彭广陆，2003c，从汉语的新词语看日语的影响·之五——说"献金"，日本语言文化研究（第4辑），学苑出版社。

22. 彭广陆，2003d，从汉语的新词语看日语的影响——说"过劳死"，中国语研究第45号，白帝社。

23. 彭广陆，2003e，从汉语的新词语看日语的影响·之六——说"料理"，日语学与日语教育研究——纪念顾明耀教授从教40周年，西

安交通大学出版社。

24. 彭广陆，2005，从汉语的新词语看日语的影响·之七——说"瘦身"，日语教育与日本学研究论文集，西安交通大学出版社。

25. 彭广陆，2006，从汉语的新词语看日语的影响·之八——说"友情出演"，日本语言文化研究第六辑，学苑出版社。

26. 彭广陆，2012，从汉语的新词语看日语的影响——说"人脉"，日语学习与研究第4期。

27. 彭广陆，2014，说"变身""转身""化身""变脸"，语言文化学刊创刊号，白帝社。

28. 彭广陆，2016，说"自信满满"和"信心满满"，中日语言文学研究，学苑出版社。

29. 谯燕、徐一平、施建军编著，2011，日源新词研究，学苑出版社。

30. 邵艳红，2011，明治初期日语汉字词研究——以明六杂志（1874—1875）为中心，南开大学出版社。

31. 沈光浩，2015，汉语派生式新词语研究，中国社会科学出版社。

32. 沈国威，2010，近代中日词汇交流研究：汉字新词的创制、容受与共享，中华书局。

33. 史有为，2004，外来词：异文化的使者，上海辞书出版社。

34. 史有为，2013，汉语外来词（增订本），商务印书馆。

35. 吴侃主编，2013，汉语新词日译研究，大连理工大学出版社。

36. 修刚主编，2011，外来词汇对中国语言文化的影响，天津人民出版社。

37. 薛才德主编，2007，语言接触与语言比较，学林出版社。

38. 杨华，2002，汉语新词语研究，黑龙江教育出版社。

39. 杨锡彭，2007，汉语外来词研究，上海人民出版社。

40. 杨小平，2012，当代汉语新词新语研究，中国社会科学出版社。

41. 杨绪明，2014，当代汉语新词族研究，中国社会科学出版社。

42. 张兴权，2012，接触语言学，商务印书馆。

43. 宗守云，2007，新词语的立体透视——理论研究与个案分析，广西

师范大学出版社。

44. 荒川清秀，1998，近代日中学術用語の形成と伝播——地理学用語を中心に，白帝社。
45. 池上禎造，1984，漢語研究の構想，岩波書店。
46. 内田慶市，2001，近代における東西言語文化接触の研究，関西大学出版部。
47. 実藤恵秀，1960，中国人日本留学史，くろしお出版。
48. 朱京偉，2003，近代日中新語の創出と交流——人文科学と自然科学の専門語を中心に，白帝社。
49. 沈国威，1994，近代日中語彙交流史，笠間書院。
50. 孫建軍，2015，近代日本語の起源——幕末明治初期につくられた新漢語，早稲田大学出版部。
51. 高野繁男，2004，近代漢語の研究——日本語の造語法・訳語法，明治書院。
52. 陳力衛，2001，和製漢語の形成とその展開，汲古書院。
53. 彭広陸，2000，中国語の新語に見られる日本語語彙の受容，対照言語学研究第10号，海山文化研究所。
54. 彭広陸，2001，日本における中国語新聞の用語に関する考察，日中言語対照研究論集第3号，白帝社。
55. 彭広陸，2003a，日本料理名の中国語訳について，当代日本语学研究——北原保雄博士業績紀念論文集，高等教育出版社。
56. 彭広陸，2003b，中国の新聞に見られる日本語の語彙，日本学研究第十三期，外语教学与研究出版社。
57. 彭広陸，2004a，中国語の新語辞典に見られる日本語語彙の受容，日本学研究第十四期，学苑出版社。
58. 彭広陸，2004b，中国語の新語に見られる日本語からの借用語の変容及びその影響，対照言語学研究第14号，海山文化研究所。
59. 彭広陸，2005a，中国語と外来語，国文学解釈と鑑賞1月号，至文

堂。

60. 彭広陸，2005b，中国語の新語における日本語からの借用語，香坂順一先生追悼記念論文集，光生舘。

61. 彭広陸，2010，「慰安婦」について，国際シンポジウム35集東アジア近代における概念と知の再編成，国際日本文化研究センター。

62. 彭広陸，2013，中国語の新語に見られる日本語からの借用語，日本語学11月号，明治書院。

壹、说"～族"

1. 引言

在现代汉语的新词语中，有不少词直接或间接地与日语的词汇有关[1]。所谓与日语词汇直接相关的词既可以指"寿司""物语""空手道""过劳死""卡拉OK"这样的直接借自日语的词，也可以指"料理""写真"这样的、汉语中虽有该词形但受日语的影响而被赋予新义、新用法的词；与日语词汇间接有关的词则指构成"打的族""精品屋""营业中"这类派生词，其能产的后缀的用法源自日语[2]。

本文将对现代汉语新词语中大量出现的、由"族"构成的派生词与日语中的由「族」构成的派生词做一番比较，以期阐明二者之间的关系及其异同。

2. 汉语中的"～族"

《青年文摘》1993年第7期连载的《中学生新潮"族"》一文中有如下一段文字：

一位中学生在语文试卷"物以类聚，＿＿＿＿＿"下面填上了"人以族分"。信不信由你。

细细想来，这四个字还真有点道理。自从两年前中学生里出了个"追星族"，其他各族便如雨后春笋般生长出来：名牌族、打工族、手掌机族、摇滚族、耳机族、卖报族……据统计，在北京市某中学初二年级的一个班里，全班42人，共分了9个族。

---

[1] 对于新词语范围的界定因人而异，笔者在这里只把改革开放以来出现的词看作新词语，而且它在《现代汉语词典》（商务印书馆，1978）中是查不到的。

[2] 这些能产的词缀完全或部分地保留了它本来的词汇意义，因此一般被称为"类语缀"或"准词缀"。

究竟"族"为何物，几乎没人说得清，有人说是从日本的中学生里学来的，也有人说"族"虽是封建社会的东西，但却有返璞归真的韵味，更符合现代人的追求。不管怎么样，从形式上看中学生们的"族"就是按不同人的共同特点自发组织起来的非正式小团体，是某种活法的集合。

这段文字告诉我们，"～族"的这种用法有可能来自日语。

朱广祁编著的《当代港台用语辞典》（上海辞书出版社，1994）中收有以下四个由"族"构成的派生词，可见台湾确实在使用这样的词：

公车族：［台］没有自备汽车，靠乘公共汽车上下班的人。
股票族：［台］热衷于股票投机的人。
青春族：［台］青年一代。
BO族：［台］因工作过分紧张而精神抑郁、脾气暴躁的人。

中国社会科学院语言研究所词典编辑室编纂的《现代汉语词典》（商务印书馆，1978）中的"族"的条目是这样的：

族 zú ① 家族：宗～｜合～。② 古代的一种残酷刑法，杀死犯罪者的整个家族，甚至他母亲、妻子等的家族。③ 种族；民族：汉～｜斯拉夫～。④ 事物有某种共同属性的一大类：水～｜语～｜芳香～化合物。

但到了第3版（1996）中，虽然义项的数目和释义没有任何变化，但在义项④中增添了"打工族、上班族"这两个例词，而且用"◇"表示这两个词是用于比喻义的。"打工族、上班族"与"水族、语族、芳香族化合物"都表示具有某种共同属性的一大类事物，这是将它们分为同一类的理据，但仅仅因为前者表示人，而后者表示狭义的事物，就将前者的用法视为"比喻义"，这也未必妥当。如果把该义项中的事物作广义解，则二者并无本质上的差异。当然，随着"～族"这样的词的大量衍生和使用，词典中也有可能将其单立一项，释义为"具有某一共同

特征的一类人"[1]。

上述两个版本中的差异表明,在二十年前,"打工族、上班族"这样的派生词尚未出现和得到承认,而二十年后它已经在汉语词汇中占有一席之地了。

"～族"这样的词的产生无疑与流行语有着密切的联系,陈芳等编著的《当代流行语》(中国社会出版社,1999)中就收录了下面这样的词:

  炒　族:称从事炒买炒卖从中牟利的一类人。
  持卡族:称持有各类信用卡代替现金支付方式进行消费的一类人。
  电脑族:指在家庭中用上了微型电子计算机的社会群体。

缪小放(1999)列举了以下"族"构成的派生词:

  追星族、上班族、月票族、的士族、摩托族、吃喝族、美食族、打工族、退休族、离休族、健美族、租房族、傍款族、单身族、外嫁族、减肥族、工薪族、收购族、持卡族、流动送饭族、超前消费族、卡拉OK族、热线发烧族、青春音乐族。

除此之外,笔者本人收集到的实例还有:

  未婚族、离婚族、旁听族、考研族、拥车族、有车族、驾车族、开车族、擦车族、洗车族、打的族、染发族、泡吧族、夜猫族、隐士族、新贫族、朋克族、绿卡族、SOHO族。

3．日语中的「～族」

日本权威性的语文词典『広辞苑』(第4版,岩波书店,1991)中「族」的条目如下:

  ぞく【族】① むらがること。集まること。「—生」② 同じ

---

[1] 《现代汉语词典》(第6版,商务印书馆,2012)的"族"字条目有所改进,其第5个义项的释义为:"称具有某种共同属性的一类人"。——补注

祖先から分れた血統の者。一門。一家。「一—」「家—」「—類」③ 家柄。「士—」「華—」④ 一定の範囲を形づくる同種類の仲間。「語—」「水—館」「社用—」⑤〔生〕生物分類上の一階級。科と属との間。植物学では属との同音を避けて連と名付けられるようになった。⑥〔化〕構造の類似性から分類される化合物の一群。ハロゲン族元素・芳香族化合物など。

显而易见，由于「族」是音读的语素，因此它所表示的意义自然与汉语中的"族"有极大的相似性，尤其是义项④与《现代汉语词典》中的义项④相差无几。

日本的自由国民社于1999年出版的『ことばの20世紀』一书中收集了20世纪各个年份的流行语，其中关于从1948年开始流行的「斜陽族」一词的解释值得注意：

1948【斜陽族】　戦後、没落した上流階級を意味することば。「太陽族」等、のちに登場する「〇〇族」の元祖となった。太宰治の小説「斜陽」（1947年12月、新潮社刊）を語源とするこのことばが有名になったのは48年6月13日に太宰（38歳）が未完長編小説「グッド・バイ」を残して玉川上水で愛人と入水自殺した後である。

由此可以看出，「斜陽族」是最早出现的「〜族」这类的派生词，该书涉及的这类词还有：

1978【窓ぎわ族】……
1979【夕暮れ族】……
1988【カウチポテト族】……

見坊豪紀『新ことばのくずかご<'84〜'86>』（筑摩書房，1987）一书中收录的1984年至1986年间使用的此类词有如下这些：

あげない族、アンマリ族、一万五千円族、オジカラ族、くれない族、サイチバ族、三語族、ジュース族、新軽井沢族、セラコン

族、タンゴ族、ハイソ族、ベルサッサ族、ヤンカラ族

此外，其他一些日本出版的语文词典「～族」条目中收录的还有：

文化センター族、マイカー族、脱サラ族、深夜族、雷族、暴走族、社用族、米飯族、団地族，ながら族、シングル族

4．汉语与日语的比较

通过以上粗略的考察不难看出，"族"作为后缀构成表示"具有某一共同特征的一类人"之意的派生词，在汉日语中都是首先作为流行语出现的，且日语远远早于汉语，由于同样使用汉字的缘故，"族"的这种用法也比较容易为汉语所接受。但它进入汉语词汇体系以后，必然带有其自身的特色，因而汉语与日语的"～族"之间就出现了一些差异，现试析如下：

首先，从与"族"组合的词根的词性上看，汉语多为谓词性的，而日语多为体词性的。

其次，在日语中与"族"组合的词根有不少是外来词，而汉语中这种现象绝无仅有[1]。

再次，日语中的「～族」被视为俗语，因而也或多或少带有贬义的色彩[2]，而汉语中的"～族"可以说基本上是中性的。

此外，汉语的"～族"中有不少同义词，这说明这些词尚未定型。例如：

（1）a. 目前能到农村居住的人，大都为城市内的<u>有车族</u>，包括生意人、艺术家、离退休职工、记者等。

（北京青年报 1998年5月17日）

b. 京城<u>拥车族</u>新喜好　带来"开窗"好生意

（北京青年报 1998年5月17日）

（2）a. 据北京中国旅行社有关负责人介绍，此次推出的自驾车丝路游即是在已有的常规线路——丝路之旅的基础上，适应

---

[1] 笔者只收集到了一个汉语中的拉丁字母与「族」构成的例子：社会的发展出现了在家办公的一类人，人们把他们称为SOHO族。（北京青年报　1999年10月27日）

[2] 参见『学研国語大辞典』（第2版，学習研究社，1988）中"族"的条目。

城市越来越多的"驾车族"的需要而推出的。
（北京青年报1998年5月21日）
  b. 给<u>开车族</u>提个醒儿　　（北京晚报1999年10月13日）
（3）a. <u>洗车族</u>屡禁不绝　　（北京晚报1999年11月12日）
  b. 比去年底新苑街出现了无照"<u>擦车族</u>",……
（北京晚报1999年11月12日）

在下面的例子中，"绿卡族"与"绿卡人"是同义的：

（4）正在中央电视台一套节目黄金时间播出的《<u>绿卡族</u>》，是陈冲首次参与拍摄的电视剧。……我们注意到包括陈冲、严晓频、李芸、王伯昭及盖克、蒋雯丽、刘信义、赵越等众多出国"淘金"的影视"<u>绿卡人</u>"，近年来纷纷回流，已经构成了一种现象。　　　　（北京青年报1998年7月17日）

从语义特征上看，不论汉语还是日语，"族"一般都是着眼于该类人与众不同的某一特征进行指称的。比如汉语中有"未婚族"和"离婚族"，尚无"已婚族"，这或许是由于人到了法定的结婚年龄而未结婚或结婚以后又离婚不是一般的、普遍的现象的缘故[1]。

（5）在当代都市中，生活着一大批虽然早已超过了国家法定结婚年龄，但仍未成家的未婚青年。他们对婚姻与家庭抱着一种什么样的态度呢？让我们共同关注这批现代都市的<u>未婚族</u>……　　　　　　　　　　（北京晚报1999年5月5日）
（6）在我国的一项调查资料中显示，在中国的<u>离婚族</u>中，有相当比例的原因是性生活不和谐所致，看来这已成为衡量婚姻质量的一项重要指标。　　（作家文摘1999年11月30日）

5．"～族"与"～一族"

在汉语中，除了"～族"以外，新词语中还存在着为数不少的

---

[1] 近些年汉语中也出现了"已婚族"一词，而且使用相当普遍，这是类推造词法使然。——补注

"～一族"。笔者收集到的以下实例均见诸1998年以后的报刊,它说明这种形式很有可能是后起的,但颇有后来居上之势,这大概是汉语中的四字格使然的:

> 中年一族、大人一族、白发一族、青春一族、年轻一族、时尚一族、白领一族、摩登一族、伤心一族、淘气一族、美食一族、看球一族、陪人一族、打工一族、傍款一族

有些同义的"～族"与"～一族"是同时存在的,例如:

(7) 在广州市,细心的人或许能够发现:近来广州市正活跃着一群健康、文明的"<u>陪人一族</u>"。提及"<u>陪人</u>"族,人们印象中不是医院里陪病人,就是公园里陪老人解闷、陪孩子读书的"特殊一群"。　　　　　(北京晚报1999年10月4日)

"打工族"已经得到了广泛的承认,而"打工一族"也在使用:

(8) 都市人的生活节奏不断加快,外来打工者越来越多,但煲凉菜、煲汤比较费时费神,小火煨要大半天,这无论对白领阶层,还是对<u>打工一族</u>来讲,都很难。
　　　　　　　　　　　　　　　(北京青年报1998年5月17日)

缪小放(1999)以"新潮一族"为例指出了"～族"还有表示某类物品的用法,但他没有严格地区分"～族"与"～一族",笔者认为这是不妥的。毕竟二者在构词上并非完全相同,况且后者还出现了"词汇化"(lexicalization)的现象,即"一族"可以单独作为词使用,而前者未见有这种用法。例如:

(9) 我先没明白,稍一思索才知道问题出在我那件破旧羽绒服上。小贩以衣取人,视我作贫穷乞食的<u>一族</u>了。
　　　　　　　　　　　　　　　(北京晚报1998年4月2日)

日语中也并非没有「～一族」,比如大作家森鸥外于1913年在『中

央公論』上发表的短篇小说『阿部一族』广为人知，但「阿部」是日本人的姓氏，它所构成的专有名词与汉语中的"～一族"有着本质的区别。不过，日语的「一族」也可以作为单独的词使用，比如曾在中国上映的日本影片《华丽的家族》的原文就是『華麗なる一族』，显然日语中的「一族」与例（9）中所引的"一族"的意义并不相同，二者不可混为一谈。

参考文献

1. 缪小放，1999，新兴类语缀例释，汉日语言研究文集（第二集），北京出版社。
2. 徐国庆，1999，现代汉语词汇系统论，北京大学出版社。
3. 姚汉铭，1998，新词语·社会·文化，上海辞书出版社。

贰、说"～屋"

1. 引言

近年来，汉语中出现了大量的新词语，在这些新词语中，有一些是来自日语的借词，除了"刺身""物语""空手道""过劳死""慰安妇"这样的直接借自日语的词语以外，有些构成大量派生词（如"上班族""精品屋""营业中"）的后缀的用法也源自日语[1]。本文将考察日、汉语中作为后缀使用的"～屋"的意义和使用情况，力求找出二者之间的异同。

2. 举例分析

2.1 汉语中的"屋"

在近几年的报刊上，时常可以看到由"屋"构成的派生词，比如：

（1）星期天抓他上街兜了一圈，逛了七八家"<u>精品屋</u>"，挑了十余种名牌货，丈夫不是嫌色彩太花哨，便是怪样式太新潮。
（中华周末报 1996年10月18日）

（2）从前天堂般快乐的<u>公园屋</u>，如今变成令人难以忍受的<u>恐怖屋</u>。
（作家文摘 1997年9月12日）

（3）都市的<u>咖啡屋</u>，坐着许多边品边聊的人。
（世界信息报 1997年第38期）

（4）脚人人都要洗，之所以这习以为常的琐事成了"新闻"，概因此洗非彼洗：由专门的店家也就是"<u>洗脚屋</u>"来伺候。
（生活时报 1998年2月26日）

---

1 按照朱德熙《语法讲义》（第29页）的"真正的词缀只能粘附在词根成分上头，它跟词根成分只有位置上的关系，没有意义上的关系"这条定义，"族、屋、中"还不能算作"后缀"，按照吕叔湘《汉语语法分析问题》的说法，它们属于"类后缀"，具体地说，它们的语义还没有完全虚化，而且有时还用作词根。

（5）再联想到前些年在沿海一些地方开设了许多洗头屋，"屋"的名声似乎有些"狼藉"了，主要是因为有人挂羊头卖狗肉。　　　　　　　（生活时报1998年2月26日）

（6）这样的果汁屋开在好一点的地点，估计一天能卖500杯左右，按每杯售价2元左右计算，除去各种费用，每天可收入300至400元。　　　　　　　　　　　（北京青年报1998年5月17日）

（7）记者对本市十余家电脑屋的采访结果基本相同，略有不同的只是地区的"上机价格"。

（北京青年报1998年6月16日）

（8）在网络咖啡屋上网第一个小时只收1元。

（北京青年报1999年11月12日）

（9）他独自坐了一会儿觉得无聊，结完账后走出了啤酒屋。

（购物导报·书市周刊2000年1月17日）

除了上面列举的"～屋"以外，下面这样的"～屋"的招牌在街头也随处可见：

发屋、饼屋、食屋、饺子屋、时装屋……

尽管与"店、馆、厅、堂、铺"同义且用于店铺名称的"屋"的这种用法屡见不鲜，我们对它也习以为常，但它似乎尚未得到最后的承认，比如在中国社会科学院语言研究所词典编辑室编《现代汉语词典》（修订本，商务印书馆，1997）的"屋"的条目中依然找不到有关上述用法的解释[1]：

屋 wū ① 房子：房～｜～顶。② 屋子：里～｜外～｜一间～住四个人。

以"发屋"为例，1997年的《现代汉语词典》（修订本）中新收录了与它同义的"发廊"却没有收"发屋"。

---

1 《现代汉语词典》（第7版，商务印书馆，2016）依然如此。——补注

【发廊】fàláng 美容理发店，多指小型的个体美容理发店。

李行健等主编的《新词新语词典》（增订本，语文出版社，1993）中不仅"发屋、发廊"都收了，而且还收了"饼屋"。

发屋 fàwū 也称"美发厅"。个体美容理发店的别称。原系粤语，从影片《珍珍的发屋》得名。
发廊 fàláng 又称"发屋"。"美发厅"的别称。
饼屋 bǐngwū 指生产和经营西点、蛋糕、面包饼干的企业。原系方言，后进入普通话。如"国际～10月1日开业"。

在陈芳等编著的《当代流行语》（中国社会出版社，1999）的附录中，作为1986年的流行语收录了"发屋"，似乎可以将它看作"～屋"的滥觞：

【发屋】即个体美容理发店。原系粤方言，后流传全国。许多个体美容理发店都以"××～"为招牌。例：我国有部电影，片名即为《珍珍的发屋》。

正如前面的几部辞书中均已涉及的那样，目前在普通话中流行的新词语中有不少是来自方言，尤其是粤方言，而它们又多是源自港台语的。比如，朱广祁编著的《当代港台用语辞典》（上海辞书出版社，1994）中就收有"发型屋"一词：

发型屋 fàxíngwū ［港］专门设计、制作发型的理发店。

但是，追本溯源，我们不难发现其实不少经由港台语进入粤方言最后进入普通话的新词语都来自日语，"屋"的这种用法即为其中一例。

2.2　日语中的「屋」

懂日语的人都知道，「屋」在日语中有音训两读，与上述汉语的"～屋"的意义有关时，它只读其训读「や」，而不读其音读「お

く」。而且,「屋」读「や」时不仅是多义的,而且它还可以写作「家」[1]。『広辞苑』(第4版,岩波書店,1991)中的该词条如下:

> や【屋・家】□〔名〕① 人の住むために造った建築物。いえ。家屋。住宅。〈和名抄10〉 ② 屋根。「—の棟」□〔接尾〕①その職業の家またはその人を表す語。「花—」「八百—」②家号や雅号、書斎に用いる用語。「鈴—(すずのや)」「播磨—」③あなどりやからかいの気持ちをこめて人を呼ぶ用語。㋑性向を表す語に添え、そのような傾向の人である意を表す。「わからず—」「やかまし—」「がんばり—」㋺仕事・分野を表す語に添え、そればかりを専門としている人の意を表す。「政治—」「技術—」

对于「や」来说,表示"房屋"和"房顶"是其本义,后缀的用法是其意义引申的结果,也可以说产生后缀的用法是「や」的意义由具体而逐渐抽象化的结果,具体而言,「や」的意义由表示建筑或其某一部位引申为表示店铺(包括餐馆),进而过渡到表示以某种职业为生的人,最后产生了表示具有某种性质的人的用法。

以下是日语中「〜屋」的用例:

(10) 83年1月13日夜、安岡氏は政権に就いたばかりの中曽根首相に招かれて、新橋の<u>料理屋</u>で潜かに会った。
　　　　　　　　　　　　　　　　(朝日新聞 1989年1月14日)
(11) 成田空港で<u>靴みがき屋</u>さんがいなくなって半年になる。
　　　　　　　　　　　　　　(朝日新聞 1990年3月8日〈夕刊〉)
(12) 日本人の所持、使用による検挙、押収例は極めて少なく、ほとんどがパキスタン人や香港人の<u>運び屋</u>。
　　　　　　　　　　　　　　(読売新聞 1989年6月28日〈夕刊〉)
(13) 競艇場で<u>予想屋</u>をする鴨井大介が殺人事件に遭遇。
　　　　　　　　　　　　　　(朝日新聞 1990年7月5日〈夕刊〉)
(14) 京都を<u>地上げ屋</u>から守って。　(朝日新聞 1990年7月28日)

1　「や」有时还写作「舍」。

(15) 日本側の鉱山の<u>技術屋</u>として鉱山を整理して目録を作った。　　　　　　　　　　　（朝日新聞 1989年9月27日）
(16) 二位のトレーシー、三位のデンシモらは改めて"<u>飛ばし屋</u>"中山に脱帽した。
　　　　　　　　　　　（朝日新聞 1990年2月13日〈夕刊〉）
(17) かつて「駆けずのお志麻」と呼ばれた<u>のんびり屋さん</u>。
　　　　　　　　　　　（読売新聞 1991年10月15日〈夕刊〉）
(18) <u>気分屋</u>みたいな相撲。　　（朝日新聞 1990年1月19日）
(19) 伝記によれば、ナンシー夫人は当時のブッシュ副大統領夫人のクリスマスプレゼントを平気で横流ししたりブッシュ氏に「<u>不機嫌屋さん</u>」のあだ名をつけていた。
　　　　　　　　　　　（朝日新聞 1991年4月09日〈夕刊〉）
(20) 「<u>面倒くさがり屋</u>なので、資料を使うような小説はムリだと思いっていましたが、だんだんコツがわかってきました」　　　　　　　（読売新聞 1989年7月20日〈夕刊〉）
(21) 同じ四年生のクラスメートと比べると、かなり小柄だが、快活で、<u>頑張り屋さん</u>だという。
　　　　　　　　　　　（朝日新聞 1990年6月15日〈夕刊〉）
(22) 僕は<u>新しがり屋</u>で、常に新しいことをやりたいと思っている。　　　　　　　　　　　（読売新聞 1990年8月5日）
(23) 「……私は先入観なしに、裸で飛び込む<u>活性屋</u>だよ」
　　　　　　　　　　　（読売新聞 1991年10月3日〈夕刊〉）

2.3　汉语与日语比较

上文已经提到"屋"用于店铺的名称这种用法，日语早于汉语，汉语在借用"屋"的时候，只取其字形和字义，而不取其字音，这符合汉语借用日语词汇的一般规律。当然，由于中国和日本对汉字简化的范围和程度不一，自然有些日语词汇进入汉语后的汉字书写形式与日语不尽相同。另一方面，前面已经看到，在日语中用作后缀的「屋」是多义的，而汉语在借用时只借用了表示店铺的这一用法，显然是汉语中固有的"屋"的字义使然，用「～屋」表示以某一职业为生的人，或表示具有某种性质的人，这毕竟与"屋"的本义相去甚远，令

人难以接受。汉语中新兴的后缀"屋"表示店铺之意（其前面的词根表示该店铺的经营内容），这对"屋"而言是一个新的义项，这个引申义之所以被接受，是因为它与"屋"的本义有着内在的联系，毕竟店铺经常是以房屋为其存在形式的。

　　据笔者统计，在『広辞苑』中由「や（屋·家）」构成的派生词竟达507个之多，可见它是极其能产的。但是，汉语中的"～屋"的能产性远不及日语，究其原因，除了上面提到的汉语中的"～屋"没有表示人的用法以外，可能还有以下几个原因：一是在人们的意识中"～屋"的规模不大，因此它的使用范围受到了限制；二是"～屋"有一种新鲜感，一些新兴的店铺大多使用它命名，如"电脑屋""精品屋""啤酒屋"等，而反观与人们日常生活密切相关的店铺，以它命名者并不多见。即便是"饺子屋"其本身也是近几年新出现的。这一现象与日本完全不同，在日本「米屋」「魚屋」「八百屋」「肉屋」「酒屋」「茶屋」「本屋」「呉服屋」「金物屋」「荒物屋」这些与人们日常生活密不可分的店铺是离不开"屋"的[1]；三是"～屋"的出现并没有完全取代旧有的"～馆""～店"等，比如在大量使用"咖啡屋""精品屋"的同时，"咖啡馆""精品店"并没有消失：

（24）谁也说不上"咖啡俱乐部"是何时诞生的，只知道最早发起国是意大利和另一个国家，地点是在某咖啡馆。

（环球时报 2000年1月21日）

（25）如果时间打发不完，那就要"杀时间"了。"杀时间"最有效的方法就是花上几个法郎，在街头咖啡馆坐它几个小时。

（作家文摘·青年导刊 2000年1月14日）

（26）《访样云国精品店》，这一条获奖新闻是她做的，获奖时，李瑞英同志说："播音员都应该是这样，能播也能采……"

（购物导报·书市周刊 2000年1月17日）

　　1　当然，这些称谓是人们对这些店铺的通称，而这些店铺的专名未必如此。在日语中，类后缀「～屋（や）」和「～店（てん）」有所分工，也可以说二者之间存在着语体的差异，口语中多用训读的「～屋」，而书面语（专名）中多用音读的「店」，因此可以看到这样的对应现象：「本屋」—「書店」、「八百屋」—「青果店」等，而且「書店」和「青果店」多用于专名，而「本屋」和「八百屋」则多单独使用。此外，「書店」不仅用于书店的名称，还用于出版社的名称，例如「岩波書店」「大修館書店」「東方書店」等，而「本屋」则不能。

二者经过一段并存的时期以后很有可能趋于统一，哪一种说法将被淘汰，此时下结论为时尚早。

还有一点不同的是，在某一个店铺中被隔开的相对独立的空间也可以用"～屋"来命名，这与"屋"的本义不无关系，但这在日本似乎是鲜见的：

（27）如今在北京西城区各大药店里，一间间挂有"情侣屋""温馨屋"牌子自成一体的小屋成了一道道风景，引得顾客前来观光。　　　　　　　　　　　　（生活时报1998年2月27日）

（28）12月1日那天，津城王先生和我在华都饭店咖啡屋见面，他当时将一个文件袋交给我，说是他们公司的资料，让我看看。　　　　　　　　　　　　（北京晚报2000年1月7日）

3．结语

以上我们粗略地考察了汉语、日语中"～屋"的相互联系及其差异。新兴后缀"～屋"的出现丰富了汉语的表达方式，不难预料，今后我们还会看到更多的形形色色的"～屋"的出现。

参考文献

1. 吕叔湘，1979，汉语语法分析问题，商务印书馆。
2. 缪小放，1999，新兴类语缀例释，汉日语言研究文集（第二集），北京出版社。
3. 姚汉铭，1998，新词语・社会・文化，上海辞书出版社。
4. 朱德熙，1982，语法讲义，商务印书馆。

叁、说"问题"

1. 引言

我国实行改革开放以来，为了适应时代发展的需要，汉语的词汇发生了很大的变化，这主要表现在产生了大量的表示新事物、新概念的新词语，其大多数是自源的，但也有一些是来自其他语言的借词，其中也包括借自日语的词语。

汉语与日语接触的历史源远流长，最早是汉语在文字、音韵、词汇、语法诸方面对日语产生过重大的影响，到了近代，大量的日语词汇进入汉语，对丰富汉语的词汇起到了积极的促进作用。时至20世纪80年代，特别是进入90年代以来，来自日语的借词明显增加。对于近代汉语从日语借词问题，中日两国学者多有研究，并取得可喜成果，但是，对于新时期来自日语的借词问题还缺乏足够的重视和深入细致的研究。

这里所说的新时期借自日语的词语，不仅包括借音词（音译词），还包括借形词。从数量上讲，后者远远多于前者，而且情况更加复杂多样。借形词中既有像"物语、职场、配送"这样的连词形带词义都是新引进的词，还有像"写真、料理"这样由于日语的影响产生了新义的词，此外，还有像"问题"这样产生新用法的词。新时期汉语从日语借用的主要是词，但也有个别的是后缀，而且它们是相当能产的，如"～族""～屋"等[1]。

本文将以"问题"为对象，考察它如何受到日语的影响产生了新的用法，并与日语的「問題」进行比较，进而找出二者的差异所在。

2. "问题"与「問題」词义比较

首先，有必要将现代汉语中的"问题"和现代日语的「問題」的词义加以比较，二者在词典中的释义分别如下：

---

[1] 详见参考文献。

叁、说"问题" 35

【问题】wèntí ① 要求回答或解释的题目：这次考试一共有五个～|我想答复一下这一类的～。② 需要研究讨论并加以解决的矛盾、疑难：思想～|这种药治感冒很解决～。③ 关键；重要之点：重要的～在善于学习。④ 事故或麻烦：那部车床又出～了。

(《现代汉语词典》2002年增补本，商务印书馆，2002)

もんだい ⓪【問題】①答えさせるための問い。回答を必要とする問い。題。「算数の—を出す」「英語の—を解く」②取り上げて討論・研究してみる必要がある事柄。解決を要する事項。「それは—だ」「—を解決する」「大臣の失言を—にする」「—点を整理する」③取り扱いや処理をせまられている事柄。「就職の—で悩んでいる」「それとこれとは別—だ」④世間の関心や注目が集まっているもの。噂（うわさ）のたね。「—の人物」⑤面倒な事件。厄介な事。ごたごた。「—を起こす」

(『大辞林』第2版，三省堂，1995)

两相比较，可以看出现代汉语的"问题"与现代日语的「問題」的对应关系大致如下：

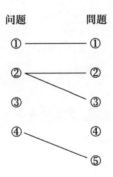

也就是说，从意义上讲，"问题"①与「問題」①相对应，"问题"②与「問題」②、③相对应，"问题"④与「問題」⑤相对应，而「問題」没有与"问题"③相对应的义项，反过来"问题"也没有与「問題」④相对应的义项。

3. "问题"的新用法

汉语中的"问题"虽然在词义上没有发生什么变化,但它却出现了新的用法。例如:

(1)日前,"托管学校"一词频频见诸报端:专收"<u>问题少年</u>"。越来越多为学校难容、家长头疼的小子们终于有地儿去了。　　　　　　　　(北京青年报1997年12月26日)

(2)因此,在父母的严格管教下,切尔西并没有成为"<u>问题少年</u>",希拉里也相信女儿会把握好自己。

(购物导报·书市周刊2000年1月17日)

(3)从小被认为是个"<u>问题孩子</u>"的三毛,执拗、叛逆、善良又不失顽强,最终走过滚滚红尘。

(北京青年报2000年9月16日)

(4)对裁判护短,对"<u>问题球</u>"(不说假球轻判)、对国脚、对球员管理缺乏铁腕,如此往复循环,中国足球不出大事才是奇事。　　　　　　　　(北京晚报2001年5月26日)

(5)42辆救护车都是"<u>问题奔驰</u>"　(北京晚报2002年5月26日)

这种"问题"直接作定语修饰名词的用法(即"问题+N")过去在汉语中是不曾有的,以往一般是由"问题"与动词搭配构成动词词组(短语)以后再修饰名词的,有时在中心词前面插入结构助词"的"(即"V问题(的)+N")。例如:

(6)昨天,武汉森林野生动物园发表书面声明表示:武汉森林野生动物园将<u>有问题奔驰车</u>由武汉运到北京已经一周,不仅没有得到可鉴定的任何答复,而且维权行动遭到打击,特声明:从即日起,不再委托中国技师协会全国用户委员会对所购奔驰车质量问题的调解。　(北京青年报2002年1月15日)

(7)江苏天鼎证券分析师秦洪先生接受记者采访时认为,中联实业曾经入主中联建设,对于接受一个曾经<u>有"问题"的上市公司</u>,中联实业能否弥补银广夏的债务,还是一个未知数。

(北京青年报2002年3月17日)

（8）缺陷电池可能过热、冒烟、起火……戴尔公司紧急下令——大量召回问题电池

　　据戴尔公司提供的消息，戴尔在全球将要收回约28.4万块有问题的笔记本电脑电池，是戴尔Inspiron 5000系列（其中包括Inspiron 5000和Inspiron 5000e两种型号）笔记本电脑一同出售的电池。　　　　　　　（北京青年报2001年5月23日）

（9）宜家收回20万"问题"台灯

　　"宜家"总部的一位负责人解释说，他们的产品质量通常是上乘的，出问题的台灯部件是在意大利制造的。

　　　　　　　　　　　　　　（北京晚报1999年12月4日）

　　在例（8）和例（9）中，"问题+N"和"V问题（的）+N"这两种表达方式并用，而且前者用于标题，后者用于正文，这大概是由于前者比较简洁的缘故。同时，这样的例子还告诉我们如下事实：第一，"问题+N"和"V问题（的）+N"这两种表达方式在意义上是基本等值的；第二，尽管汉语中的"问题"一词出现了新的用法"问题+N"，但它并没有取代固有的用法"V问题（的）+N"，不过它使"问题"的用法更加多样化了；第三，"问题+N"中的"问题"在意义上与前引第④个义项有关，但它所表示的意义是"有问题、出问题"，而且它只有在作定语时才表示这一意义，换句话说，它已具有表示贬义的形容词的性质了，因此，与其说"问题"产生了新义，不如说从名词"问题"中派生出了形容词的用法更为准确。

　　我们还可以看到这样的用例：

（10）继福特、三菱公司宣布召回问题车后，昨天，沃尔特汽车公司中国分公司作出决定，将召回在中国市场上销售的261辆可能有操纵问题的问题轿车，并将免费更换汽车前减震器上的球头。　　　　　　　（北京青年报2000年8月31日）

　　"有操纵问题的问题轿车"这种用法无疑是新的表达方式与固有的表达方式混用的结果，它给人以叠床架屋之感，本来说"有操纵问

的轿车"就足以表达作者想要表达的意思了,可见作者要使用"问题+N"这种新的表达方式的意识多么强烈。

根据笔者从报纸上收集到的实例来推断,"问题"直接作定语"问题+N"的这种用法的产生大概不晚于1997年,到了2000年,这样的用例已不再鲜见。虽说现在这种用法已经相当普遍了,但也还无法断言它已经完全固定下来了,因为从前面已经列举的实例和下面将要列举的实例不难看出,"问题+N"在使用时大多数情况是带引号的[1],之所以需要采用有标记的形式加以特别注明,说明这种用法还比较新颖,人们在心理上还没有完全适应,而且在词典上也还没有得到反映[2]。

4. "问题+N"的具体分类

"问题+N"这种用法在汉语中出现以后,实际上也发生过一些变化:最初"问题"只用于指称人的名词的前面,后来也开始用于指称事物的名词的前面,其中既有具体名词又有抽象名词。从数量上看,还是用于指称人的名词前面的用例居多。下面按照类别的不同列举出"问题+N"的用例:

4.1 "问题"用于指人名词前

(11) 网上发表的《万古风流苏东坡》第一部名为《人望》,近日正式出版,不过书名已改为《问题少年》,写的是苏东坡青少年时期的故事。　　　　　(北京青年报 2001年10月10日)

(12) 坦帕警方在翻查了毕绍普的家庭生活纪录,走访了认识毕绍普一家的左邻右舍后肯定地说,这个开飞机撞大楼的美国少年不是恐怖分子,充其量是一个家庭不幸导致的"问题少年"而已。　　　　　(北京青年报 2002年1月9日)

(13) 暗访歌舞厅问题少女　　　(中华周末报 1998年7月17日)

(14) 1987年6月,刘永玲和女友阿灵合谋偷了隔壁张老头的75块

---

[1] 这里所说的"问题"作定语时大多带引号,实际上包括以下两种情况:①"问题+N",②"问题"+N。第一种情况也可以说是把定语(问题)和中心语(N)当作一个整体看待的。

[2] 《现代汉语词典》(第6版,商务印书馆,2012)的"问题"条目中增加了这样的义项:"⑤形属性词。有问题的;非正常的;不符合要求的:～少年|～食品|～工程。"——补注

钱后，两个"问题少女"离家出走，寻找自己的"新生活"去了。　　　　　　　　（作家文摘·青年导刊 2000年9月22日）

（15）从"问题少女"到"另类作家"

在许多人眼里，棉棉是个另类或者异端。因为她这个人，因为她的作品，棉棉在作品中坦言自己曾是一个真正的问题女孩。她的小说总是写一些"问题少女"。

（作者文摘·青年导刊 2000年3月3日）

（16）据全国少工委的一项统计，在我国现有的3亿学生中，被老师和家长列入"差生"行列的学生已达到5000万人，每6个学生中就有一个差生，他们在学业上不再被认为有什么希望，而业已成为家长和老师的"问题孩子"。

（北京青年报 2001年6月25日）

（17）1990年，赖德因为过度焦虑和精力衰竭而住过医院，并因此放弃了出演《教父3》女主角，赖德自己也多次表示，自己曾经试图通过酗酒来排除自己经常有的焦虑感和情绪低落。她本来以表现问题青年而著名，现在，她本人却真的成了问题青年。　　　　　　（北京晚报 2001年12月16日）

（18）"我为什么想跟你聊聊呢？听说你准备写那本《问题妈妈》，我特别难受，不瞒你说，我就是一个问题妈妈……

（购物导报·书市周刊 2002年2月4日）

（19）这一部河南文艺出版社出版的《问题太太》和你发表过的第一部小说有什么不同？　（中华读书报 2001年5月9日）

（20）于是1992年，周长根在卢湾区工读学校办起了"家教服务中心"，一方面好比"门诊"，为前来咨询的家长寻找逃学逃夜的孩子，协助聘请合适的家教、设计教育方案；另一方面，好比"住院"，把"问题学生"收入学校住宿学习管理。　　　　　（北京青年报 1997年12月26日）

（21）对比时下久拖不决的足坛打黑，北大对于"问题教授"的处理可谓杀伐决断。在牌子、面子受到空前抹黑的情况下，北大不但没有护短，甚至也没有一丝一毫很多单位所惯常的"解释"，令人感到欣慰。（北京青年报 2002年1月16日）

（22）若任其发展下去，保不齐将来就会成个中国的加斯科因、马拉多纳什么的"问题球员"。　（北京青年报 2001年7月20日）

（23）在美国，他积极参加了反对越战和南非种族隔离制度的斗争，曾被美国当局看作是一个"问题分子"。

（环球时报 1999年11月5日）

（24）有一个文化现象可资证明：有人说，精神病人正在成为奥斯卡新宠，仅在刚刚结束的上届奥斯卡的个人奖项的提名中，"问题"人物就大受青睐：遭遇中年危机、生活失去动力的父亲（《美国美人》），前科累累、以男孩身份装扮的酷女（《男孩到哭》），无法解决自己心理问题的表演者（《心灵角落》），等等。

（北京青年报·生活时代 2001年11月23日）

（25）这么说，并非有先见之明，料定谁必是"问题"明星，更没有疑神疑鬼、"怀疑一切"的意思。

（环球时报 2000年6月2日）

（26）这位"问题"总统的掌上明珠切尔西去年年底赴英国牛津大学攻读硕士。　　（新浪网·新闻晚报 2002年3月12日）

（27）人大可查问题官　　（北京青年报 2002年3月12日）

（28）与此同时，这份名单透露出的另外一个重要信息是，张建军、龚建平等前一段被卷入裁判界不正之风的知名裁判，虽然被中国足协列入新赛季执法的大名单之中，但这些"问题裁判"的名字却均未出现在第一批执法名单中。

（北京青年报 2002年3月9日）

（29）如果把曾经偷税漏税的歌星、曾经穿过日本军旗装的影视偶像称为"问题明星"，把曾经收受黑钱的"黑哨"称为"问题裁判"，那么，人们希望，分布在全国各个学术、文化重镇的"问题教授"们也能够学学某些"问题歌星"和"问题裁判"，主动忏悔，真诚道歉，彻底改过。毕竟，回避无益于解决问题，而面对则或许能够重拾尊严。

（北京青年报 2002年1月16日）

4.2 "问题"用于指物名词前

（30）尽管三菱公司及三菱车在他心目中非国产车所能企及，但

在黄国庆将"问题汽车"送检较个真儿的态度上，他选择
　　　了支持，而不是反对或不屑。而这乎矛盾的暴露而言，已
　　　经足够了。　　　　　　　　　（南方周末2001年2月23日）
（31）本田宣布招回两万辆问题轿车（北京晚报2001年9月14日）
（32）松下公司收回"问题手机"（北京青年报2001年8月14日）
（33）新华网武汉12月19日电　武汉市质监部门昨日将查获的300余
　　　吨"毒大米""霉大米"封存。这是这个市迄今为止查获的
　　　最大一起"问题大米"案件。（新华网2001年12月19日）
（34）洋奶粉出现问题，按说这对国内奶粉企业来说是件好事，可记
　　　者在采访中获悉，受"问题"奶粉影响，国产奶粉的销售也出
　　　现滑坡。　　　　　　　　　　（北京晚报2002年8月4日）
（35）问题楼盘何以东山再起
　　　　　　　　　（北京青年报·广厦时代2002年7月25日）
（36）冰心是燕京大学的毕业生，已经很有名气，她五四时期所
　　　做的"问题小说"《超人》、风靡一时的《繁星》已结集
　　　出版。　　　　　　　　　　　（作家文摘2002年4月16日）
（37）房地产公司介入上市公司，通过注入本公司的资产，能够比
　　　较容易地使上市公司的资产质量得到改变。因此，介入这些
　　　上市公司通过接手问题股成为新大股东，并且通过介入重组
　　　提升品牌，已经是资本市场上一种并不奇怪的做法。
　　　　　　　　　　　　　　　　　（北京青年报2002年3月17日）

4.3　其他

（38）问题家庭中的一代　　　　（环球时报2001年8月14日）
（39）从技术统计看，排名第一的球队进球数只有7个，而榜尾的那
　　　些问题球队如三连败的国安，四连败的厦新也分别有三四球
　　　入账，说明排行榜的起起伏伏确实不值得过分看重，胜负取
　　　决于运气与战术，而所谓战术又简化为谁更功利而已。
　　　　　　　　　　　　　　　　　（体坛周报2000年4月17日）
（40）问题超市昨日被查　　　　（北京青年报2002年7月5日）
（41）日将朝列为问题国家　　　（参考消息2002年3月20日）

（42）委员们抵沪当晚，张吉龙便召集大家连夜讨论，在海虹宾馆8楼会议室里，纪律委员会主任张吉龙神情凝重地表示："甲B后两轮出现的多场'问题球'涉及面广，社会影响极坏，性质恶劣，必须严惩不贷，而且中国足协还应进一步保留调查权，并继续追查责任。"

（北京晚报 2001年10月17日）

（43）女性不再忍受<u>问题婚姻</u> （北京青年报 2001年11月30日）
（44）两年查出<u>问题金额</u>5.7亿 （北京青年报 2000年10月27日）

5．"问题"与「問題」构词能力的比较

苏立群著《傅雷别传》（作家出版社，2000年）中有如下一段文字，它告诉我们早在几十年前傅雷曾经使用过"问题儿童"一词，但是它并非借自日语，而且其后该词以及"问题+N"这种表达方式也未能流行开来，也就是说这是一种偶发的现象。

（45）傅雷在后来的一篇文字中说，"傅聪换了几个教师，没有遇到合适的；教师们也觉得他是个<u>问题儿童</u>。""问题儿童"这个说法在中国并不流行，傅雷是在沿用一个相关的英文"trouble child"，意思就是"难管教的孩子"。

（北京青年报 2000年12月1日）

"问题+N"这种新的表达方式应该说是借自日语的，因为在汉语中大量出现这样的用例之前，在日语中这种表达方式早已广泛使用了，而且其用法更加丰富多彩。比如笔者从日语语料库SIC中检索到以下实例：

（46）そうしたことが、いわゆる<u>問題教師</u>を生むひとつの背景にもなっている。 (SIC)
（47）しかしこの場合ですら<u>問題役員</u>以外全員一致しての<u>問題役員</u>追放というやり方は、日本人の満場一致主義の裏がえしともいえる。 (SIC)
（48）茂之「受験生はみんな<u>問題児</u>ですよ……」 (SIC)

(49) 米国では、FDIC加入機関を、自己資本の充実度合いに応じて五ランクに分類し、問題金融機関を公平にしかも早期に発見し是正する方法をとり始めた。　　　　　(SIC)

(50) 平和相銀では旧オーナー家と前経営陣の内紛を契機にさまざまな融資疑惑が表面化し、大蔵省の検査でも5000億円を超える問題融資の存在がわかったため、前経営陣に対する刑事責任の追及は必至とみられていた。　　　(SIC)

(51) 藤尾氏はかねてから文相のポストに不満を持ち、意識的に問題発言をくり返しているという説がある。　　(SIC)

在日语中，这种「問題+N」构成的是复合名词，而且它仍在不断地产生出新词，在新词、流行词词典中就可以见到这样的词条：

(52) 【問題英語】1997年の言葉。英語を公用語として使っている国では下品で絶対に口にしないような英語を日本人がその意味も知らないで使ってしまう現象。そうした英語の造語をロゴにしたシャツや帽子などを知らないままに着用してアメリカなどを旅行すると現地の人たちに強く警告される。たとえばfuck（性交）、bitch（あばずれ女）、shit（クソ）、fucking son of bitchなどである。

（『外辞宛—平成新語・流行語辞典』，平凡社，2000）

从上面的「問題+N」的用例中可以看出，日语中的「問題」不仅可以直接用于表示人或事物的名词前面，还可以用于动作性的名词前面（如「問題融資」「問題発言」），而后者的用法是汉语所没有的，它说明与汉语相比，「問題」在与其他词构成复合词时没有语义上的限制。

但是，有一个事实也不容忽视：日语的「問題」的构词能力似乎没有汉语的"问题"那样强，比如我们没能从日语语料库中找到与汉语的"问题少女、问题少年、问题青年、问题儿童、问题学生、问题人物、问题明星、问题家庭、问题车、问题商品"相对应的复合名词。究其原因，这种现象可能是以下几个因素造成的：

第一，在日语中，除了「問題+N」以外，还经常使用「問題のある+N」这种形式。例如：

(53) 大分、問題のある子でしてね。　　　　　　　　　(SIC)
(54) 厳しい罰を与えれば問題のある少年が自分たちの前から消えると思うこと自体、完全な誤解です。　　　　　　　(SIC)
(55) 健康上、問題のある社員を地方の支社まで追跡して生活改善の提案を繰り返したことも少なくない。　　　　　　(SIC)
(56) どこの職場にも、いわゆる余され者といわれる怠惰な、あるいは粗暴な者がいるものだが、長野政雄氏の所には、これら問題のある職員がいつも回されて来た。　　　(SIC)
(57) それにしても、体は強健だが考え方に問題のある人々は、ローマの昔からいたわけだ。　　　　　　　　　　　　(SIC)
(58) 世界をアッと驚かせるような大犯罪を起こした者や、または何回も犯罪をくり返す「累犯者」を調査してみると、やはりその関係者に累犯者や精神医学的にみて問題のある血縁者が散見されることがある。　　　　　　(SIC)
(59) 国公立を減らし、次いで入学金の額の少ない名門私立校が減らし、問題のある金権医大は最後まで定員削減に抵抗するだろう、と見られている。　　　　　　　(SIC)
(60) 問題のある項目についていくつかの考え方を紹介し、適否を問う形になっている。　　　　　　　　　　　　(SIC)
(61) これまでのように、個人を対象にして被害を認定する代わりに、問題のある地域に住む集団を対象にした予防と健康回復措置に移行する考え方である。　　　　　(SIC)
(62) 近ごろの政治家の社会には、社会的に問題のある行為をしたのに、捜査当局の呼び出しには応じたくないと「隠れて居る」ご仁がいる。　　　　　　　　　　(SIC)
(63) 現在の私の仕事に引き寄せていっても、ママは、問題のある表現だが、原著者の志（？）を尊重して「そのままにしておく」というあのママ記号である。　　　(SIC)

叁、说"问题"　45

(64) 当庁「平成4年度国民生活選好度調査」によると、50歳未満の女性では「問題のある結婚生活なら早く解消した方がよく、（離婚は）望ましい」とする人の割合が「子供が犠牲になる可能性があり、（離婚は）望ましくない」とする人の割合を超えている（第1−2−29図）。　　　(SIC)
(65) 法成立後、問題のある対日報復が発動されれば、ガットに提訴する用意がある、と通産相が発表した。　　　(SIC)

　　第二，上面看到的「問題のある」这种形式一般只用在指人名词或抽象名词前面，而具体名词则多用「欠陥＋N」这种表达方式，当然，「欠陥＋N」后面也可以接抽象名词。例如：

(66) 本当に縦男のひく欠陥オルガンの音は雨音と雷鳴の中にほそぼそとつづいていた。　　　(SIC)
(67) この間違いは、警察に真犯人である同僚の写真がなかったため、容疑者の写真だけを含めた欠陥写真帳によって、証人たちに認定を求めたからである。　　　(SIC)
(68) 1960年代の後半、自動車業界に欠陥車問題が発生した。
　　　　　　　　　　　　　　　　　　　　　　　　　　(SIC)
(69) 松下冷機の欠陥冷蔵庫の場合も、消費者からの苦情が春から寄せられ始めていたのに、無料修理を呼びかける新聞広告を出したのは、苦情が10万件にも達した11月になってからだった。　　　(SIC)
(70) リクルートコスモス事件にみるまでもなく、多くの企業は反社会的な行動や社内の不祥事、欠陥商品など自社に不利なことを隠そうとする。　　　(SIC)
(71) この製造物責任法は、欠陥品によって消費者が危害を受けた場合、メーカーなどに損害賠償責任を課する。　　(SIC)
(72) 判決が道路の一部区間を違法な「欠陥道路」とした点である。　　　(SIC)
(73) どのホテルや旅館が安全の基準に合っているのか、どこが

防災<u>欠陥ホテル</u>かを利用者は知りようがなかったのに比べれば、改善されたといえる。　　　　　　　　　　　　(SIC)
(74) しかし、「<u>欠陥空港</u>」と認定された意義は決して軽くない。　　　　　　　　　　　　　　　　　　　　　　(SIC)
(75) しかし、<u>欠陥工事</u>が皆無なわけではない。　　　(SIC)
(76) 推移を示す曲線があるだけで、何万トンかを示す数字がない<u>欠陥グラフ</u>だ。　　　　　　　　　　　　　(SIC)
(77) レム睡眠が<u>欠陥技術</u>だとけなされるに、この眠りの状態で、体温・血圧・呼吸などの調節がみだれるからである。
　　　　　　　　　　　　　　　　　　　　　　　(SIC)
(78) 占領憲法、<u>欠陥憲法</u>だとして改憲を訴えてきたわれわれはどうしたらいいのか。」　　　　　　　　　　(SIC)
(79) 残る2年間に韓国はもちろん、関係各国、国際オリンピック委の努力によって、モスクワ、ロサンゼルスでの「<u>欠陥五輪</u>」をぜひ元の姿に戻したいものだ。　　(SIC)
(80) 「怪我や病気も勝負の世界」とはいえ、過密スケジュールも加わり、「大相撲は<u>欠陥集団</u>か」と批判が出るほどの故障者続出である。　　　　　　　　　　　　　(SIC)
(81) <u>欠陥消費税</u>をどうするのか　　　　　　　　(SIC)
(82) つまりおふくろという人間は、まともに歩くこともできない<u>欠陥動物</u>なのである。　　　　　　　　　　　(SIC)

　　第三，「問題の」作定语（連体修飾語）来修饰、限定名词，用如「問題の+N」，其用例大多数属于第④个义项，但有的也可以认为属于第②、③个义项的用法，有时很难将它们分得很清楚。例如：

(83) <u>問題の10万円金貨</u>は重さが20グラム、発行当時の金相場で4万円台だった。　　　　　　　　　　　　　(SIC)
(84) これが<u>問題のテープ</u>です。　　　　　　　　(SIC)
(85) とりわけ、「国産品は安全」といい続けていた国内大手の製品から、ついに<u>問題のジエチレングリコール</u>が検出され

たことは、愛飲家や業界ばかりでなく、一般市民にも大きなショックを与える問題だと思う。　　　　　　　　　　(SIC)

(86) <u>問題のクリントン発言</u>が出た記者会見の場には首相も同席していたのだから、英語の得意な首相は即座に切り返し、水をかけておくべきだった。　　　　　　　　　　(SIC)

(87) その日の夕刊にはさっそく『IQ140以上の人にだけわかるポスター』という見出しで、<u>問題のポスターの写真と記事</u>が掲載された。　　　　　　　　　　(SIC)

(88) しかし<u>問題の他星人</u>は、しばらくすると無表情な首を横にふった。　　　　　　　　　　(SIC)

(89) そして、何日かかかって、<u>問題の薬</u>ができあがった。
　　　　　　　　　　(SIC)

(90) さて、<u>問題の北方領土交渉</u>をめぐっては、1973年の日ソ共同声明の合意があらためて確認された。　　　　　　　　　　(SIC)

(91) その都度みなは賑やかに噺し立てたが、しかし、何と言ってもこの日の<u>問題の役者</u>は畑中だった。　　　　　　　　　　(SIC)

(92) たとえば、<u>問題のエアバス機</u>は通常の民間航空路をはずれていた、高度を下げ速力を増しながら直進してきた、警告したが応答がなかった、イージス艦が相手を識別するために用いる相手機からの電子音がF14戦闘機と信じる根拠を与えた、などという説明だ。　　　　　　　　　　(SIC)

(93) 米軍はフリゲート艦が攻撃された時、<u>問題のイラク機</u>を強制着陸させるようサウジアラビアに要請したというが、今後は同様の事態が発生した場合、防衛のため迎撃するという。　　　　　　　　　　(SIC)

(94) 同社が混入を知ったのは8月初め、輸入元の三菱商事が引き取りを申し出たためとされているが、<u>問題のオーストリア、西独産</u>のワインを使用していることは自分たちが一番よく知っているはずなのに、どうして徹底的に調べようとしなかったのだろうか。　　　　　　　　　　(SIC)

(95) 監督はいわれたとおりに問題のシーンをカットして、小学一年生の息子にくれてやってしまった。　　　　　　　　(SIC)

(96) なぜならば、事故の前年の11月末から12月にかけて、日航は問題の圧力隔壁を含めた定期点検を行っており、「このとき、ヤニはなかった」といってきたからである。

(SIC)

(97) あの事故のあと今日までに、ジャンボ機には各種の改良が加えられ、問題の圧力隔壁も人間の目だけでなく渦電流による検査も実施されるようになった。　　　(SIC)

由于日语中存在着上述多种与汉语的"问题＋N"相对应的表达形式（「問題＋N」「問題のある＋N」「欠陥＋N」「問題の＋N」），因此表达形式的分化也在很大程度上降低了与"问题＋N"直接对应的「問題＋N」的能产性，这就是日语的「問題＋N」不如汉语的"问题＋N"构词能力强的最主要的原因。

6．结论

通过前面的考察可以看出，现代汉语中"问题+N"这种新的用法的出现极有可能是受到了日语的影响，它丰富了汉语的表现力。另一方面，汉语的"问题+N"并非与日语的「問題+N」一一对应，日语中的有关用法更为多样化。

参考文献

1．彭广陆，2000，从汉语新词语看日语的影响·之一——说"～族"，汉日语言研究文集（第三集），北京出版社、文津出版社。
2．彭广陆，2001，从汉语的新词语看日语的影响——说"～屋"，日本学研究——日本学国际学术研讨会论文集，中国人民大学出版社。
3．彭广陆，2002，从汉语的新词语看日语的影响·之二——说"写真"，日本语言文化论集（3），北京出版社、文津出版社。

4. 彭广陆，2003，从汉语的新词语看日语的影响·之三——说"蒸发"，日本学研究第12期，世界知识出版社。
5. 施春宏，2001，名词的描述性语义特征与副名组合的可能性，中国语文第3期。
6. 彭広陸，2000，中国語の新語に見られる日本語語彙の受容，対照言語学研究第10号，海山文化研究所。

肆、说"写真"

1. 引言

我国自改革开放以来，整个社会发生了巨大的变化，许多新词也就应运而生。这里所说的"新词"不仅指词形本身是新产生的，还包括产生了"新义"的词，"写真"就属于这种旧词新义的新词。新词中有的是自源的，有的是外来的，"写真"的新义就是受到日语的影响而产生的。

本文将对日语的「写真」如何影响汉语的"写真"的意义和用法以及与"写真"有关的派生词进行考察。

2. 从辞书的释义看"写真"

我们首先看一看各种汉语辞书中对"写真"的释义：

【写真】① 画人像。② 画的人像。③ 对事物的如实描绘。
（《现代汉语词典》修订本，商务印书馆，1997）[1]

【写真】① 中国肖像画的传统名称。绘写人像要求形神肖似，故名。杜甫《丹青引·赠曹将军霸》诗："将军善画盖有神，偶逢佳士亦写真。"亦称"传神"、"写照"。② 日本称摄影为"写真"。（《辞海》普及本，上海辞书出版社，1999）

【寫真】摹畫人物的肖像。北齊顏之推顏氏家訓雜藝："武烈太子偏能寫真，坐上賓客，隨宜點染，卽成數人，以問童孺，皆知姓名矣。"此謂畫人像。唐李白李太白詩二四求崔山人百丈崖瀑布

---

[1] 《现代汉语词典》（第5版，商务印书馆，2005）的"写真"条目的释义已改为："①动画或拍摄人像。②名画或拍摄的人像。③名对事物的如实描绘。"——补注

圖："聞君寫真圖，島嶼備縈迴。"此謂畫景物。

（《辞源》修订本第二册，商务印书馆，1980）

【寫真】① 画人的真容。北齐颜之推《颜氏家训·杂艺》："武烈太子偏能寫真，坐上賓客，隨宜點染，即成數人，以問童孺，皆知姓名矣。"元辛文房《唐才子传·张志和》："〔志和〕興趣高遠，人莫能及。憲宗聞之，詔寫真求訪。"清姚鼐《题句容学博冯墨香小照》诗："寫真自古難，神藝有深造。"② 肖像画。宋王安石《胡笳十八拍》之八："死生難有却回身，不忍重看舊寫真。"清孙枝蔚《汉武帝》诗："自上甘泉看寫真，芳魂一去杳難親。"③ 如实描绘事物。南朝梁刘勰《文心雕龙·情采》："為情者要約而寫真，為文者淫麗而煩濫。"引申为对事物的真实反映，犹写照。邹韬奋《萍踪艺语》六："富豪的高耸云霄的宏丽大厦，和贫民窟的破烂房屋相对照，可作为资本主义社会的代表型的写真。"亦指写出真切的感情。明李贽《读杜少陵》诗之一："少陵原自解傳神，一動鄉思便寫真。"

（《汉语大词典》第三卷，汉语大词典出版社，1989）

根据以上有代表性的辞书的释义，"写真"的意义可以归纳如下：

表1 "写真"的意义

词性	具体义	抽象义
动词	画人像	如实描绘事物
名词	画的人像	对事物的如实描绘

"写真"词义及词性的派生过程也可以归纳为：

动词 → 名词
具体 → 抽象

除了上述词义以外，《辞海》中还专设一个义项，指明"日本称摄影为'写真'"。严格地讲，认为汉语的"摄影"与日语的「写真」对应，虽不能说错，但不十分准确。从派生词看，「写真家」——"摄影家"、「写真展」——"摄影展、「写真屋」——"照相馆"、「写

真機（今多用「カメラ」一詞）」——"照相机"，「写真」不仅与"摄影"对应，还与"照相"对应，更重要的是，「写真」还表示"照片"的意义。

以下是日本出版的具有权威性的辞书中的有关释义：

【写真】①ありのままを写し取ること。また、その写し取った像。写生。写実。②物体の像、または電磁波。粒子線のパターンを、物理・化学の手段により、フィルム・紙などの上に目に見える形として記録すること（photography）。また、その記録されたもの（photograph）。普通は、カメラを用いて物体の像をフィルム上に作り、それを感光させ、現像処理して陰画を得、これを印画紙に焼き付けて印画を得る。

（『広辞苑』第5版，岩波書店，1998）

【寫眞】シャシン。① 實相をうつす。〔顏氏家訓、雜藝〕武烈太子偏能寫眞、坐上賓客，隨宜點染。〔杜甫、丹青引〕必逢佳士亦寫眞。② 人の繪姿。肖像畫。似顏。〔晉書、顧凱之傳〕傳神寫照、正在阿堵中、或亦謂之寫眞。〔梁簡文帝、咏美人看畫詩〕可憐俱是畫，誰能辨寫眞。〔白居易、自題寫眞〕我貌不自識、李放寫我眞。③ 物の實像を光の化學作用を利用して、紙其の他のものに再現させたもの。写真器で形像を乾板に撮影し、現像・定着の諸操作を經て得た陰畫原版から、種々の方法で焼き付けた陽畫。

（『大漢和辭典』卷三，缩印本，大修館書店，1974）

不难看出，日语中的「写真」原本是从汉语传入的，后来又用作 photography 和 photograph 的译词，对此日本角川书店 1983 年出版的『明治大正の新語・流行語』（第32页）中有这样的描写。

はじめカメラ（camera）は「写真鏡」、フォトグラフ（photograph）は「写真絵」と訳された。これらの「写真」には「写生」の意味しかない。やがてそれが省略されて単に「写真」と呼ばれるようになったのである。

用作新义的"写真"一词也曾出现在清末的文言文中,例如:

例如:"寺左右鬻物售茗者,不下数十所,而写真者尤多——写真即西法影像。"(1879年,Fu-sang youji,446)
(《近现代汉语新词词源词典》,汉语大词典出版社,2001)

在《孽海花》第十二回中也可以看到源于日语的"写真镜"(照相机)一词:

请密细斯放心,拍了照,我就遣车送你回去,现在写真镜已预备在草地上,我们走吧!
(《汉语大词典》第三卷,汉语大词典出版社,1989)

但是,"写真镜"一词后来并没有被普遍接收,因此它们也就没能进入到现代汉语词汇的体系中去。

3. 表示新义的"写真"

"写真"的新义真正进入现代汉语只是近些年的事情,它主要用来表示"照片"的意义,尽管这在一般的语文词典中尚未得到反映,但个别的新词词典中还是收录了表示新义的"写真":

写真
(1)观察,透视。
本期"街头写真"通过一系列噱天噱地的喜剧场面演绎了一曲人与人应该互相信任的赞歌。
(2)照片。
林心如的写真集不日推出。"写真""写真集"都是日语借词。
(《酷语2000》,上海教育出版社,2001)

【写真】xiězhēn
以某人的身体为创作主体的人体摄影,是日语「しゃしん」的汉语借词,但现在多暗指女性裸体照片:"至于大家都称她是琼瑶心中的玉女明星,会不会为保持清纯形象拒绝写真,性格不羁的小

燕子依然直言不讳……"

(《现代汉语新词语词典（1978—2000）》，花城出版社，2000)

《酷语 2000》中的"写真"的第一个义项"观察，透视"似乎不如前面提到的"如实描写事物"更加准确。而《现代汉语新词语词典（1978—2000）》中的"以某人的身体为创作主体的人体摄影"这一释义又失之过窄，或许最初"写真"是以这种意义进入现代汉语的（关于这一点需要进一步考证），然而至少从下面所举的大量实际用例不难看出"写真"虽然也有表示"人体摄影"的用法，但现在已不仅仅表示"人体摄影"了，否则就不会出现"人体写真"的说法［如例（7）］了。至于说"写真""现在多暗指女性裸体照片"，虽然个别例子［如例（3）、（4）］中的"写真"也可以作"女性裸体照片"解，但"现在多暗指"这样的释义难免有以偏概全之嫌，与语言事实不尽相符。

下面的例子主要是笔者从近年来报刊上收集到的有关"写真"的实例：

（1）舒淇又要拍写真。　　　（民族地区经济报1999年12月25日）
（2）老秦为宠物拍"写真"
　　　老秦说自己是属兔儿的，对小动物那种发自内心的喜爱，促使他最终选择了为宠物拍照这份职业。
　　　　　　　　　　　　　　　　　　　　（北京晚报 2000年6月28日）
（3）文章还称在日本时张丽玲曾做过陪酒小姐，在粗俗的日本体育小报上"拍写真"。文章一经披露，张丽玲本人及剧组迅速作出了反应。　　　　　　　　　　　　　　　　（北京晚报 2000年6月9日）
（4）据当事人介绍，当日下午 6 时许，她们几名从事司法工作的女同事去泳区游泳后，来到大梅沙涨区浴室冲凉沐浴，当大家脱掉泳衣准备沐浴时，一名女孩突然看见自己隔壁浴间的搁板上放着一个黑色的皮包，心存疑窦的她走过去仔细一看，意外的发现令她震惊不已：皮包上竟然有一个洞口，洞口里还有一个摄像机镜头。她马上意识到被人偷拍了"写真"。　　　　　　　　　　（北京晚报 2001年9月18日）
（5）闲来读报，被报上刊登的《老照片回家》的写真所打动。
　　　　　　　　　　　　　　　　　　　　（生活时报 1998年1月16日）

（6）《笑傲江湖》拍摄写真

　　　　1元买断金庸改编权，开机炒掉酷哥邵兵，大火烧毁巨额摄影棚……请看制片人及导演全面揭秘《笑傲江湖》。

　　　　　　　　　　　　　　（购物导报·书市周刊2001年3月26日）

（7）经典黑白婚纱影楼老板杨彤1995年开始拍人体写真，前几年拍的人少，1998年起拍的人渐渐多了，去年几乎每周都有人拍。

　　　　　　　　　　　　　　　　　　（扬子晚报2001年5月25日）

"写真"虽然有时用来表示"照片"之意，但它并未能完全取代原有的"照片"一词，"照片"的用例仍然随处可见，而且有时"写真"与"照片"出现在同一文章中。例如：

（8）当地时间6日，"女田径明星写真挂历"中的人物之一、澳大利亚田径运动员奥卡夫说："这是一种风格、一种时尚，我们都是些有脑子的世界级运动员，我们拍的照片都是健康的，别往歪处想。"　　　（北京晚报2000年1月8日）

（9）周杰称，这本书大量非法使用了他的肖像76张，特别是将他从未在内地公开的多张个人生活照片首次非法公开并传播，更是侵犯了其隐私权和人格尊严，给其造成了很大精神压力和痛苦。　　　　　　　　　　（北京晚报2001年1月8日）

（10）100张私人照片，亦是老博士人生历程的真实写照。

　　　　　　　　　　　　　　　　　（北京青年报2001年5月28日）

（11）踩着北戴河海浪，悄悄给我看一个双辫子女孩照片的大眼睛男孩，曾经是一首纯情短诗，不料竟随激流而逝，这是顾城。　　　　　　　　　　　（北京青年报2001年6月12日）

（12）——我对梦露这人倒没什么成见，我就烦那些老拿她说事儿的人，尤其是那些商家，没完没了，今天卖遗物，明天卖照片，大后儿个又整出一什么日记，又要揭隐私吧，又要重写传记吧，你说烦不烦？这人不就是一电影明星吗？

　　　　　　　　　　　　　　　　　（北京青年报2001年8月7日）

虽然现代汉语中有现成的"照片"一词，但"写真"的新义——

"照片"之所以能够站住脚，大概是由于人们认为它是客观现实的真实写照的缘故吧。

4．"写真集"及其同义词

与表示"照片"义的"写真"密切相关的是"写真集"，或许不少人首先是通过"写真集"一词接触到"写真"的。《现代汉语新词语词典（1978—2000）》中收有"写真集"一条，其释义为"个人的人体摄影集"。这一释义似乎也值得商榷。首先，从下面的实例中可以看出，尽管写真集主要是个人的［如例（13）—（16）］，但也并非没有群体的［如例（17）］，否则也就不需要"个人写真集"的说法了；其次，似乎写真集也并非都是表现人体的。因此，我们姑且将"写真集"释义为"照片或摄影作品的册子"或"摄影集"。下面是它的实际用例：

(13) 深受歌迷们喜爱的歌手解小东，最近出版以《相信》为书名的<u>个人写真集</u>。　　　　　（北京晚报 1999年11月12日）

(14) 秦女士婚前一直喜欢拍<u>个人写真集</u>，将于今年9月底分娩的她，近日同丈夫王先生到一家专为准妈妈拍写真集的照相馆"露肚"，记者采访了其拍照的全过程。

　　　　　　　　　　　　　　　　（北京青年报 2001年9月19日）

(15) 请拭目以待！舒淇计划千禧年春天要拍新的<u>写真集</u>了！

　　　　　　　　　　　　　　　（民族地区经济报 1999年12月24日）

(16) 除其（徐若瑄）第二本<u>写真集</u>被抢购一空外，她已拥有一定数量的影迷，并有"东方美神""魔鬼天使"的美称。

　　　　　　　　　　　　　　　　　　（戏剧电影报 总第 809 期）

(17) 继澳大利亚女足因为"生计"问题拍了<u>群体"写真集"</u>挂历后，澳大利亚及美国的12名田径女明星也摆出了各种"艺术造型"印在挂历上，用她们的个人"写真"制造出"爆炸性"效果。　　　　　　　　　（北京晚报 2000年1月8日）

(18) 因"尔康"一角大红大紫之后，周杰一会儿出<u>写真集</u>，一会儿又出绯闻，曾被京城一家媒体评为1999年"负面新闻突然最多的明星"。　　　　　　　（北京晚报 2000年1月20日）

(19) 据《南方日报》报道，台湾著名作家李教2月21日宣布要推

出一本《李敖写真集》，并在写真集中刊登他50岁以后的裸照。　　　　　　　　　　（北京青年报2000年6月9日）

（20）第二，由于性别的不同，生活习惯的差异双方肯定会有些个性的东西，因此必须互相尊重和理解。诸如在各自的禁地内可以大拍写真集，而不能穿着泳装游走于公共场所及特定区域。　　　　　　　　　　（北京青年报2001年5月31日）

（21）女大学生在招聘会上出示"写真集"这种事已不是第一例了，只不过近来比较集中而已。但媒体上多见对女大学生一边倒式的批评和声讨，未免有失公平。我要为那些女大学生说一句话："真难为你们了，同学们。"
　　　　　　　　　　（北京青年报2001年6月18日）

事实上，早在1921年北京大学出版的校庆纪念册《北大生活》的目录页的题目就是"北大生活写真集"，该纪念册是以生活照片为主体的（见陈平原《作为话题的北京大学——老北大的故事之七》，载于《读书》1998年第5期）。不过，"写真集"的这种用法固定下来则是近几年的事情。

在下面这个例句中，第一个"写真"是与"写真集"同义的：

（22）当初只支领几万元酬劳的3本写真，出版社及摄影师衍生为8本，内地和港台地区轮着卖，目前为止她仍是最卖钱的写真女星之一。　　　（民族地区经济报1999年12月25日）

如下例所示，表示"照片或摄影作品的册子"的词汉语中并非不存在，有时它们还与"写真集"并用：

（23）他没有来得及亲眼看一看有江泽民主席为他题词的生平照片集的出版，没有能用手摸一摸他的夫人为他编纂的文集。
　　　　　　　　　　（北京青年报2000年5月20日）

（24）我与王文泉、王文波、王文澜、王文扬四兄弟相识已久，前些天听说他们要联手写一本书、相遇时于不经意间问起此事，才知道这是一部集书和画册特点的书集，不同于一般摄

影画册。　　　　　　　　　（北京青年报2001年8月1日）

(25) 他已经在上海举办过8次摄影展览，出版过多本影集。郭博发现我们对他的摄影作品有兴趣，便邀请我到他家去做客。
　　　　　　　　　　　　　　　（作家文摘2001年7月17日）

(26) 本报讯四夺世界重量级拳击冠军的霍利菲尔德的首本画册近日由长城出版社出版，陆续在京各新华书店发行。……他当机立断从美国家中要来了200多幅照片，托人找到了能够象征中国灿烂文化历史的长城出版社为他出版第一本画册。
　　　　　　　　　　　　　　　（北京青年报2001年7月29日）

(27) 一本记录着自1957年至2000年——四十三年间300多位外国元首、政府首脑游览长城的精美画册《世纪回眸》已经出版，首发式日前在八达岭瓮城广场举行。
　　　　　　　　　　　　　　　（北京青年报2001年8月2日）

(28) 推出泳衣写真集　前港姐李珊珊公开"色相"
　　李珊珊个人摄影集《色相》昨日公开发售，其中所得的收益更全数拨捐"儿童癌病基金"。李珊珊指今次影集有很多泳衣照，不过全部没有赞助的，大多数是叶青霖找人订造，和购买现成的，单是泳衣相也拍了数千张。
　　　　　　　　　　　　　　　（新浪娱乐2001年7月29日）

将"照片或摄影作品的册子"称作"画册"〔如例(26)、(27)〕未必准确，因为它所表示的意义是"装订成本子的画"（《现代汉语词典》，修订本，商务印书馆，1997），而且它有时就是这样使用的：

(29) 两部画册均为二战期间日本海军派遣画家及海军报道班员的战地绘画作品，由当时日本海军省后援、大日本海洋美术协会编辑发行。　　　（北京青年报2001年8月11日）

《汉语学习》1997年第5期刊登了曹德和的文章《东方惊作：〈……刘晓庆映画集〉》，该文主要是批评"映画集"这一名称不妥，他的批评无疑是对的。如果该"画册"是在这两三年出版的话，恐怕就会使用"写真集"这个新词了：

（30）吉林摄影出版社最近出版了一册画册：《东方惊艳——刘晓庆映画集》。

无论您对中文怎样精通，这本画册的标题绝对看不懂，因为中文里没有"映画"这个词，您无法知道所谓"映画集"是啥意思。……此时您也就只好发挥个人想象力，根据刘是电影演员这一点，推测它是一本个人<u>剧照集</u>。

然而读了序言之后，您会发现原先猜得不对，因为序言分明告诉您，"《东方惊艳——刘晓庆映画集》是一部荟萃中国著名电影明星刘晓庆生活和艺术道路精彩瞬间的大型<u>摄影画集</u>"，由"数百幅未曾发表过的生活照和艺术照组成"。这时您终于知道，这本画册包括两部分内容，一是刘的生活照片，一是她的电影剧照。

正因为"照片或摄影作品的册子"这一事物没有固定的说法，"写真集"才有可能"乘虚而入"，而且它很有可能最终取代其他的说法，因为人们即使不把它理解为"照片或摄影作品的册子"，而是理解为"真实记录客观现实的集子"也无妨。例如：

（31）主持人：我们知道在香港如果说一个人出<u>写真集</u>的话，<u>写真集</u>上被拍摄这个人身上穿的衣服是很少的。你怎么会想到用写真这两个字命名这本书呢？

王军霞：因为我对写真的概念不是说穿得很少得那种，或者是很暴露得那种感觉。写真是记录自己一些真实的东西在里面。

（北京青年报2001年2月25日）

5．表示本义的"写真"

尽管表示"照片"义的"写真"和由此派生出的"写真集"在大量地使用，但它们尚未得到正式的承认，1997年出版的《现代汉语词典》修订本之所以未收入"写真"的这一新的义项，可能是由于当时"写真"的新义的用法尚不普遍。我们有理由相信，"写真"的新义进入有权威的汉语词典只是一个时间的问题。

此外，还有一个现象不容忽视，"写真"的新义的产生也使得"写真"用于本义（为了与新义区别开来，这里姑且将该词原有的意义称为"本义"）的使用频率大为增加。薛克谬（1996）认为表示"纪实"（即"如实描写事物"）义的"写真"借自日语，通过前面的考察不难看出，此说欠准确。不妨说，受到了日语的影响，汉语中的"写真"用于本义的频率大大提高了，而在此之前，"写真"一词的使用频率是相当低的。我们对人民日报图文数据库的检索结果表明，1953—1992年的"写真"的用例（用于专有名词者除外）不超过10个，其中有13个年份的用例为零，且用例基本用于本义，从1993年起用例明显增加，2000年的用例达到56例。下面都是"写真"用来表示"如实描写事物"义的例句：

（32）媒体以"非常油画展""一次精彩的历史'写真'"来追踪报道这一重大新闻。（作家文摘2000年2月1日）

（33）早岁革命，中道受阻，暮年苦吟。此正是孙犁一生的写真。（北京青年报2000年6月24日）

（34）事实若果真如此，真乃文坛幸事，而实际上茶花图只是画家的漫画与漫话而已，并非文坛写真。（作家文摘2000年2月1日）

（35）横空出世芭蕾英雄——俄罗斯新生代巨星马拉霍夫写真。（戏剧电影报2000年1月14日）

（36）写真录像生祸端。新婚丽人怒上公堂。为留纪念拍写真。（作家文摘2001年6月9日）

"写真"用于动词时表示"如实描写事物"之义，这时它常常带宾语。例如：

（37）写真王洛宾——6集电视艺术纪录片《传歌人》观后（中国民航报1998年2月15日）

（38）一度走在歌手偶像化前列的解小东沉寂3年，终于大胆"写真"自己，再以偶像姿态唱出——新的《必须坚持》。（北京晚报1999年11月14日）

"写真照"和"写真照片"也是新的说法,其中的"写真"是表示本义的,但它们的出现似乎与"写真"的新义的产生不无关系。

(39) 墨西哥警方在搜查特雷维和安德拉德在奎尔纳瓦卡城的住宅时,搜出大量身着三点式泳装年轻女子的写真照和常住在这里的一些追星女孩儿写的文字材料。

(环球时报 2000年2月1日)

(40) 自1998年7月8日至8月31日,凡在百思特各连锁店及指定经销店购买百思特台FLEX捷进型寻呼机或交一年服务费的用户,均可获赠爱多影楼摄影券一张:价值500元的个人写真照、价值980元的情侣照、全家福任您选择。

(青年周末 1998年7月17日)

(41) 如果可以确信该照片属于李芳,由于李芳本人写真照片应属于私人秘密,李芳本人有权控制其使用或流传的范围。

(北京晚报 2001年5月9日)

(42) 除上述整容求美外,还有女大学生,在递出的求职书内,有自己整套写真照片。

(作家文摘·青年导刊 2000年12月8日)

此外"大写真"这一派生词也屡见不鲜,它常常被用于文章名、书名或电视固定栏目的名称:

(43) 首次披露了鲜为人知的历史秘闻——泰坦尼克号来了"大写真"

目前浙江文艺出版社推出了由齐星编撰的《泰坦尼克号大写真》,以10万字的篇幅,150多幅珍贵历史图片、精美的电影剧照和海底全真照片,对"泰坦尼克号"的历史命运、各个时期的银幕形象和目前在海底的状况,作了全方位的描述。　　　　　(生活时报 1998年4月2日)

(44) 江苏电视台卫星节目:大写真

(中国电视报 2000年49期)

6．结语

通过以上粗略的考察可以看出"写真"一词源自古汉语，它进入日语后被赋予了新的意义，而这一新的意义又传入现代汉语，正在被广泛地使用。现代汉语中"写真"的新义的产生也使得其本义的使用频率大大提高了。但是，也不容否认"写真"并没有取代"照片"和"摄影"，而与"写真"相关的"写真屋"（"照相馆"或"照相馆的摄影师"）一词也并没有进入现代汉语。

参考文献

1. ［意］马西尼，黄河清译，1997，现代汉语词汇的形成——十九世纪汉语外来词研究，汉语大词典出版社。
2. 薛克谬，1996，"写真"的来龙去脉，语文建设，第7期。
3. 姚汉铭，1998，新词语·社会·文化，上海辞书出版社。
4. 彭广陆，2000，中国語の新語に見られる日本語語彙の受容，対照言語学研究第10号，海山文化研究所。

伍、说"蒸发"

1．引言

在近些年出现的汉语新词中，不仅有词形和词义都是新产生的，也有词形是固有的而词义（义项）是新产生的，近两年开始见诸报端、表示"消失"意义的"蒸发"就属于后一种情况。

本文试图证明现代汉语中的"蒸发"表示"消失"意义的这种用法借自日语，与此有关的"人间蒸发"也借自日语，但"人间蒸发"的"人间"的意义在汉语和日语中是不相同的。

2．"蒸发"的词源

无论在汉语中还是在日语中都使用表示本义的"蒸发"一词（在现代日语中它书写为「蒸発」），"蒸发"「蒸発」属于通常所说的汉日同形词，因此这个词从词源上讲就存在着两种可能：一是首先在汉语中产生然后借用到日语中去的，二是首先在日语中产生然后借用到汉语中来的。就目前掌握的资料来看，后一种可能性大于前一种。

首先，我们在汉语工具书尤其是《汉语大词典》（汉语大词典出版社，1992）、《辞海》（1999年版普及本，上海辞书出版社，1999）中找不到"蒸发"用于古代汉语的例证，而《辞源》（修订本，商务印书馆，1980）中也未收入该词。据此可以推断这个词产生的历史并不太长。我们在《近现代汉语新词词源词典》（汉语大词典出版社，2001）的该词条中所见到的例子是约一百年前的例子：

  蒸发*zhēngfā 液体表面缓慢地转化成气体。［英］evaporate。例如："据生理学而言，凡肺及皮肤蒸发水气快捷者，身体必健强。"（1900年，Qingyi bao, 3, 3138）

虽然《汉语外来词词典》（上海辞书出版社，1984）和《汉语外来

语词典》（商务印书馆，1990）中均未收录"蒸发"一词，我们还无法断定汉语的"蒸发"是否借自其他语言，但是，从日本的具有权威的工具书中不难看出：在日语中表示本义（下面引文中的第1个义项）的「蒸発」一词的使用要早于汉语。

> じょう-はつ【蒸発】【名】①液体がその表面で気化する現象。*慶応再版英和対訳辞書「Transpire蒸発スル。洩ル。公ニナル」*新聞雑誌·明治4年12月「総て石炭坑は水素瓦斯を蒸発し燈火を引て一時に焼出し」*思出の記〈徳富蘆花〉10·14「何時の間にか、鎔爐に投げ込まれ、坩堝（るつぼ）の中に融けてしまって、──実際僕は此のまま蒸発して了ふのではあるまいか」②人に気づかれないようにその場からいなくなる、また、家出をすることを俗にいう。|発音|ジョーハツ〈標ア〉⓪〈京ア〉⓪
> （『日本国語大辞典』第10卷，小学館，1974）

上文中出现的『慶応再版英和対訳辞書』出版于1867年（庆应三年）。不仅如此，于1811—1845年出版的由荷兰语译为日语的『厚生新編』、1866—1870年出版的福泽谕吉的『西洋事情』中均使用了「蒸発（蒸發）」一词。

由此不难推断，至少从19世纪40年代起日语中已经开始使用「蒸発（蒸發）」这个词了[1]，而时至19世纪70年代它的使用已经相当普遍了。再考虑到一百多年以前汉语曾大量地从日语借用词汇这段历史，也就无法否定"蒸发"一词借自日语的可能性了。当然，要得出令人信服的结论还需要进行深入的考证。

3．汉语"蒸发"一词的本义和派生义
3.1 "蒸发"的本义

首先看一下近几年新出版的现代汉语词典中的有关"蒸发"的释义：

1　『日本国語大辞典』（第2版，第7卷，小学館，2001）收录的「蒸発」条目中所举的最早的实例是1823年的。——补注

【蒸发】zhēngfā 液体表面缓慢地转化成气体。
（《现代汉语词典》修订本，商务印书馆，1997）

【蒸发】zhēngfā（动）液体受热，转化为气体上升：温度越高，～越快｜酒精～比水快｜锅里的水都～干了。
（《应用汉语词典》，商务印书馆，2000）

【蒸发】液态物质表面发生的汽化现象。蒸发时，液体必须从其周围吸收热量。湿衣晾干就是蒸发的结果。
（《新华词典》2001年修订版，商务印书馆，2001）

上面这三种词典中的"蒸发"的释义可以说大同小异，它们都指出"蒸发"是"从液体变为气体"这样一种物理变化，但《现代汉语词典》的释义中有"缓慢地"这个修饰语，在这点上有别于其他两种词典。我们认为，加上"缓慢地"这个修饰语是不妥的，因为"蒸发"这个变化过程未必是"缓慢地"进行的，而且"缓慢"和"非缓慢"的界线难以确定，更何况"迅速地蒸发"这种说法也是成立的，可见自相矛盾。再者，在后面我们所引用的日语工具书的有关释义中也均找不到类似的修饰语。

3.2 "蒸发"的派生义

我们在上面看到的汉语词典中关于"蒸发"的释义都是它的本义，但是近两年"蒸发"一词又派生出了"消失"这一新的意义（义项），不过它在语文词典中还都没有反映出来。

陈佩秋（2001）指出：在最近的报纸上的"蒸发"的用例中，非本义即派生义的用例已占到20%，这说明"蒸发"的新义即派生义的用法已经相当普遍，它被写入词典的释义中也只是时间的问题。下面是笔者从报纸上收集到的"蒸发"的派生义的用例。

(1) 他还总是求我要是厌倦他了，一定直说，千万别突然<u>蒸发</u>，那样他会疯掉的。　　　　（北京青年报2000年9月27日）
(2) 10月15日，三位自称是"中山大学天英学院"的后勤员工向

记者介绍，他们自9月1日起开始到位于墩和镇正街的"学院"工作，法人代表是李灿明，李在本月9日到银行兑现现金本票时，被发现该本票有假，警员随即将他带走，而在"学院"任重要职务的李父及一干亲戚，也于10月14日突然"蒸发"。（北京青年报 2000年11月1日）

（3）当第二天阿英带着一队人马前去兴师问罪时，曾光辉带着"小老婆"和私生子神秘"蒸发"了。

（作家文摘 2001年9月28日）

（4）为了联系采访，记者打了几十个电话，这些速成富翁们要么立地蒸发，无从查找，要么找到了也推三阻四，有的说我家还很穷，什么东西都没有；……

（北京青年报·生活时代 2001年12月7日）

（5）一市民要回"蒸发"四年的房子

（北京晚报 2002年1月5日）

（6）其实在历史长河中蒸发的东西是很多的，蒸发不掉的是人的记忆和情感。　　（北京青年报 2001年12月19日）

从时间上来看，"蒸发"派生义的产生大概是在2000年，因为不论是笔者所收集到的例句还是陈佩秋（2001）所引用的例句都没有早于2000年的，保守地说，"蒸发"派生义的产生不会早于20世纪90年代末。

从意义上看，"蒸发"的派生义既可以用于具体事物或人的消失，也可以用于抽象事物的消失[1]。在笔者收集到的例句中，以表示人的消失的例句居多，这与后面将提及的"人间蒸发"不无关系。

"蒸发"的派生义与其本义是有联系的，派生义是通过比喻的方式由本义派生、引申出来的。陈佩秋（2001）认为："蒸发"的派生义的"总的特征是原因不明的突然消失。但它们都有两点是不同于'蒸发'的本义的，一是这种'蒸发'不是一种物质形态转化成另一种物质形态，而是地地道道的消失，即没有了，虽然有的只是暂时的消失，有的只是部分的消失；二是这种'蒸发'的速度是迅速的而不是缓慢的"。

---

[1] 陈佩秋（2001）将"蒸发"的非本义用法分为四种：①用于经济方面的看不见的东西、无形资产的消失。②用于有形的公司、机构等的消失。③用于人本身的消失。④用于人的精神、感觉的消失。

我们认为，陈文的观点不无一定道理，但是也有不尽准确之处。说"蒸发"的本义是表示物质形态转化的，这没有错。但说"蒸发"的派生义是表示完全的消失（原文为"地地道道的消失"）的，对此笔者不敢苟同。因为表示抽象物质的消失时，它的的确确是彻底不存在了，而在讲人"蒸发"的时候，只是说其下落不明、失踪了，所以这种消失是相对的，是从人们的视野中消失了，并没有说这个人已经从这个世界上消失而彻底不存在了，尽管有时事实上可能是这样的，但起码表示派生义的"蒸发"不包括这一层含义。另外，说表示本义的"蒸发"的速度是缓慢的，而表示派生义的"蒸发"的速度是迅速的，这显然也是站不住脚的。关于表示本义的"蒸发"的速度未必是缓慢的这一点，在前文已经提及，这里无须赘述；相反，表示派生义的"蒸发"的速度也未必是迅速的。陈佩秋（2001）所举的下列例句中修饰"蒸发"的副词就足以证明这一点，这些反证告诉我们陈文的观点是值得商榷的：

（7）而另外一些路线由于选用的蚂蚁较少，气味<u>很快</u>被<u>蒸发</u>掉，便不会有后来者使用。　　（环球时报2000年7月21日）

（8）正如一位新浪网友所说：的确，中国的网站在泡沫中浸过了太长的时间，现在在太阳底下<u>逐渐蒸发</u>着。

（人民日报·海外版2000年7月31日）

（9）但进入90年代中期，一些名优黔酒厂家发现自家门口那种车水马龙、拿着现款排队提货的热闹已逐渐消失，往昔庞大的市场份额<u>日见蒸发</u>，这才想起还有一个严酷的市场法则，但"江山"已丧失许多。　　（人民日报·海外版2000年6月8日）

（10）就活像一个喝热酒的人，<u>酒精慢慢蒸发</u>，使一个人由微熏而至醉倒，有一个必然过程。（弄雪）

（北京晚报2002年6月15日）

尽管较之本义，"蒸发"的派生义的使用范围扩大了，但是我们仍然可以在本义和派生义之间找到共同点，这就是二者都表示"事物从原来的处所消失了"这一语义特征。

还有一点需要指出，"蒸发"在表示人下落不明的时候，大多带有贬义，因此它与"失踪"不能混用。例如在以下两例中，"失踪"不能替换为"蒸发"：

（11）就这样，郁达夫永远地失踪了。

（北京青年报 2000年6月28日）

（12）1980年6月24日，中央人民广播电台在《新闻联播》节目中，突然中断正常播音，改变预期，播出一条《著名科学家彭加木在罗布泊考察时失踪》的新闻。

（作家文摘 2001年11月23日）

4．日语「蒸発」一词的本义和派生义

4.1 「蒸発」的本义

前文提到，至少从19世纪70年代起日语中就已开始使用"蒸发"一词，而且直到20世纪60年代日语的语文词典中的释义还只有它的本义。

  じょう-はつ◎〔蒸發〕ジョウ-（名）【理】液体が表面から気化する現象。

（『明解国語辞典』復刻版，三省堂，1997）

  じょうはつ【蒸発】【名・ス自】液体がその表面で気化すること。　　　　　（『岩波国語辞典』，岩波書店，1963）

  じょう・はつ（名）｜蒸發｜水ノ、熱に蒸サル、湯気ト為リテ、發ツコト。「海水、蒸発ス」

（『新訂大言海』新訂版，冨山房，1969）

下面是日语的「蒸発」用于本义的例子：

（13）コップの水が蒸発してしまうのに、どれほどの時間がかかるかを、考えてみるがいい。　　　　　　　　　　　（SIC）
（14）樹木に吸収された水分は蒸発し、雨になって、また降ってくる。　　　　　　　　　　　　　　　　　　　　（SIC）
（15）このエネルギーが太古から植物を育て、風を吹かせ、海水を蒸発させて雨を降らせてきた。　　　　　　　　（SIC）

实际上，「蒸発」不仅表示液体的气化现象，还可以表示气体的消失，例如：

（16）深いので材料や汁が多く入る半面、口が広くないので水蒸気の<u>蒸発</u>がゆるやかで、長時間加熱を続けても水分がなくならない利点がある。　　　　　　　　　　　　　　　（SIC）

陈佩秋（2001）也指出了汉语的"蒸发"存在着同样的用法（见例7）。

4.2　「蒸発」的派生义

从20世纪70年代出版的日语语文词典中已经可以看到「蒸発」一词的派生义的出现，由此可以推测至少在20世纪60年代末日语的「蒸発」已经出现了表示派生义的用法。因为辞书的编写一般都存在滞后性，即该词的使用已经完全固定下来，并得到广泛的承认以后辞书才将其收录进来，这是一般规律。而尽管汉语中"蒸发"表示派生义的用法已经相当普遍，但汉语词典中还未将其收录，也同样表现出这种滞后性。

从下面的两种释义可以看出，最初的词典并没有把「蒸発」的派生义作为新的义项处理：

じょうはつ【蒸発】【名・ス自】　液体がその表面で気化すること。「人間—」（まるで蒸発したように、ある人が不意にいなくなり所在不明となること。）
　　　　　　　　　　（『岩波国語辞典』第2版，岩波書店，1971）

じょうはつ◎（蒸發）-する　液体が、熱を加えられたりして、気体となること。〔俗に、人に気づかれずに、居なくなることにもたとえられる。〕
　　　　　　　　　　（『新明解国語辞典』，三省堂，1972）

但在其后出版的词典（包括前文引用的『日本国語大辞典』）中它就独立成一个义项了：

じょうはつ【蒸発】（名・する）①［物理］熱を加えられて、液体が気体に変化すること。温度が高くなるほど、さかんに行われる。②人がなんの手がかりものこさないですがたを消してしまうこと。類家出。失踪(しっそう)。

（『例解新国語辞典』，三省堂，1984）

じょうはつ【蒸発】ジョウーハツ名・自サ変①【理科】液体または固体が、その表面から気化する現象。②【俗語】人がこっそり姿をけすこと。また、家出。参考 ①⇒気化。

（『角川最新国語辞典』，角川書店，1988）

じょうはつ【蒸発】＜ーする＞①液体がその表面で気化する現象。「水分が蒸発する」「蒸発皿」② 俗に、人に気づかれないようにその場からいなくなることや、また、家出をして行方不明になること。

（『現代国語例解辞典』第2版，小学館，1993）

じょうはつ【蒸発】〔名・自スル〕①【理】液体がその表面で気体となること。「水分がーする」▷evaporation②【俗】不意に行方をくらますこと。失踪(しっそう)。「夫がーした」

（『集英社国語辞典』，集英社，1993）

有一点需要注意：日语中表示派生义（上列词典中第2个义项）的「蒸発」一般是被当作"失踪"的俗语使用。由此可以看出：同样是表示"失踪"意义的"蒸发"（蒸発），在汉语中它与"失踪"的差异表现在感情色彩上（一为贬义词，一为中性词），而在日语中它与"失踪"的差异则表现在语体上（一为俗语，一为非俗语）。以下是「蒸発」表示派生义的用例：

(17) 家庭の事情から、両親は中学生だった永井投手と兄を残して<u>蒸発</u>。　　　　　　　　　　　　　　　　　　　(SIC)
(18) 実父は、名家の出であったがアル中になっていて、そのまえに<u>蒸発していた</u>。　　　　　　　　　　　　(SIC)

(19) サラ金の厳しい取り立てに追われ、家族ぐるみ蒸発してしまう。　　　　　　　　　　　　　　　　　　(SIC)
(20) 空港で外国人花嫁が蒸発する偽装結婚の手口もある。
　　　　　　　　　　　　　　　　　　　　　　　　(SIC)
(21) お父さんも、もう二度と蒸発など、なさらないでください。　　　　　　　　　　　　　　　　　　　　(SIC)

　在这里必须指出，日语的「蒸発」一词的派生义不仅可以表示人的失踪，还可以表示其他具体事物或抽象事物的消失，这与汉语"蒸发"的派生义的用法一样，下面的实例足以证明这一点，因此日本的语文词典中关于「蒸発」的释义也有必要进行修改。

(22) 水滴などがふたたび水蒸気になってしまうのと似ているから、これをブラックホールの蒸発とよぶ。　　(SIC)
(23) 一九八五年、英国のクロトーと米国のスモーリー両博士が、黒鉛にレーザーをあてて蒸発させ、炭素原子六十個に相当する質量の安定した形のススを作った。　(SIC)
(24) 男の子はまるでパイを喰べるようにもうそれを食べていました、また折角剥いたそのきれいな皮も、くるくるコルク抜きのような形になって床へ落ちるまでの間にはすうっと、灰いろに光って蒸発してしまうのでした。　(SIC)
(25) 彼は自分の席へ着いた時、田口から引き受けたこの宵の仕事に対する自分の興味が、既に三分の一ばかり蒸発した様な失望を感じた。　　　　　　　　　　　(SIC)
(26) その感情はすぐに大気に蒸発し去って、躯の中に異変の予感が残った。　　　　　　　　　　　　　　(SIC)

5．日语与汉语「人間蒸発」(人间蒸发) 的意义差异
5.1　日语的「人間蒸発」的意义和用法

　　从上文引用的『岩波国語辞典』（第2版）的「蒸発」词条可以看出，在20世纪70年代初日语中已经使用「人間蒸発」这个词了。而实际上，1967年日本曾经在全国范围内公开放映过今村昌平导演的故事影片

『人間蒸発』，1977年静艺剧团也曾上演过芳地隆介创作的剧目『人間蒸発』，广济堂出版社曾于1998年出版过村松友视的『人間蒸発』。根据从互联网"YAHOO! JAPAN"检索到的2001年7月12日的"TARO'S HOUSE in OSAKA 2001"的「本日の雑学」，在1982年「人間蒸発」曾经一度成为日本电视、杂志的热门话题。下面这个例句证明「人間蒸発」这个词曾经在日本成为流行语：

(27) また、二十三歳の今津のフケ役が楽しい。神話のトリックスター（いたずら者）とでも言うべき存在で、時代々々のテレビ人気番組のせりふを口ずさみつつ、軽やかにぼけて、去っていく。「血縁を超えた、もっと大きな家族。愛による、真のだんらん」を可能ならしめるのは、このトリックスターなのだ。冒頭に保留と書いたのは、若妻の家出があまりに詩的に描かれ、二度と戻らぬ理由がよく分からないことだ。当時、確かに「人間蒸発」が流行語になったけれど。また、戦後史をもっと有機的に劇へ取り込むことができなかったか。脚本・演出がワーム・プロジェクト。音楽座のそれぞれの担当者が集まって作り上げる集団のことだ。客席前部を取り払っての生演奏によるミュージカル。「ホーム＝家庭」とは実は、この舞台作りの過程なのかもしれない。　　　　　　　　　　　　　　　(SIC)

在日语中，「人間」可以作为独立的词使用，它有「にんげん」和「じんかん」两种读法，二者均为音读，前者是吴音，后者是汉音，二者在意义上有关联。下面是词典中的有关释义：

にんげん◎【人間】①（機械・動植物・木石などにはない、一定の感情・理性・人格を有する）ひと。人類。②（ある個人の）品位・人柄。人物。「なかなかの—だ。」「あの人は—ができている」③人の住む世界。人間界。転じて、世の中。じんかん。「わがすることを—にほめあがむるだに興ある事にてこそあれ／大鏡実頼」　　　　　（『大辞林』，三省堂，1988）

じんかん【人間】人の住む世界。世間。にんげん「―に流行する欺詐術策の容体なり/学問ノススメ諭吉」　　　　　　　　　　（同上）

「じんかん」的意义相当于「にんげん」的第3个义项。但「人間蒸発」中的「人間」读「にんげん」，它表示第1个义项的意义，即这里的「人間」相当于汉语的"人"，因此，「人間蒸発」也就是"人下落不明（失踪）"的意思。

5.2　汉语的"人间蒸发"的意义和用法

汉语中的"人间蒸发"几乎是和表示派生义的"蒸发"同时出现的，下面是"人间蒸发"的实例：

（28）挪用公款包养情妇<u>人间蒸发</u>、广东揭阳市政协常委为"二奶"携款潜逃被抓获。　（北京青年报 2000年9月13日）

（29）一位记者说，在中国，获得大奖立即就"<u>人间蒸发</u>"是再正常不过的事情，为了能得到中奖者的真实照片，他曾企图与摄影记者合谋，让摄影记者拍下每个经过领奖处人的面孔，而他守在领奖处实见此人后两人再回报社核对，但最后还是作罢了，原因是涉及个人隐私权问题。

（北京青年报·生活时代 2001年12月7日）

（30）中几百万者，<u>人间蒸发</u>；中几十万者，秘密接头

（作家文摘·青年导报 2001年12月26日）

（31）刘姝威"<u>人间蒸发</u>"，蓝田案的主角之一中国蓝田总裁瞿兆玉却有了影踪，中国蓝田总公司证实他已到湖北去接受调查。

（北京青年报 2002年1月28日）

（32）行迹败露的罗斯纳克"<u>人间蒸发</u>"

（北京青年报 2002年2月8日）

（33）4718万贷款<u>人间蒸发</u>、公务员集资填补亏空

（南方周末 2002年4月11日）

（34）月前，本报报道过原京果店老板伍某，假借各种名义，到处结识"女朋友"，然后通过各种手段大举向"女朋友"和生意伙

伴借款、赊货，最终突然玩起了<u>人间蒸发</u>。

（信息时报2002年7月13日）

无论是汉语的"人间蒸发"还是日语的「人間蒸発」都用于人的失踪，二者所表示的意义看似相同，但汉语的"人间"与日语「人間蒸発」中的「人間」的意义不同：

【人间】rénjiān 人类社会；世间：～乐园｜春满～｜～地狱。
（《现代汉语词典》修订本，商务印书馆，1997）

【人间】rénjiān（名）世界上；人世间：～奇迹｜天上～。
（《应用汉语词典》，商务印书馆，2000）

【人间】人世间；世界上。○例：换了～。
（《新华词典》2001年修订版，商务印书馆，2001）

词典中的释义表明，汉语的"人间"的意义与「にんげん」的第3个义项相同，亦即与「じんかん」的意义相同，因此它也就与「人間蒸発」中的「人間」的意义（「にんげん」的第1个义项）不同。二者不仅意义不同，而且结构也不同，「人間蒸発」是主谓结构，而"人间蒸发"则是偏正结构，也正因为如此，"人间蒸发"中的"人间"有时和介词搭配构成介词短语，用来表示"蒸发"的处所：

（35）8分钟前，当开车的名叫阿扎姆的另一位沙特小伙子按动了仪表盘下面的起爆器按钮后，手枪、卡车都被炸成了碎片，阿扎姆也随之<u>从人间蒸发</u>了。

（北京青年报2000年8月16日）

（36）当时这个年轻气盛的小伙子手中握有上亿的资金，两年后，这家公司已经<u>从人间蒸发</u>。[1] （国际金融2000年7月30日）

---

[1] 此例句引自陈佩秋（2001）。

(37) 蒙特西诺斯再次"蒸发"
……而据路透社报道，蒙特西诺斯其实一直躲藏在委内瑞拉首都拉加斯，而且近日又有了新动作——他在一家私人诊所做完整容手术后再次在人间"蒸发"。
（北京青年报 2000 年 12 月 22 日）

例（37）表明，"人间蒸发"与"蒸发"是同义的关系。

既然"人间蒸发"的"人间"是表示"蒸发"的处所，那么出现下面这样的用法也就不足为奇了。也就是说，限定"蒸发"的处所的名词不一定非"人间"不可：

(38) 如城市蒸发，在黄的笔下就成了这样的解释：一种突然消失的方法，关掉手机，拔掉传真机，不通知任何亲朋好友，在无影无踪一周至十天后，再次出现。"消失"的那一周或十天半个月被称为"城市蒸发"。[1]
（江南时报 2000 年 7 月 9 日）

6．"蒸发"和"人间蒸发"的明喻的用法

在汉语和日语中都可以看到"蒸发"（蒸発）用于明喻的例子，这样的例子汉语要多于日语，从"蒸发"（蒸発）这样的用例可以看出它的派生义产生的轨迹，下面还一同列举了和"人间蒸发"类似的例句：

(39) 但令人遗憾的是，戴伟和杨阳就好像从地球上蒸发了似的，长时间杳无音讯。　（作家文摘 2001 年 11 月 30 日）
(40) 原来的同学、朋友、同事们如同蒸发了一样，"近朱者赤，近墨者黑"，我也很淡然。　（南方周末 2002 年 1 月 3 日）
(41) 没想到，已经过了委托期，不仅房子没换成，住房手续连同被委托人都如同"人间蒸发"似的消失了。
（北京晚报 2002 年 1 月 5 日）
(42) 五條の家では女あるじと右近が突然、蒸発してしまったように姿を消したので、みんな心配していた。　　（SIC）

1　同上。

7．结语

　　以上本文对日汉语中的"蒸发"（蒸発）和"人间蒸发"（人間蒸発）的使用情况进行了初步的比较。从时间上看，日语中的这两个词的例证均早于汉语，因此很有可能它们是从日语借用到汉语中来的。从意义上讲，"蒸发"（蒸発）在日汉语中是相同的，不过日本的语文词典中的释义有必要进行修正。另外，汉语在借用"人间蒸发"时，受到固有的"人间"一词的意义的影响，与日语的「人間蒸発」在意义上产生了差异，这种现象在汉语从日语借用汉字书写的词时是在所难免的。

参考文献

1. 陈佩秋，2001，"蒸发"的非本义用法，语文建设，第8期。
2. 彭广陆，2000，从汉语的新词语看日语的影响・之一——说"～族"，汉日语言研究文集（第三集），北京出版社、文津出版社。
3. 彭广陆，2001，从汉语的新词语看日语的影响——说"～屋"，日本学研究——日本学国际学术研讨会论文集，中国人民大学出版社。
4. 彭广陆，2002，从汉语的新词语看日语的影响・之二——说"写真"，日本语言文化论集（3），北京出版社・文津出版社。
5. 彭広陸，2000，中国語の新語に見られる日本語語彙の受容，対照言語学研究第10号，海山文化研究所。
6. 彭広陸，2001，日本における中国語新聞の用語に関する考察，日中言語対照研究論集第3号，白帝社。

陆、说"献金"

1. 引言

近年来，随着许多新事物和新概念的产生，现代汉语中出现了许多新词语，其中绝大多数出自汉语本身，但也不乏来自其他语言的借词，其中也有一些是借自日语的。新词语的产生使现代汉语的词汇更加丰富，更具表现力。

本文所要讨论的是近几年来在汉语中经常使用的"献金"一词的意义、用法及其与日语的关系。

2. 从汉语词典看"献金"

在国内出版的中文报纸上我们时常可以看见这样的例子：

（1）自从去年11月德国前总理科尔承认接受政治捐款后，他曾领导的基民盟竟然连续曝出"政治献金丑闻"，而且大有愈演愈烈之势。该党高级财务主管沃尔夫冈·许伦昨天的自杀，更令人们怀疑献金案背后可能有更惊人的内幕。

（北京晚报2000年1月22日）

（2）这个问题1998年初就有人察觉到，现在提出来，调查重点有两个：戈尔在1996年政治献金中有何新问题？克林顿在审理绯闻案时还做了什么手脚？此刻可谓"一石二鸟"。

（环球时报2000年4月4日）

尽管在现代汉语中"献金"一词的使用已非个别现象，但是我们在《现代汉语词典》（2002年增补本，商务印书馆，2002）中仍然找不到"献金"这个词[1]，在商务印书馆2000年出版的《应用汉语词典》中也同样找不到"献金"这个条目。

---

1 《现代汉语词典》（第7版，商务印书馆，2016）依然如此。——补注

在这里我们有必要先看一下《现代汉语词典》（2002年增补本，商务印书馆，2002）中"献"字这个条目：

献（獻）xiàn ① 把实物或意见等恭敬庄重地送给集体或尊敬的人：～花｜～旗｜贡～｜把青春～给祖国。②表现给人看：～技｜～殷勤。

"献"字作为一个独立的词使用时其词性是动词，由它构成的动宾结构（V+O）的复合词（"献"为前字）绝大多数也是动词性的，《现代汉语词典》中作为独立条目收录的由"献"字构成的动宾结构的复合动词有以下这些：

献宝、献策、献丑、献花、献计、献技、献礼、献媚、献旗、献芹、献身、献艺、献殷勤

而动宾结构的复合名词只有"献词"一个。由此不难看出："献"字构成的复合词是有限的，其词性基本上是动词，而且与"献"搭配的语素（字）大多数是表示抽象意义的。

但是，我们在《汉语大词典》（第五卷，汉语大词典出版社，1990）中却可以找到"献（獻）金"这个词条：

【獻金】捐献金银钱财。南朝梁王筠《为王仪同莹初让表》："执玉献金，卒先五等。"郭沫若《沸羹集·猪》："文协会办过一次小规模的书画展，不记得是响应什么献金了。"

这说明古代汉语中本来是有"献金"一词的，而且郭沫若的用例说明这个词在现代也曾使用过。现今的语文词典不收这个词，说明词典的编纂者认为这个词已经死亡了，即使该词还在使用，但它的使用频率也是极低的，事实大概也是如此的。不过，通过我们在后面列举的一些实例可以看出，前几年"献金"这个词又死而复活了，而且它的使用频率并不低。我们认为"献金"一词的复活与日语不无关系。

这里顺带提一下，在《汉语大词典》中作为条目收录的由"献"

构成的复合词（"献"为前字）达111个之多（其中也包括个别专有名词），这个事实告诉我们："献"的构词能力曾经是很强的，但是由"献"构成的复合词绝大多数现在已经死亡了，这个现象说明"献"字的造词能力大大地减退了。

3．从日语词典看「献金」

在现代日语中，经常使用「献金（けんきん）」一词，从读音看它是音读的词，从来源看它属于汉语词（汉字音读词），即它是来自古代汉语的借词，一般日本出版的大型语文词典中都收有这个词，且都引用上面看到的《汉语大词典》中王筠的例子。而且，在下引词典的该条目中，我们可以找到19世纪的书证，它告诉我们至少在那时日本人已经开始使用「献金」这个词了，不仅如此，在20世纪初叶的文学作品中也可以看到「献金」的实例。

① けんきん（名）｜献金｜金錢ヲ獻上スルコト。王筠、爲王儀同瑩初讓表「執╲玉獻╲金、率先五等親」嘉永明治年間録、二「嘉永六年十一月六日、品川海中臺場新築ニ就テ獻金ヲ、農工商ニ論ス」

（『新編大言海』新編版，冨山房，1982）

② けん-きん【献金】〔名〕金錢を献上すること。また、その金錢。＊嘉永明治年間録-二・嘉永六年〈1853〉十一月六日（古事類苑｜政治六九）「品川海中台場新築に就て献金を農工商に論す」＊改正増補和英語林集成（1886）「Kenkin ケンキン　献金」＊流行（1911）〈森鷗外〉「君にその献金（ケンキン）をして行くとでも云ふわけかね」＊王筠-為王儀同瑩初讓表「執╲玉獻╲金、率先五等親」発音〈標ア〉⓪〈京ア〉⓪辞書言海表記献金（言）

（『日本国語大辞典』第2版，第5卷，小学館，2001）

「献金」一词在日语中使用的频率提高了，自然就会被词典所收录。就我们所看到的资料而言，至少20世纪40年代日本出版的日语语文词典中，就已经普遍收录「献金」这个词了，这说明它已完全进入了日

语的词汇体系。不过，「献金」的意义曾发生过细微的变化。早期的「献金」的意义是这样的：

③　けんきん【献金】お金を官府などにささげる。
　　　　　　　　　　　　（『国語新辞典』第12版，帝国書房，1943）

由此可见「献金」曾经表示"把金钱捐献给官府"这个意义，这一点在下面的词典中也可以得到印证（下画线为笔者所加），而这个意义可以说是日语独有的意义。

④　けんきん【献金】〔名・ス自〕ある目的に使ってもらうために、お金を差し上げること。またその金。「政治―」▽元来は官などに金を献上すること。今は寄付と同じ意味にも使う。
　　　　　　　　　　　　（『岩波国語辞典』第6版，岩波書店，2000）

以后，「献金」的词义发生了变化，即捐献的对象不再限于官府了，这意味着「献金」一词又恢复了它的本义：

⑤　けんきん【献金】金銭を献上すること。又、その金銭。
　　　　　　　　　　　　（『言苑』戦後第1版，博友社，1949）

⑥　けんきん【献金】（体）ある目的に使ってもらうようにと金を差し出すこと。また、その金。「学生の―で飛行機をつくる。」「会の資金に一万円―する。」「―箱」
　　　　　　　　　　　　（『例解国語辞典』第5版，中教出版，1956）

⑦　けんきん【献金】金銭を献上すること。又、その金銭。
　　　　　　　　　　　　（『新・国語辞典』重版，池田書店，1958）

⑧　けんきん【献金】金銭を献上すること。
　　　　　　　　　　　　（『新潮国語辞典―現代語・古語―』，新潮社，1965）

⑨　けんきん【献金】金銭を献上すること。また、その金銭。「政治団体に献金する」
　　　　　　　　　　　　（『広辞苑』第5版，岩波書店，1998）

⑩　けんきん【献金】（名・自サ）①〔宗〕おかねをささげること。さしだすおかね。②寄付。「政治ー」

（『三省堂国語辞典』第5版，三省堂，2001）

⑪　けんきん【献金】〔名・自サ変〕ある目的のために金銭を献上すること。また、その金銭。

（『明鏡国語辞典』，大修館書店，2002）

　　上面列举的词典中的释义共同之处是「献金」表示"捐献金钱，或捐献的金钱"。而⑩『三省堂国語辞典』中的第一个义项值得商榷，因为在我们看到的实例中几乎没有专门用于宗教意义的，即便是由「献金」构成「献金箱（けんきんばこ）」一词也并非专门用于与宗教有关的场所；另外其第二个义项说「献金」表示「寄付（きふ）」的意思也未必准确，因为「寄付」不仅表示捐献金钱，还表示捐献物品，而「献金」则只表示捐献金钱，也就是说日语中的「献金」比「寄付」的词义窄，二者的词义并非完全相等。

　　另外，④⑥⑪中都带有状语"为了某个目的"，这样的解释是有一定道理的，因为如今在日本"献金"的对象基本上是团体或个人，前者多为政党，后者则多为政治家，「献金」的目的一般都是为了表明对他们的政治主张或活动的支持，其目的是显而易见的，即便是针对某一个具体的活动或运动的「献金」，也都带有明显的目的。因此，我们认为在给「献金」释义时，"为了某个目的"这样的状语是必要的。

　　顺带提一下，在⑪『明鏡国語辞典』中收录的由「献」字构成的复合词有以下这些，根据它们的词性可以将其分为以下几个小类（至于「献金」的词性，下文将有所提及）：

（1）名词
献詠、献詞、献辞、献題、献物
（2）名词、他动词
献策、献酬、献上、献呈、献納
（3）名词、自动词
献花、献身、献体、献茶、献灯、献杯

（4）名词、自他动词

献血、献言、献本

显然，在日语中，由「献」字构成的复合词的数量略多于汉语，最主要的不同之处是这些复合词的词性种类比较多样化，而且大多数是兼类词［如（2）—（4）］。

「献金」与「政治」构成的复合名词——「政治献金（せいじけんきん）」使用频率是相当高的，这在后面我们列举的实例中也可以得到印证。「政治献金」最晚在20世纪60年代已经见诸日本出版的普通的语文词典，不过不同的词典开始收录的时间并不一样，其时间跨度大概有三十年，这从下列词典开始收录「政治献金」一词的版本及其出版时间就可以看出来：

表1　日本语文词典「政治献金」收录情况

词典名称	版次	出版社	出版时间
新潮国語辞典——現代語・古語	第1版	新潮社	1965
学研国語大辞典	第1版	学習研究社	1978
広辞林	第5版	三省堂	1973
新明解国語辞典	第4版	三省堂	1989
岩波国語辞典	第5版	岩波書店	1994

4．「献金」在日语中的使用情况

笔者从日语语料库SIC中检索到了1066个「献金」的实例，下面根据这些实例对「献金」的用法进行初步的分析。

4.1　「献金」的词性

在日语中，「献金」主要作为名词使用。在检索到的1066个实例中，除了37个作为サ变动词使用的例子以外[1]，其余的都是作为名词或复合名词的构词成分（语素）使用的。「献金」作动词使用时，既可以用作自动词，也可以用作他动词［如例（5）］。

（3）日本百貨店協会は62年分の<u>献金</u>をストップした。　　（SIC）

1　其中包括一个"政治献金"作为サ变动词使用的例子：
　　ある実業家が保守党総裁に5万円を<u>政治献金</u>した。　（SIC）

（4）しかし、巨額の政治献金は事実上、非課税である。　　（SIC）
（5）桜井の私設秘書も百万円を献金している。　　（SIC）
（6）が、「金丸に献金しないと許可が遅れる」のは業界の常識だった。　　（SIC）
（7）共和からは、阿部元長官のほか10人前後の国会議員に資金が提供されているとされ、特捜部は、このうち阿部元長官を介して1億1000万円が献金されたとされる鈴木善幸首相や、2000万円余が手渡されたとされる塩崎潤・元総務庁長官については、今後、参考人として事情を聴くなど、調べを進めていく構えだ。　　（SIC）
（8）社会福祉の諸団体には、献金できるお金などない。　　（SIC）

4.2　「献金」构成的复合名词

在「献金」构成的复合名词中，「政治献金」的使用频率最高，在1066个例子中占有219个（20.5%），其次是「企業献金（きぎょうけんきん）」和「ヤミ献金（やみけんきん）」。下面我们分析一下「献金」与前面的语素之间的关系。

（Ⅰ）动作主体（施事）＋「献金」
　　個人献金、企業献金、団体献金、企業・団体献金

（9）政治資金を企業献金から公費補助と幅広い個人献金に移行していくべきだ、との立場だ。　　（SIC）
（10）企業などの団体献金については、将来は政党に対するもの以外認めない規制措置を打ち出したものの、当面は許容する方向を示した。　　（SIC）
（11）企業・団体献金の禁止と関係する国からの政党助成については「国民一人当たり年間二百五十円」としており、年間約三百億円を支出する計算。　　（SIC）
（12）ほぼ1年前の4月11日、竹下首相（当時）は衆院予算委員会で自らの「リクルート献金」の全容を公表した。　　（SIC）
（13）政治家の会計責任者ら、月末に略式起訴リ社献金で規制法違反。　　（SIC）

（14）疑惑負わばいざ言（こと）問（と）わむ鴎鳥（かもめどり）きみに他（ほか）にもありやなしやと<u>江副献金</u>は総裁選用だと知りて。　　　　　　　　　　　　　　　　　　（SIC）
（15）「<u>パチンコ献金</u>」について国民の疑問を代弁することも必要だろう。[1]　　　　　　　　　　　　　　　　　（SIC）

（Ⅱ）动作对象（与事）+「献金」
政党献金、派閥献金、金丸献金

（16）1、企業献金を個人献金に移行するとともに、<u>派閥献金</u>をへらして政党中心の資金体制を確立すること。　　（SIC）
（17）5億円の流れ詰めへ　<u>金丸献金</u>で地検特捜部　東京佐川急便事件。　　　　　　　　　　　　　　　　　　　（SIC）

（Ⅲ）性质+「献金」
特別献金、ヤミ献金、裏献金、違法献金、不法献金、個別献金

（18）総選挙前に自民党からの<u>特別献金</u>の要請にまず応じたのは、石原俊代表幹事の属する自動車業界だ。　　（SIC）
（19）いずれも前知事に対し、数百万円単位の<u>ヤミ献金</u>をしていた疑いが浮かんでいる。　　　　　　　　　　　（SIC）
（20）金丸被告の蓄財事件のように、ゼネコンの<u>裏献金</u>に公共事業費の一部が化ければ、とても健全な借金とはいえまい。
　　　　　　　　　　　　　　　　　　　　　　　　　　　　（SIC）
（21）【サンフランシスコ23日時事】米プロフットボール界の名門で、スーパーボールのチャンピオンに輝くサンフランシスコ・フォーティナイナーズが、前回1991年のサンフランシスコ市長選で<u>違法献金</u>をしていたとして、6万ドル（約600万円）の罰金を支払う。　　　　　　　　　（SIC）

---

[1] "パチンコ"本身表示一种游戏，而不能表示动作的主体，但在这里它表示"パチンコ業界"的意思，因此把它归入这一类里。

（22）政界への不法献金汚職事件にからんで　　　　　（SIC）
（23）企業にとっても個別献金だからこそ意味があるのだ。
　　　　　　　　　　　　　　　　　　　　　　　　（SIC）

（Ⅳ）用途＋「献金」
　　　政治献金、国防献金

（24）政治献金、パーティー券、派遣秘書の人件費、事務所の提供など様々な形で企業から政治に流れる資金は、裏ガネも合わせ、中央、地方を通じて、年間3000億－5000億円にのぼるといわれる。　　　　　　　　　　　　　　（SIC）
（25）学校では、例月の国防献金の他に、特別な献金をする事になった。　　　　　　　　　　　　　　　　　　　　（SIC）

（Ⅴ）数量＋「献金」
　　　巨額献金、多額献金、大量献金、大口献金、小口献金、5億円献金

（26）その一方で、石井前会長との関係も強化し、佐川前会長への威嚇効果を狙っていたとされ、このため、金丸氏や石井前会長から求められるまま巨額献金や、債務保証におうじるようになったとされる。　　　　　　　　　　　　（SIC）
（27）美空ひばりらと並ぶ、戦後大衆文化の華が多額献金とはなにごとぞ。　　　　　　　　　　　　　　　　　　　（SIC）
（28）会議では、同法の適用対象が政治家本人ではなく会計担当者であるものの、リクルート事件の本質が政界に対するリ社の大量献金だったことを示すためにも、略式起訴の方向で最後の詰めを行うべきだ、とされた。　　　　　　　（SIC）
（29）廃案になった政治資金規正法改正案は、献金を受ける資金調達団体の数を政治家1人につき2以内にしたり、企業や労組の大口献金を政党に限定し派閥や政治家に対する献金を抑えている、などと評価すべき点も多い。　　　　（SIC）
（30）しかし、米大統領選挙では電話で投票を依頼する度に、支

持を表明した有権者に、同時に30ドル程度の<u>小口献金</u>を要請し、有権者もそれに応じている。　　　　　　　　　(SIC)

(31) この時点で特捜部は、<u>5億円献金</u>をめぐる捜査をいったん終了した。　　　　　　　　　　　　　　　　　　　(SIC)

5．"献金"在汉语中的使用情况
5.1　"献金"的复活

前面已经提到，"献金"一词在汉语中已经广为使用，但汉语的语文词典还未将其收录进去，这不能不说是一个遗憾。

我们通过人民日报主办的人民网（www.people.com.cn）进行了检索[1]，并对检索的结果进行了初步的分析，它基本可以反映出"献金"一词的实际使用情况。

　　资料一：人民网的相关文件资料　202例
　　资料二：人民日报（1995年1月1日—2002年12月1日）44例
　　资料三：其他报纸[2]（1995年1月1日—2002年12月1日）221例
　　资料四：网上人民论坛（1999年1月1日—2002年12月1日）20例
　　资料五：人民日报社所属杂志[3]（2000年1月1日—2002年12月1日）5例
　　资料六：人民网日文版（2000年12月7日—2002年12月1日）16例

这些数据表明，"献金"一词多见于报纸和网络，这与该词的词义不无关系，换句话说，词义决定了"献金"多用于新闻报道中。

我们检索了《申报》（原名《申江新报》，1872年4月30日在上海创刊，1949年5月27日停刊）的数据库（青苹果数据中心制作），"献金"一词共出现1091次，最早的例句是1874年9月19日的，最晚的例句

---

[1]　检索时间为2002年12月1日。
[2]　这里的"其他报纸"包括：人民日报、人民日报海外版、环球时报、江南时报、讽刺与幽默、健康时报、华东新闻、华南新闻、国际金融报、市场报、中国汽车报、京华时报。其中人民日报是重复的。
[3]　"人民日报社所属杂志"包括：大地、中国质量万里行、新闻战线、时代潮、人民论坛、上市公司、中国经济快讯周刊。

是1949年5月24日，这说明"献金"一词在近代乃至1949年还在普遍使用，只是在20世纪后半叶的四十余年间它几乎销声匿迹了，以致后来出版的语文词典均未收录。以下是《申报》中的用例：

（32）午銜漏連三下微服而至河上果有燈火如星恍屯營壘竊怪之忍冷風颼颼寒澈肌骨急叧署招乙至曰鬼神來告此語豈盡虛哉設使案一上聞則同謀之律君其免乎若得獻金求和事亦可寢
（申报1874年9月19日）

（33）各省大憲先後奏賑官紳商客踴躍書捐卽西國官商之來華者亦復集貲湊奇可謂無分畛域善與人同已本園不揣薄綿擬分所得獻金寄裹賑務惟是甫經到滬深恐力不從心因定四月初三日起試辦一月酌減位票價目彙送紳商士庶光降敝園即以所得票金支發園租工食外其餘全數稟繳 （申报1877年5月16日）

（34）中華百貨公司、昨晨九時卅分、召開全體職員會議、議決、公司方面、獻國幣一千元、各級職員、獻金一千元（國幣）、又該公司五樓跳舞場、昨"八一三晚"、將全場收入撥作購救護車之用、六樓中華酒樓各職員、除自動投獻外、并捐五百元作獻金之用……（申报1938年8月14日 香港版）

（35）"全國女同胞萬歲！"這是重慶獻金運動婦女獻金日（三月五日）蔣委員長於演說時高呼出來的口號。這句口號說明了重慶婦女界對於獻金熱烈，是怎樣地使我們領袖愉快高呼起來！原來這天婦女獻金結果，參加的各界婦女有二千多，獻金總數達七十萬，不僅打破了三月四日銀行界獻金記錄，而且也打破了幾千年來對於中國婦女的錯誤的觀念，因此那天蔣委員長的演詞中又說："余一向深信我國女同胞之力量，比男同胞為大，今日已得明証，其力量倍蓰於男子。"
（申报1939年3月7日 香港版）

对于这些例子中使用的"献金"，还不能说它是受到了日语的影响，而应该说它是古代汉语中的"献金"的延续。但是，下面这些用例表明"献金"一词在20世纪末已经复活，而且最晚在1996年就已经用于有关外国的新闻报道，时至1997年其用例已经屡见不鲜，这些用例还清

楚地告诉我们：复活初期的用例基本上都是以"政治献金"的形式使用的，而我们在前面已经看到，「政治献金」这个复合名词在日语中早已广泛使用，而且它早已收入日语的语文词典，这样，我们就有理由认为汉语中"献金"一词的复活极有可能是受到了日语的影响，而最初是以"政治献金"的形式进入汉语的[1]。许多媒体有关日本的新闻报道中经常出现"献金""政治献金"这样的字样，无疑对于"献金"一词的复活起到了催化剂的作用。

（36）反对党就班汉总理的国籍问题，班汉总理硕士论文问题，班汉总理女儿千乍娜高价出卖地皮及逃税问题，曼谷商业银行前财政顾问拉吉斯给泰国党3亿铢政治献金问题以及国家经济衰退问题弹劾班汉总理。班汉总理对反对党弹劾逐项进行解释和说明。　　　　　（人民日报1996年9月22日）

（37）美国一些媒体借此捕风捉影，在没有任何事实根据的情况下制造耸人听闻的新闻，向中国大泼污水。台湾岛内一些人也大肆鼓噪，制造所谓"中共卷入政治献金案"的舆论。
　　　　　　　　　　　　　　（人民日报1997年3月21日）

（38）罗斯认为，一度闹得沸沸扬扬的所谓"中国政治献金案"调查已经表明，中国政府与此事无关，这对两国关系是十分有益的，也有利于克林顿政府在中美关系问题上作出一些至关重要的决定。　　　　　（人民日报1997年10月25日）

5.2 "献金"的词性

汉语中的"献金"一词也是兼类词，它既可以用作名词，也可以用作动词，其中以名词的用例居多。从人民日报中检索出的40个"献金"的用例中，有16个是作动词使用的例子，例如：

（39）中远业务蒸蒸日上，引起了美国一些别有用心的人的不满。在今年初美国某些人反华恶浪的推动下，他们把矛头指向了中远。中远被指责参与"向美非法献金"活动。对此，马泽

1　无独有偶，现代汉语中的"蒸发"一词所产生的"去向不明"这一新义，就是受到了日语的影响，而最初也是先以"人间蒸发"的形式进入汉语的。

华表示，所谓"中远参与非法献金"完全是无稽之谈。

（人民日报1997年5月8日）

（40）冯玉祥摸着头挥着大手说："对!账目是绝对清楚的。我起初自己卖字献金，每月收的钱都直接送给蒋介石，并且都有收据。如今献金有专人管理，一丝不苟。" （战争和人）

（41）同一时期内，几家大烟草公司向国会议员和两大政党"献金"超过3000万美元。作为回报，美国国会先后为大烟草商提供优惠待遇。 （人民日报2000年2月28日）

5.3 "献金"构成的复合名词

"献金"一词在汉语中固然可以单独使用，但更多情况下是作为复合词或派生词的语素来使用的，其中"政治献金"这个复合名词的使用频率最高。根据笔者的统计，从"人民网"的相关文件资料里检索到的202个"献金"的用例中，有121个用于"政治献金"；从"人民日报"的相关文件资料里检索到的40个"献金"的用例中，有18个用于"政治献金"；而从"人民网日文版"的相关文件资料里检索到的16个「献金」的用例中，有15个用于「政治献金」。可以说一提及「献金」这个词，人们就会立即联想到「政治献金」。

下面是由"献金"构成的其他复合词、派生词或名词词组的用例：

（42）在"隐贿"面前，不妨学学古代的黄煊。据清代袁枚的《随园诗话》记载，此公曾对昏夜献金者写了一封婉转的信："感君厚意还君赠，不畏人知畏已知"。他不仅退还所献之金，而且教育了对方。黄煊的精神实在难能可贵。

（人民日报2002年5月9日）

（43）一些人暗示，所谓"政治目的和计划"是指中、美关系因贸易、人权以及怀疑中国通过非法献金左右美国1996年总统选举等问题，在本届大选到来前需要再做点反华文章。

（环球时报1999年12月14日）

（44）基督教民主联盟党前议员鲍迈斯特女士无论在党内还是在议会都曾经算得上是举足轻重的人物，她在党内担任财务总管时卷入对该党的献金丑闻，也因此与军火工业巨头过往密切，……   （人民网2002年11月21日）

5.4 "献金"的同义词

在"献金"消失的一段时期内,现代汉语中并非没有专门表示与"献金"相同意义的词,这个词就是"捐款"。此外,还使用"捐赠""捐献",但由于它们的受事不一定是金钱,所以要表示与"捐款"相同的意思时,一般多与"金""款""巨额"等与金钱有关的语素搭配使用。而且,与"政治献金"同义的"政治捐款"也是存在的。这些可以在日本小学馆出版的『日中辞典』(第2版,2002)的"献金"条目中得到一些佐证[1]:

けんきん【献金】捐献juānxiàn,捐款juānkuǎn;捐献的金钱jīnqián.‖～を募る/募集mùjí捐款.‖政党の活动资金に10万円～する/捐款十万日元作为政党的活动经费.‖会员の～ですべてまかなわれる/一切是用会员的捐款来维持.‖政治～/政治捐款

下面是一些实例:

(45)早在1998年竞选州务卿时,她就卷入一桩<u>政治捐款</u>案,但她不仅侥幸得免,反而得到州长杰布·布什的大力支持。

(环球时报 2000年11月24日)

(46)德国有一部政治法,对<u>政治捐款</u>并不限制。

(环球时报 2000年1月14日)

(47)3月26日,素有"反贪斗士"美誉的女议员辻元清美因挪用资金,违反个人所得法和<u>政治捐款</u>法,被迫辞职。

(环球时报 2002年4月29日)

(48)由于科尔领导"基督教民主联盟"长达四分之一世纪,所以在党内形成了没有谁敢向他挑战的局面,从而最终导致他犯下了非法收受<u>巨额捐赠金</u>的丑闻。

(北京青年报 2000年1月12日)

(49)由于科尔承认其在任期间接受了<u>巨额秘密现金捐赠</u>,并且将这笔捐赠存在基督教民主联盟秘密户头上,所以他面临的是

---

[1] 我们在该词典的"献金"条目的对译词里同样找不到"献金"一词,这也是情有可原的,因为《现代汉语词典》中还没有将其收录进去,其他词典也只好"慎重行事"了。

陆、说"献金"　91

"背信"的罪名。　　　　　　（北京青年报2000年1月12日）

（50）11月8日，前总理科尔断然否认他知道1991年<u>竞选捐赠款</u>一事。　　　　　　　　　　　（北京青年报2000年1月12日）

（51）法院判决，胡曼莉任会长的丽江妈妈联谊会归还91.5万元的<u>慈善捐款</u>，而且必须将社会捐助款项公之于众。
　　　　　　　　　　　　　　　　（北京青年报2002年3月3日）

（52）五洲大酒店党委书记潘晓光把员工们的<u>捐款</u>送给了五胞胎妈妈……　　　　　　　（北京青年报2002年3月10日）

（53）<u>捐款</u>方式：<u>捐款</u>者可亲自到希望工程<u>捐款</u>，或通过邮局汇款，北京市商业银行各营业网点也代理接收<u>捐款</u>；<u>捐款</u>者参加指图认捐、参与绿色希望工程后续活动，须到希望工程北京捐助中心办理<u>捐款</u>手续。（北京青年报2002年3月6日）

（54）……我问她准备做什么用？她说要拿去<u>捐款</u>，因为她是少先队员，又是班长，理应要在班里起带头作用，为家乡的建设贡献一份力量。　　　（南方周末2002年3月14日）

（55）……而在南京路上的<u>捐款点</u>，更是人头攒动。
　　　　　　　　　　　　　　　　（北京晚报2001年1月7日）

（56）本月初，德国议会已经对科尔接受<u>巨额现金捐赠</u>一事展开了独立的调查。　　　　（北京青年报2000年1月12日）

很明显，即使是在"献金"一词复活以后，"捐款"等词仍然在普遍地使用着，这说明重新开始使用的"献金"并没能取代"捐款"。不仅如此，甚至我们还可以看到一些"献金"与"捐款"同现的实例：

（57）《朝日新闻》披露，樱花银行7名经理人员威逼客户向小泉<u>捐款</u>，小泉涉嫌黑<u>献金</u>
　　　日本《朝日新闻》昨天报道说，小泉纯一郎就任日本首相之前，一家银行的多名前任经理人员曾经迫使企业客户向这位日本政坛上的"改革派"人物提供<u>政治捐款</u>。……最终，至少6家企业"<u>捐款</u>"总计260万日元（约合2.23万美元）。
　　　　　　　　　　　　　　　　（北京晚报2002年7月27日）

（58）蒋介石向美国政客<u>献金</u>之谜

按美国的法律，参加竞选"总统"的人，不能接受外国的捐款。但此时的杜威太缺钱了，已顾不了那么多。

（作家文摘2000年7月11日）

（59）关于德国基民盟政治献金案

1999年11月30日德国前总统科尔承认，他曾经利用几个秘密账号为自己所在的政党基督教民主联盟接受过政治捐款。……

同日，科尔在接受德国电视二台的专访时承认，由于基民盟九十年代初期资金困难，他曾在1993年至1998年期间接受过150至200万马克的秘密献金，这笔钱主要用于资助德国东部地区基民盟组织的建设。应捐款人的要求，科尔拒绝说出捐款人的名字。……

2000年1月23日科尔否认了有关他准备向一个由高层人士组成的委员会公布秘密政治捐款者名单的说法，并称新闻媒体收到的一份关于他准备公布捐款者名单的"声明"是"伪造的"。

（青年参考2000年11月23日）

（60）在德国前总理的财务丑闻中一个关键的问题是，科尔的政治献金究竟来自何方？因为只有知道捐款人是谁，才能判断科尔是非法掌握黑账户还是从中为自己或为基民盟谋取利益。……近日，德国《资本》杂志披露，西门子公司的捐赠可能是科尔政治献金的一个来源，而西门子公司的捐献是感谢科尔，没让有关部门追究该公司在80年代违背当时的西德政府对当时的民主德国的禁运规定，向民主德国供应了重要的设备。

（北京青年报2000年5月30日）

"献金"之所以没能取代"捐款"，很有可能是因为二者形成了一种互补的关系，只要这种互补关系存在，二者中的一个也就不容易消失。这里的互补关系是指，"献金"一词多表示贬义，因此它多与"非法""丑闻""～案"搭配使用；相反，"捐款"虽然有时也用于贬义，但它更多的还是用于褒义的。这种互补的关系可以归纳如下：

献金：贬义＞褒义

捐款：褒义＞贬义

这种分工的趋势将来可能会更加明显。实际上，在日语中，「献金」与「寄付（きふ）」「寄付金（きふきん）」在意义上也形成了一定的互补关系[1]。

6．结语

以上，我们考察了现代汉语中"献金"一词复活的过程，并初步论证了它与日语的关系，可以预言："献金"这个词不久将会被收入到汉语词典中，而且随着它与"捐款"一词互补趋势的增强，其使用频率也将会进一步提高。

参考文献

1. 郭伏良，2002，从人民网日本版看当代汉语中的日语借词，汉语学习，第5期。
2. 胡兆云，2001，语言接触与英汉借词研究，山东大学出版社。
3. 彭广陆，2000，从汉语的新词语看日语的影响·之一——说"～族"，汉日语言研究文集（第三集），北京出版社、文津出版社。
4. 彭广陆，2001a，从汉语的新词语看日语的影响——说"～屋"，日本学研究——日本学国际学术研讨会论文集，中国人民大学出版社。
5. 彭广陆，2001b，从汉语的新词语看日语的影响·之四——说"问题"，日本文化论丛，大连理工大学出版社。
6. 彭广陆，2002，从汉语的新词语看日语的影响·之二——说"写真"，日本语言文化论集（3），北京出版社·文津出版社。
7. 彭广陆，2003，从汉语的新词语看日语的影响·之三——说"蒸发"，日本学研究第12期，世界知识出版社。
8. 王赐江，2002，人民时评：新词语折射新变化，人民网，11月21日。
9. 张德鑫，2000，"水至清则无鱼"——我的新生词语规范观，北京大学学报（哲学社会科学版），第5期。
10. 田中建彦，2002，外来語とは何か——新語の由来・外来語の役

1　『広辞苑』（第5版，岩波書店，1998）中的「寄付（きふ）」条目如下：
き-ふ【寄付・寄附】公共事業また寺社などに金銭・物品を贈ること。「母校に財産を―する」「―金」

割，鳥影社。
11. 彭広陸，2000，中国語の新語に見られる日本語語彙の受容，対照言語学研究第10号，海山文化研究所。
12. 彭広陸，2001，日本における中国語新聞の用語に関する考察，日中言語対照研究論集第3号，白帝社。

柒、说"过劳死"

1．引言

近年来，"过劳死"一词时常见诸报端，作为一种社会现象，它开始受到人们的普遍关注。但是，可以说这个新词还没有得到专家们的承认，比如最具权威的《现代汉语词典》（2002年增补本，商务印书馆，2002）中就没有收录这个词[1]，一些新近出版的新词词典也没有收录这个词。然而，通过我们在下文中所举的实例不难看出，"过劳死"一词的使用已经不再是个别现象了，而词典中不收该词显得过于保守，起码是一个疏漏。

本文旨在首先搞清"过劳死"一词的来源，然后对它的构词加以分析，在分析的过程中试图用汉日语言对比的观点来看待有关问题。

2．"过劳死"的来源

《新华新词语词典》（2003年版，商务印书馆，2003）是笔者见到的唯一收录"过劳死"的新词词典，该词典中明确地注明"过劳死"一词是来自日语的借词：

> **过劳死** guòláosǐ（die from overwork）因身体过度劳累、精神压力过重而导致的突然死亡。源于日语。例虽说没到日本人"过劳死"那样的程度，可北京外企人的工作压力也不轻。

另外，我们从下面这个例句也可以看出，《新华新词语词典》的"过劳死"日语借词说是可靠的。

（1）过劳死（karoshi）一词源自日本，最早出现于日本七八十年代经济繁荣时期，它并不是临床医学病名，而是属于社会学

1　《现代汉语词典》（第6版，商务印书馆，2012）开始收录"过劳死"一词，该条目如下："【过劳死】guòláosǐ 动 因过度劳累而致死：工作和学习压力大是导致～的主要原因。——补注

范畴。在日本它被定义为由于过度的工作负担（诱因），导致高血压等基础疾病恶化，进而引发脑血管或心血管疾病等急性循环器官障碍，使患者陷入死亡状态。

今年10月2日，日本广岛高级法院就判决川崎制铁造成员工<u>过劳死</u>案和解，川崎制铁必须支付1.1350亿日元的赔偿金给死者家属，这是继今年6月日本电通公司<u>过劳死</u>案败诉后，第二桩企业全面承认错误并达成和解的"<u>过劳死</u>"案件。　　　　　　　　　（北京青年报2000年10月19日）

在日本集英社出版的收录大量时事用语的『情報・知識imidas 2002』中，一般的条目只标出对应的英语词，而在「過労死」这个条目中则特意注出了其读音"karoshi"，而"karoshi"正是日语「過労死（かろうし）」的读音，它说明编者认为这个词是来源于日语的。而且，日本近10年来出版的语文词典（日语称之为「国語辞典」）普遍都收有这个词。

另一方面，日本小学馆出版的『日本国語大辞典』（第2版）中虽然收录了这个词，但是没有举出书证，这也说明该词的历史并不长。为了进一步搞清「過労死」一词在日语中何时开始被承认的，笔者进一步调查了一些有代表性的日本出版的语文词典，尤其是大中型的语文词典，其结果如下（下表中"○"表示收有该词，"×"表示未收该词）。

表1　日本语文词典中「過労死」的收录情况

词典名称	版次	出版社	出版时间	收录情况
日本国語大辞典	第1版	小学館	1974	×
国語大辞典	第1版	小学館	1981	×
国語大辞典言泉	第1版	小学館	1986	×
学研国語大辞典	第2版	学習研究社	1988	×
日本語大辞典（カラー版）	第1版	講談社	1989	×
広辞苑	第4版	岩波書店	1991	○
岩波国語辞典[1]	第5版	岩波書店	1994	○
日本語大辞典（カラー版）	第2版	講談社	1995	○
日本国語大辞典	第2版	小学館	2001	○

1　在『岩波国語辞典』第5版中，「過労死」是作为「過労」的例词出现的。

『広辞苑』（第4版）中的「過労死」这一条目的释义为：「仕事のしすぎによる勤労者の急死。1980年代後半から一般化した語」（由于工作过度而造成的员工的猝死。20世纪80年代后期成为普遍使用的词）。我们认为这一说法比较可信，从上面我们对词典的统计也可以看出，日本的语文词典开始收录这个词是在进入20世纪90年代以后，这也说明词典的编纂具有一定的滞后性。

如今，「過労死」一词不仅已经在日语中完全固定下来了，而且也开始在国际上广为使用，前面提到的『情報・知識imidas 2002』的「過労死」条目中指出：「過労死という用語は、いまや国際語である」（"过劳死"这个用语如今已经是国际通用的词了）。在这种大环境下，它进入汉语词汇也是情理之中的事情。

3. "过劳死"一词的借用

下面所举用例均为笔者收集或检索到的国内发行的中文报纸上使用"过劳死"的实例，从中可以看出，最晚在1995年汉语中就已经出现"过劳死"这个词了，而且早期的实例基本上都是用于与日本相关的报道的。这一点也可以证明"过劳死"一词是来自日语的借用。而且，"过劳死"在使用时都带引号，说明它还不是一个被人们所熟知的词，因此需要特别加以强调。

笔者通过人民网对《人民日报》进行了检索，发现1995年1月1日—2003年6月20日的《人民日报》上"过劳死"一词的用例只有5个。这也说明该词的使用频率并不高，《现代汉语词典》或许就是根据新词的使用频率进行甄别和取舍的。但是，"过劳死"一词所代表的社会现象不容小视，而且它将越来越受到人们的广泛关注。

（2）任何事情都具有两面性。日本社会的这种高效率，也产生了一些负效应。"过劳死"就是在日本报纸上出现频率很高的一个词，它专门指40岁左右的壮年男子因工作过于疲劳，精神高度紧张而猝然死亡的现象。"过劳死"现象的出现，也引发了日本国民的诸多思考。　（人民日报1995年2月18日）

（3）经过医学生理学的漫长研究和临床验证过程，科学家们终于在20世纪后期确认：疲劳是人类的第一病因。于是，日本统

计出有一半以上的成年人有"过劳死"之忧；德国人把疲劳视为90年代的第一病症；美国政府则投入很大力量研究对付"慢性疲劳综合征"……其实，我国早在古代就对"积劳成疾"有所认识。中医理论把疲劳分为神劳、力劳和房劳三类。　　　　　　　　（人民日报 1995年12月18日）

（4）日本青少年研究所对高中学生心目中的10位英雄进行了一次专门的调查，结果显示，诸葛亮排名第九。时下在日本，一些员工为企业、为集团奋斗，不惜"过劳死"的意识，似乎是受了"鞠躬尽瘁，死而后已"观念的影响。

（人民日报 1996年3月31日）

（5）据日本舆论揭露，日本一些企业给职工上了保险，但当职工因工死亡或"过劳死"时，却不向死者家属支付保险金，有的企业甚至将保险金私吞。眼下，这种纠纷在日本有增无减。　　　　　　　（人民日报 1996年11月18日）

（6）"过劳死"从字面上理解就是过度劳累造成的死亡，从今天研讨的案子中看，死者唐英才确实是因劳动时间过长，长期积累造成的死亡。

（北京青年报 2000年10月10日）

（7）引起法学界和社会舆论高度关注的我国首例"过劳死"诉讼案，由上海静安区人民法院正式受理，并于近日开庭审理。

（北京青年报 2000年10月19日）

（8）"过劳死"在医学临床上不应该这么提。疲劳只是一种症状，最终导致死亡应是某种疾病。但慢性疲劳综合征切切实实存在于我们的生活中。　　（南方周末 2001年8月3日）

（9）而与此同时，我国首例"过劳死"诉讼案在上海败诉。劳动部门竟对什么是"过劳死"一头雾水，在法律上也是一个空白。在中国，"过劳死"甚至还没有准确的定义。

（南方周末 2001年8月2日）

（10）日本前首相小渊惠三因工作劳累而中风，为"过劳死"又添一例。　　　　　　　　　　（南方周末 2001年8月2日）

（11）专家称，慢性疲劳综合征可以说是"过劳死"的预备军。

（南方周末 2001年8月3日）

（12）据世界卫生组织的调查显示，目前在亚洲的各个大城市中，因精神紧张、疲劳过度而引发的"过劳死"，已成为都市中青年人健康的"第一杀手"。　（北京晚报2001年8月3日）

（13）医院最终确诊永平患的是心原性猝死，这种病俗称"过劳死"。　　　　　　　　　　　（人民日报2002年5月8日）

4．"过劳"的使用情况

"过劳死"一词之所以能够被汉语所接受，除了表达这一概念的需要以外，还有一个重要的原因就是从字面上很容易理解这个词所表达的意义。在这一节里，我们重点分析一下构成"过劳死"的"过劳"。

汉语中过去没有"过劳"这个词[1]，但是人们从字面上就可以理解它所表示的是"过度劳累"的意思，反过来也可以说，汉语中过去虽然不用"过劳"这个词，但使用"过度劳累"这个词组照样可以表示相同的意思。例如：

（14）现在患糖尿病、冠心病、高血压、心衰、心梗、脑溢血的患者净是二三十岁的年轻人，这些病以前都是五六十岁的人得的所谓的老年病啊！原因就是长期的过度劳累，工作压力大，精神高度紧张。　　　　　（南方周末2001年8月2日）

当然，必须承认，作为词的"过劳"比作为词组的"过度劳累"要简洁。

虽然汉语中过去没有"过劳"一词，但是与其结构相同的词在汉语中古已有之，即便在现代汉语中，这种"过＋V"构成的偏正结构的动词就有"过奖、过虑、过誉"等（见《现代汉语词典》），而"过＋A"这种偏正结构的词有"过激、过敏、过谦、过热、过细"等（见《现代汉语词典》）。在《汉语大词典》（汉语大词典出版社，1992）中还收录有以下这些"过＋V"构成的偏正结构的动词：

1　《现代汉语词典》（第6版，商务印书馆，2012）首次收录"过劳"一词，其释义为"过于劳累"。——补注

过支、过防、过求、过信、过遇、过载、过爱、过称、过领、过忧

其中绝大多数词是古汉语用而现代汉语中不用的。这也说明偏正结构的"过+V"在古汉语中是一个能产的构词格式，而在现代汉语中它已经基本上失去了构词能力。

在日语中，不仅「過労死」一词的使用早于汉语，而且「過労」一词已经出现100多年了。例如『日本国語大辞典』（第2版，小学館，2001）的「過労」这个条目中就举出了福泽谕吉的著作『福翁百話』（1897）中的用例：「如何なる事情あるも精神を過労（クヮラウ）せしめて体育の妨（さまたげ）を為す可らず」。它表明，在日语中是先有「過労」一词，由此而派生出「過労死」一词的。

但是，在汉语中，则是先引进了"过劳死"一词，而后"过劳死"的词根"过劳"才开始单独使用的，这说明它已经"词汇化"（lexicalization）了。正是由于"过劳"符合汉语构词的规律，所以它的词汇化现象也是极其正常的。下面是笔者收集和检索到的"过劳"的实例。

（15）吴邦国最后希望各位参事、馆员在报效祖国的工作岗位上，珍重身体，不可<u>过劳</u>。（人民日报1998年1月22日）

（16）但在一个优秀人士那里，在责任心、荣誉和财富的召唤之下，长期的劳作会无情地排斥除了工作外的许多愿望，譬如闲适、游戏，包括懒惰。对于一个长期<u>过劳</u>的人来说，懒惰或许才算美德。因为懒惰可能在特定状态下拯救他的生命。

（人民日报2001年4月21日）

（17）资料显示，1994年，日本劳动省正式把工作过度列为职业灾害，日本官方又在近年把"<u>过劳</u>"正式列为职业病的一种，"过劳病"已写进了日本法律。

（南方周末2001年8月2日）

（18）20世纪七八十年代以来，日本每年有1万多人因<u>过劳</u>猝死。在1995年1年内，日本著名的精工公司、川崎制铁公司和全日本航空公司等12家大公司的总经理相继突然去世，年龄

大多在四五十岁。医学家调查的结果是"积劳成疾，<u>过劳</u><u>猝死</u>"。　　　　　　　　　　（南方周末 2001年8月2日）

（19）但需要进一步检查是否真正存在器质性心肺疾病。不知道您最近有没有睡不好觉、过度紧张、神经或者体力<u>过劳</u>、生气或者不愉快等情况，如果存在这些情况，那么上述诊断可以成立。　　　　　　　（人民日报 2001年8月10日）

　　从上面的例子可以看出，因为"过劳"这种结构符合汉语的构词规律，人们在接受它时不存在任何心理障碍，所以在使用时一般无需加引号进行强调。例（17）中的"过劳"的用法可以看作引用。

　　实际上，在现代日语中，"过＋V"这种结构构成的动词也并不多见，除了「過労」以外，一般只有「過言、過信、過保護」。类似「過保護」这种"过＋双音节动词"结构的词在汉语中一般是不用的。

5. "～死"的构词能力

5.1 日语中的「～死」

　　日语中之所以会产生「過労死」这个词，是因为音读的语素「～死（し）」已经成为一个能产的类语缀（后缀）了。比如，三省堂出版的『大辞林』（第2版，1995）中收录的由「～死」构成的表示人死亡的派生词就有以下这些：

　　安楽死、過労死、自然死、ショック死、心臓死、尊厳死、電撃死、突然死、腹上死

此外，笔者还收集到了以下这些词：

　　過失死、交通事故死、拷問死、事故死、衰弱死、窒息死、墜落死、転落死、被爆死、疲労死、老衰死、暴行死

分析一下前面的词根与后缀「～死」的关系，大致可以归纳出以下两种类型：

① 表示死亡的原因：過失死、過労死、交通事故死、拷問死、事故死、ショック死、心臓死、衰弱死、戦傷死、戦病死、窒息死、墜落死、電撃死、転落死、被爆死、疲労死、暴行死、老衰死
② 表示死亡的方式、情况：安楽死、自然死、尊厳死、突然死、腹上死

如果算上由「～死」构成的两个汉字书写的音读的词，数量就更多了，限于篇幅，此处从略。

在日语中，不仅音读的「～死（し）」具有很强的构词能力，而且训读的「～死（し）に」也同样具有很强的构词能力，当它作为后项与日语所固有的训读的语素构成复合词时，它本身发生浊音化的现象（～しに→～じに），日本岩波书店出版的『広辞苑』（第5版，1998）中就收录了以下这些由「～死（じ）に」构成的复合词：

相対死に、熱死、阿房死に、案じ死に、徒死、犬死に、飢え死に、討ち死に、怨み死に、溺れ死に、思い死に、かつえ死に、切り死に、腐り死に、縊れ死に、狂い死に、恋死に、焦がれ死に、凍え死に、叫び死に、空死に、倒れ死に、立ち死に、半ら死に、嘆き死に、寝死に、野垂れ死に、馳せ死に、早死に、乾死に、人死に、吠え死に、ほたえ死に、無駄死に、悶え死に、焼け死に、病み死に、若死に

这些和语词的产生应该说普遍地早于前面所举的「～死（し）」这样的派生词，因此似乎也可以说，训读的「～死（じ）に」的能产性是音读的「～死（し）」的能产性的基础和保障。

5.2 汉语中的"～死"

反观现代汉语，由"～死"构成的三音节词，我们在《现代汉语词典》中只找到了"安乐死"这一个词，而这个词也很有可能是来自日语的借词[1]。这些都说明，在现代汉语中，"～死"还没有虚化成一

---

[1] 对于"安乐死"的问题，我们将专文进行讨论。

个能产的类语缀[1]。

在汉语中，除了"过劳死"以外，我们还可以看到下面这样的用法，可以说它们都是受到"过劳死"一词的影响而产生的新词：

（20）越来越多的社会心理学家注意到这么一种奇怪的现象，大约有一半以上的公司的白领雇员，尤其是那些负责处理公司信息业务的人员，都不约而同地患上同样的一种病症：健忘、头痛、脾气暴躁、注意力不能集中，同时他们处理每天的传真、国际互联网信息、电子邮件和电话的信息能力急剧下降。这就是心理学家们新近提出的信息过劳症。

（国际金融报 2000年9月17日）

（21）不仅有"过劳死"，还有"过劳病"。什么叫过度劳累，我认为超过规定工时长度的标准就是过度。

（北京青年报 2000年10月10日）

6．结语

综上所述不难看出，汉语中的"过劳死"一词是借自日语的这一点是确信无疑的。因为这个词，尤其是其中的词根"过劳"符合汉语的构词规律，因此比较容易为汉语所接受。不仅如此，由于"过劳死"一词的借用，"过劳"也开始出现了词汇化现象。

我们相信，"过劳死"和"过劳"被广泛地收入汉语的语文词典只是一个时间的问题。

参考文献

彭広陸，2000，「中国語の新語に見られる日本語語彙の受容」，『対照言語学研究』第10号，海山文化研究所。

1　由"～死"构成的双音节词，我们在《现代汉语词典》中只找到了"假死""情死""猝死"。当然，也不排除遗漏的可能。另一方面，尽管"冤死""装死"也比较常用，但《现代汉语词典》未予收录。总之，以往"～死"的构词能力较为有限则是事实。也不可否认，近年来汉语中出现了一些由"死"构成的三音节或四音节的派生词，例如：冲凉死、放血死、腹上死、喝水死、降价死、上吊死、睡梦死、跳楼死、投水死、洗脸死、针刺死、撞车死、尊严死、躲猫猫死、吸煤气死。这些新词的产生很难说不是"过劳死"诱发的。——补注

捌、说"料理"

1．引言

我国实行改革开放以来，汉语产生了大量的新词语，其中不乏外来词，这里面也包括借自日语的词汇。来自日语的借词情况比较复杂，有的词是汉语中本来不存在的，有的词虽然在汉语中也使用，但它产生的新义却是借自日语的，这类词一般在日语中属于汉字词（或者叫"汉字音读词"「漢語」），而且它也是汉日同形词。本文所要讨论的"料理"一词就属于后一种情况。

2．词典中的释义

我们首先有必要比较一下汉日语中"料理"一词的词义有哪些异同，不妨先看一下词典中的有关释义。

2.1 汉语词典中的释义

【料理】liàolǐ 办理；处理：～家务/～后事/事情还没～好，我怎么能走。

（《现代汉语词典》第3版，商务印书馆，1996）

料理 liàolǐ ①动办理；处理：～后事｜～家务｜待我把手头上的工作～一下，就跟你走。②动照料：学会～自己的生活｜我没时间～孩子，全仰仗老师教育。③动烹调：名厨～。④名指肴馔：日本～｜中国～。

（《应用汉语词典》，商务印书馆，2000）

【料理】liàolǐ [补义]①〈方〉菜肴：日本～/韩国～。②烹调

制作：名厨～。

(《现代汉语词典》2002年增补本，商务印书馆，2002)[1]

【料理】①照顾；照料。（中略）②安排；处理。（中略）③整治；整理。（中略）④提拔；提携。（中略）⑤指点；教育。（中略）⑥修理。（中略）⑦排遣；消遣。（中略）⑧料想。（中略）⑨日语汉字词。烹调。亦借指肴馔。郭沫若《脱离蒋介石以后》十一："她听说我早饭、午饭都没有吃，便赶快又叫了些日本料理来。"

(《汉语大词典》第七卷，汉语大词典出版社，1991)

2.2 日语词典中的释义

りょう‐り【料理】名 他サ ①食料品に手を加え、食べられるようにすること。また、こしらえた食べ物。調理。割烹。②物事をうまくきりもりすること。処理すること。「国政を—する」③〔俗語〕相手をやっつけること。

(『新選国語辞典』第8版，小学館，2002)

りょう‐り【料理】〚名〛①（—する）物事を整えおさめること。うまく処理すること。*令義解（718）営繕・貯庫器仗条「凡貯‐庫器仗。〈略〉三年一度修理。若経‐出給‐破壊者。並‐随‐事料理」*太平記（14C後）三二・茨宮御位事「南方へ取奉らんとせられけるが、兎角料理（レウリ）すに滞て」*蔭涼軒日録‐延徳二年（1490）一〇月一七日「子英侍者有‐仏事之望‐。雖‐然依‐無‐桃源‐不便也。然間一級事預‐料理‐者為‐幸。返答云、得‐其意‐不‐可‐有‐如在‐云々」*花柳春話（1878-79）〈織田純一郎訳〉二四「自ら国政を料理（レウリ）す」*ブウランジェ将軍の悲劇

---

1 在《现代汉语词典》（第5版，商务印书馆，2005）中，"料理"条目的释义已改为："①动办理；处理：～家务|～后事|事情还没～好，我怎么能走。②〈方〉动烹调制作：名厨～。③〈方〉名菜肴：日本～|韩国～。"在第6版（2012）中，该条目第3个义项中的"〈方〉"被删除。——补注

（1935-36）〈大仏次郎〉貴族の客間・一「将軍は〈略〉クレマンソオが上手に将軍を料理して、将軍を陸相としないアンドリュウ内閣を組織するのを見てから静かに席を立って辞去した」*晉書－王徽之伝「卿在府日久、比当相料理」②（—する）食物として口に合うように材料を整え加工すること。調理。割烹（かっぽう）。*皇太神宮儀式帳（804）「則御河に清奉て、御膳料理畢」*兵範記－仁平二年（1152）正月二五日「散位高基奉、上客料理行事殊以奉行」*サントスの御作業（1591）二・パトリアルカショセフ「ショウバクニテ reôri（リョウリ）セシ サマザマノ ショクブツ アリ」*滑稽本・浮世風呂（1809-13）二・上「上の風に丸を料理（リャウリ）して食て見たいと」③調理した食物。また、その膳部。*サントスの御作業（1591）一・サンジョアン「ワレ ヲ ヲンフルマイノ タメニ メシ、タットキreôri（リョウリ）ヲ クダサレン ト ヲボシメスコト ヲ」*俳諧・俳諧新選（1773）一・春「辛い物なくて雛の料理哉〈固有〉」*黄表紙・見徳一炊夢（1781）下「此やうなおりゃうりを魚類でたべたい」④しつらい。または、しつらいすること。*大会日記（1511）「講師坊、料理御装束等事」⑤（—する）相手を痛めつけたり、やっつけたりすること。……

（『日本国語大辞典』第2版，第13巻，小学館，2001）

2.3 分析

从历时的角度看，"料理"一词最早产生于古代汉语，它是一个多义词，后来传入日语，但日语中的「料理」并没有接受古代汉语的"料理"的全部意义，不仅如此，日语中的「料理」还被赋予了新的意义。借词进入到某一种语言的词汇体系以后受到各种因素的影响而发生变异，这种现象是普遍存在的。

现代汉语中的"料理"比起古代汉语的"料理"很明显它的意义（义项）减少了许多，或者说它的语义范围缩小了。比如在《现代汉语词典》（第3版，商务印书馆，1996）中它是单义词，在《应用汉语词典》中虽然有4个义项，但现代汉语中以往使用的只有前两个义项（①②）。不过，我们通过《现代汉语词典》（2002年增补本）该条目

的补义和《应用汉语词典》中的后两个义项（③④）不难看出，"料理"一词近年来产生了新义，这就使得它又变成了一个多义词，而且它变成了一个兼有动词和名词两种词性的词了。

  "料理"的新义的产生显然是受到了日语的影响，但在《现代汉语词典》和《应用汉语词典》中均没有注明，《现代汉语词典》（2002年增补本）中的该条目补义的第1个义项标有"〈方〉"，说明词典的编者是把该义项作为方言看待的。的确这种用法最早很有可能是方言，但它早已广为流行，被普遍地接受和使用了。在后文中也可以看到，"料理"的新义在以用词规范著称的《人民日报》中使用的频率并不算低，因此可以说《现代汉语词典》的上述处理方式是值得商榷的。

3．实例考察

  从词典的释义可以看出，汉语的"料理"一词兼有名词和动词两种词性，下面分开进行考察。

3.1 名词的用法

  现代汉语中的"料理"一词本来是动词，但它在日语的影响下新产生了名词的用法，它除了单独使用以外，更多的是用来构成复合名词。

3.1.1 单独使用的情况

  首先我们看一下"料理"单独使用的情况。

（1）另外，外国文字的侵入也造成中文的尴尬，其中尤以日文为甚。什么"物语"、"物业"、"料理"之类的词不仅见于广告，而且常出现在报刊上[1]。（人民日报 1996年12月15日）

（2）雪瑛一人住父母买给她的单身公寓，生活设施齐全，父母经常送来可口的蔬菜和料理。（东方时报 2000年6月28日）

（3）担任服务员的，有时会是被称为"女将"的女店主。店主出面时难免要寒暄几句，她会坐下来不厌其烦地向你介绍店内设施和周围的名胜，然后，主动安排你去洗浴或泡温泉，待你返回房间时，主人已在房内备下"料理"，真正做到提供

---

  1 本文中使用的摘自《人民日报》《人民健康网》的实例都是从人民网检索到的，其余的中文例句是笔者自己收集到的。日文的例句都是从日语语料库SIC中检索到的。

"饭菜端到客人嘴边"式的热情服务。和式旅馆不仅比洋式饭店便宜。而且多是"一宿两餐"，即包括早晚两餐，因此颇具吸引力。　　　　　　　（人民日报 2000 年 9 月 22 日）

（4）她看见了我，显得很高兴。我就在她对面坐下来。我们一边吃<u>料理</u>一边聊天。我还叫了清酒，两人一起喝。

（作文文摘 2001 年 10 月 19 日）

上面例子中的"料理"一词基本上都可以用汉语中所固有的"菜""菜肴""肴馔""饭""饭菜"等词替换，"料理"的这种用法是过去汉语中所没有的，前面已经提到，它的产生是受到了日语的影响。我们发现这种新词语最初大量地出现在与日本有关的报道、游记、散文中，甚至有时它们在使用时被加上引号，这说明文章的作者还没有完全把它们看作汉语的词，因此才需要特别的标记。

一种语言从其他语言借词，一般不外乎两种情况：一种是非借不可的，不从其他语言借用词语就无法准确地、生动形象地表达该事物（概念），例如"卡拉OK"就属于这种情况，而且借词中以这种情况居多。然而，有些词的借用就不属于这种情况，本来一种语言中已有表示该事物的词语，但还要从其他的语言借用词语来表示该事物，这里面既有很大程度上的偶然性，也有一定的必然性。"料理"一词就属于后一种情况，我们将在后面具体进行分析，但通过下面这个例子不难看出，"料理"这个词并不是非用不可的。

（5）在日本历史上，鲸鱼制品是盛大宴会上和节日里的上等<u>菜肴</u>。　　　　　　　　　　（北京青年报 2002 年 6 月 21 日）

3.1.2 "日本料理"的使用情况

"料理"一词在汉语中开始被普遍接受与"日本料理"的传入有着直接的关系。改革开放以来，前来我国的日本留学生不断增加，与此同时，从整体趋势上看前来我国观光的日本游客有增无减，尽管其居住、逗留的期间长短不一，但大量的日本人涌入中国，给"日本料理"的传入带来了契机却是不争的事实。随着作为菜肴的"日本料理"从日本的引进，日语中的「日本料理」这个词也逐渐进入了汉语。《汉语大

词典》"料理"这个条目的第9个义项中所举的郭沫若著作中的例子表明，汉语中也曾经使用过"料理"这个词，但它为什么当时没有被接受而这次却被接受了呢，恐怕原因就在于，当时对于大多数中国人来说，即便能够理解"日本料理"的意义，但也不知道日本料理为何物，近年来则不同了，在许多城市尤其是大中城市里，"日本料理店"随处可见；尽管日本料理比起中餐普遍价格昂贵，低薪阶层难以享用，但随着生活水平的不断提高，也有不少人亲口品尝过日本料理，或者在电视电影中也看到过日本料理，因此在心理上对此已经不再陌生了，这样接受起来就容易多了。

"日本料理"按照汉语的习惯本来应该叫做"日本菜"，实际上也有不少人是这样使用的。例如：

（6）吴先生说<u>日本菜</u>不能打包，比如生鱼不能剩，天妇罗软了就不好吃，就连寿司，也要求包裹的紫菜是脆的，所以日本人吃饭，吃完一道，再上一道，不浪费。——<u>日本菜</u>讲究原材料的新鲜，生鱼要速冻活放血，原则上不超过三天。——配生鱼的绿芥末餐馆里不用。——<u>日本菜</u>一般都很清淡，蔬菜挂糊炸的天妇罗，要蘸汁吃，汁是用来涮油的，而且天妇罗糊里不能放盐。我们一边品着吃着一边听得津津有味。　　　　　　　（购物指南 2000年1月18日）

（7）<u>日本菜</u>以其清淡美观形成了独特的饮食文化，闻名世界，鱼片及寿司早已成为代名词，不可不试。

　　　　　　　　　　　　　　　（环球时报 2000年11月17日）

在汉语中，"～菜"作为后缀还可以构成其他的派生词[1]。例如：

（8）"昔日的领袖餐，今日的<u>百姓菜</u>"。

　　　　　　　　　　　　　　　（北京晚报 1996年1月19日）

（9）她还学会了各种<u>家常菜</u>的做法，主动告诉顾客做什么菜应买什么样的肉。　　　　　（人民日报 1999年7月22日）

（10）直到改革开放以前，鱼虾还是用来招待客人的<u>高档菜</u>，现如

---

[1] 下面只列举了"菜"表示"主食以外的食品"之义的例子，而它表示"蔬菜"之义的例子因与本文的主旨无关，故而从略。

今，它们成了百姓餐桌上的家常菜。

（人民日报 1999年9月1日）

（11）北京烤鸭、涮羊肉、仿膳宫廷菜、炒肝、豆汁、烧麦、小窝头、萨奇马、打卤面、豌豆黄、果脯、桂花陈酒、六必居酱菜、王致和臭豆腐。　　（人民健康网 2001年2月9日）

（12）我心中窃喜，喜欢吃这种大众菜的人，一定比较好相处。

（人民健康网 2001年1月4日）

（13）工艺美术大师以他们高超的技艺，独特的风格，创造出一件件精美绝伦的艺术珍品，为扬州、为中国赢得了荣誉。扬州保存着中国传统的雕版印刷工艺、扬州又是我国四大菜系之一的淮扬菜的发源地。（人民日报 2002年4月20日）

（14）然而令人吃惊的是，这里不少饭店都推出了野味菜，野猪、山羊、蛇、果子狸、雉鸡、刺猬和獾等都成了游客的盘中餐。　　　　　　　（人民日报 2002年7月25日）

（15）此外，要养成良好的饮食卫生习惯：不购买陈旧变质的食品；膳食应现做现吃；若有剩饭菜要再次烧煮后方可食用；多吃热食，少吃冷食；在烹调菜肴及制作凉拌菜时应放点醋；瓜果食前要认真清洗，然后用开水烫一下再吃。

（人民日报 2002年7月26日）

（16）郑书记还爱在农民家吃饭，筷子直奔油辣的农家菜，粗糙的饭食也嚼得津津有味。　（人民日报 2002年10月14日）

（17）有一件事给我留下很深的印象。上世纪80年代初，我的中国老师邀请我们几个留学生到他家里吃饭。当时，市场上食品还比较短缺，我们特意从友谊商店买了肉、菜等带去。我为了露一手，便自告奋勇要做一个家乡菜。

（人民日报 2002年11月3日）

（18）还有，他最喜欢吃中国菜，还喜欢在散步时欣赏中国的建筑。　　　　　　　　　（人民日报 2002年12月13日）

在汉语中，除了"～菜"以外，还有与其近义的"～餐"，由"～餐"构成的复合名词以"中餐""西餐"最为常见，而"日餐"这个词也是存在的。实际上，前些年指"日本菜"时多用"日餐"。例如：

（19）在欧洲国家旅游，我们通常吃中餐，这顿晚饭却不可能了，因为店家是清一色的意大利人，只供意国饭菜，大家只好入乡随俗。　　　　　　　　　　（人民日报2001年11月2日）

（20）保护珍稀野生动植物，中餐厨师义不容辞。
　　　　　　　　　　　　　　　　（人民日报2002年11月2日）

（21）值得一提的是，今天阿拉伯国家喜欢西餐和中餐的人日渐增多，它反映出阿拉伯人接受外来文化的开放性，而这，倒是与他们的祖先们善于对文化的继承和创新一脉相承。
　　　　　　　　　　　　　　　　（人民日报2002年12月27日）

（22）中国菜在世界上受到了普遍的欢迎。但是，与西餐、日餐相比，中国菜的一个突出弱点就是制作手法复杂。
　　　　　　　　　　　　　　　　（人民日报1995年9月14日）

（23）他们看到日方员工对食堂伙食不太习惯，就安排厨师外出学习日餐做法。　　　　（人民日报1995年3月28日）

当然，也有"和餐"这种用法。例如：

（24）和餐的殿堂之作"怀石料理"（Kaiseki Ryori），必以最当令的材料为食物主题，餐具也随着季节轮换：春季，以黄绿色搭配，夏季用白蓝及透明质材，秋季是枫叶稻黄，红、黑、金则是冬季的温暖色调。（南方周末2000年6月16日）

将日语中的「日本料理」在汉语中原样使用，尤其是所有的日本餐馆都无一例外地使用这样的字眼，应该说最初是面向在华的日本人和日本游客的，因为日本人看到它马上就明白，没有任何隔阂，甚至还感到亲切，到后来许多中国人也习以为常了，对「日本料理」不再陌生，这些都为「日本料理」一词进入汉语，为一般的中国人接受打下了基础。下面是其用例：

（25）日资百货公司一直在香港的百货业有重要地位，崇光、西武、大丸、松坂屋、三越等百货公司都吸引很多顾客。日本料理、电子商品、汽车、漫画等都很受港人特别是青年一代

的欢迎。　　　　　　　　　　　　（人民日报 1997 年 6 月 2 日）

（26）有人说，昆仑的服务，是在不动声色中达到体贴入微，让人如沐春风，如归家园：住店的日本客多了，他们及时开通日语热线，并花重金聘请了日籍厨师长和餐厅经理，推出上乘的<u>日本料理</u>，大受欢迎……　　（人民日报 1999 年 1 月 19 日）

（27）去日本之前，就已领略过日本民族的精心细致：欣赏日本文学，如清纳少言的随笔、《古今集》中的和歌、松尾芭蕉的俳句，那极为简约的文字对瞬间印象或感受准确的捕捉和细腻的传达，正是日本文学的精致；而享用<u>日本料理</u>，似乎更易于直观、形象地品味出《论语》上所谓"食不厌精，脍不厌细"。　　　　　　　　　　（人民日报 1999 年 2 月 19 日）

（28）日本人不仅喝茶，而且还吃茶。"茶膳"就是一种传统性膳食。米饭中放茶叶，酱汤中泡茶叶，油炸品中添茶芽，蛋羹中加茶叶，炸蔬菜、炸海鲜、蒸鱼、烤肉撒茶粉，餐后上茶冰激凌，或上茶糕点、茶酸乳……顾名思义，"茶膳"就是添加了茶叶的各种"<u>日本料理</u>"。

　　　　　　　　　　　　　　　　（人民日报 1999 年 11 月 15 日）

（29）在安丘现代农业示范基地的一个大棚里，记者见到一种类似银杏树叶的植物——紫苏，据说是<u>日本料理</u>中吃生鱼片时必不可少的。　　　　　　　　　（人民日报 2001 年 6 月 21 日）

（30）我坚定地认为在极度疲劳的时候，吃生鱼片是恢复体力的最快捷径。每当我觉得累的时候，就找到借口去吃生鱼片。还有一家叫"三四郎"的<u>日本料理</u>店，做的料理很好吃。我家没有人喜欢<u>日本料理</u>的，我孤军奋战，一个人去独自享受。

　　　　　　　　　　　　　　　　（北京青年报 2001 年 11 月 6 日）

（31）在酒田市，市民们也用各种方法支援中国学生，鼓励她们完成学业，有人特意将刚上市的樱桃送到学生手中；有人邀请学生到家里做客，请她们品尝<u>日本料理</u>；还有的人听说学生们住在教室改装的宿舍里时，非常担心特意上学校探望……留学生李顺子说，几个月来，有很多日本友人关心我们，他们都鼓励我们不用想别的，以毕业为目标，加油！

　　　　　　　　　　　　　　　　（北京青年报 2001 年 7 月 19 日）

捌、说"料理"　113

（32）在中餐企业长期在低水平发展阶段停滞不前的同时，以麦当劳、肯德基为代表的洋快餐，以及日本料理、韩国烧烤等外来餐饮却在我国市场遍地开花。

（人民日报2002年12月16日）

除了"日本料理"以外，也有"日式料理"这样的说法，但这种说法并不普遍。例如：

（33）半成品有日式烧烤、日式味噌汤、日式拉面、生鱼片；成品包括各种太卷寿司、手握寿司以及饭团；各类作料也都配有说明。用它们可以在家中吃一顿经济又方便的日式料理。

（北京青年报2001年5月18日）

3.1.3　其他"料理"

"料理"除了经常用来构成"日本料理"这样的复合名词以外，还可以与其他词组合构成复合名词，一般与它组合的除了国名（或国名的简称）、地名以外，还可以是其他名词或形容词。例如：

（34）巴西人欣嘉跟进去挨他坐下，轻声道："今晚加班吗？请个假吧，我和鲍毕请你吃巴西料理。"

（人民日报1998年5月31日）

（35）世纪歌厅：中外合资高级卡拉OK歌厅，备日韩料理和小吃。　　　　　　　　（人民日报·海外版1991年7月2日）

（36）3月7日，中国某政府机构邀请200多日本妇人过节——宣传男女平等，欣赏民族歌舞，品尝中华料理。

（人民日报1997年5月9日）

（37）潍坊美城肉鸡有限公司在冻鸡对日本出口受阻的情况下，开发直接上餐桌的"中华料理"食品出口，今年前3季度出口增幅达42.8%。　　　　（人民日报2002年12月15日）

（38）逗留期间，负责陪同接待的协会会员小野一郎兴致勃勃地带我们遍尝了属于日本关西料理系列的民间风味小吃，琳琅满目的日式小吃简直"开放"了我们这些异国美食家的胃口。

（中国体育报1993年7月10日）

（39）大阪府的面积不大，人口却占日本第二位，有点像中国的上海，有浓郁的商埠特色，此外大阪料理也别有风味。

（北京青年报 2000年12月15日）

（40）和餐的殿堂之作"怀石料理"（Kaiseki Ryori），必以最当令的材料为食物主题，餐具也随着季节轮换：春季，以黄绿色搭配，夏季用白蓝及透明质材，秋季是枫叶稻黄，红、黑、金则是冬季的温暖色调。（南方周末 2000年6月16日）

（41）支持吃活虾的人士则表示，活虾是高级料理，不应被禁。

（北京晚报 1997年9月11日）

（42）记者在下关车站附近看到，挂着鲸肉料理招牌的餐厅为数不少。全套料理价格是5000日元，包括鲸肉刺身，鲸肉火锅，烤鲸肉等。（环球时报 2002年5月23日）

（43）这些热情好客的主人，把我们待若上宾，敬绿茶，上清酒，以正宗的日本家庭料理款待我们，向我们介绍日本的风俗人情，教我们如何品茶、如何坐卧榻榻米等。

（人民日报 1996年1月4日）

3.1.4 "～菜"与"～料理"的混用

在实例中，固有的"～菜"与新出现的"～料理"混用的现象并不少见，一方面说明后者使用频率的提高使得它开始在某种程度上取代前者，而从规范的角度讲，也可以说这是作者规范意识不强的表现，从原则上讲，如果使用"～菜"应该尽量都使用它，反之亦然，保持一致显得比较齐整，也可以避免给人一种别扭的感觉。例如：

（44）水上乐园的周围共建有八十余家饮食的去处，英国、意大利、希腊、德国、西班牙、葡萄牙、墨西哥等国风味自不必说，喜欢中国菜肴、日本料理、蒙古烧烤、印度咖喱饭的人也都会各得其所。（人民日报 1995年6月18日）

（45）日本人普遍喜欢吃中国菜，他们称之为"中华料理"。但是中国菜作料多样，烹制手续复杂，因此觉得中国菜好吃难做。尤其是家庭主妇们更为中国菜难以进入家庭，成为餐桌上的日常菜肴而遗憾。70年代中期，日本味之素公司以敏感

的经营触觉捕捉到了消费者们的这种需求。经过市场调查，他们以"让人人都会做正宗的'<u>中华料理</u>'为目标，开始了一种新商品的研制[1]。　　　　　　　（人民日报1995年9月14日）

（46）楼下还有一层各种风味的餐厅，肚子饿了，可以饱餐一顿。时代广场更是在十至十二楼设置了各种的特色餐厅，有<u>泰国菜</u>、<u>日本料理</u>、<u>粤菜</u>、<u>潮州菜</u>、<u>上海菜</u>等，很多时候人们专门为吃饭才去，顺便逛商店。最让你享受的是购物服务，不用担心口袋里的钱不够而尴尬，不必担心对货品不满意而更换的麻烦，商店的小姐会不厌其烦地服务。

（人民日报1998年8月28日）

（47）"2004第二届中国太原国际面食节"不仅展示当代山西面食文化的精髓，还展示海内外独具特色的面食风味，面食节还有意大利、日本、印度、土耳其、印度尼西亚、孟加拉、泰国、蒙古等众多国家参展，产品包括泰式豆浆米线、萨姆萨、孟加拉饼、<u>日本料理</u>、意大利比萨、<u>土耳其菜</u>等各色异域美食，此外还新添了不少中国少数民族风味，例如新疆风味、朝鲜打糕、云南白族小吃等。　　　　　　　（CCL）

3.1.5　"料理店"的使用情况

如前所述，"日本料理"一词的借用始于日本料理店在中国的出现。与日语的「料理店」同义或近义的词在汉语中是很发达的，最常见的有"餐馆""餐厅""饭馆""菜馆"[2]"饭庄""饭店""酒家""酒楼"。这些同义词（近义词）在使用时所表示的档次、规模等不尽相同，有的词使用时还有地区的差别，有的词经常用于专有名词，有的词则不然。下面举一些实际的例子：

（48）为了迎合消费者的爱好，不少<u>西餐馆</u>都提供中餐服务，就连

---

[1] 这个例句中的"中华料理"严格地说是引用。
[2] 日语中也有「菜馆」一词，但它多用于餐馆的名称。另外，日语中一般没有「〜菜」这个后缀。日语中还有「饭店」这个词，它一般用于表示餐馆，而且也多用于专有名词。汉语中的"饭店"经常用来表示"较大而设备好的旅馆"（见《现代汉语词典》）；而表示"饭馆"义的用法使用频率很低，《现代汉语词典》中把它看作方言词。下文中只举了"饭店"表示"饭馆"义的例子。

秘鲁国家领导人也在高档的中国餐馆宴请外国贵宾。

（人民日报1997年7月25日）

（49）我只想说，饭馆生意旺，必有一种文明因素在。西餐馆如此，中餐馆也不例外。　（人民日报2001年8月24日）

（50）由于莱比锡是德国的一个小城市，中餐馆本来就少得可怜，还基本是越南人开的，饭菜很不合口味。

（人民日报2002年9月3日）

（51）在许多城市，当人们明白了绿色食品对养生保健的特殊作用，似乎突然觉得往日吃过的粗粮野菜格外有味道，于是有了"老三届"饭馆、"忆苦思甜"餐厅。

（人民日报2000年2月25日）

（52）我曾在一家麦当劳餐厅，见一年轻力壮的小偷很从容地在就餐者的衣兜，忍不住当场斥责，小偷不但毫无愧色，反倒对我恶语相加，周围无人吱声。

（人民日报2000年12月3日）

（53）据说，在广西南宁的一家野味餐厅里，有一道菜叫"红烧孔雀"，实在不可思议。　（人民日报2001年1月30日）

（54）除了议会大厦、石油公司总部大厦等都将迁到那里外，左岸边还将建造一个34层楼高、有旋转餐厅的大厦。

（人民日报2001年7月6日）

（55）大运村门口，一群古巴运动员逛街归来，手里拎着一大堆北京的土特产。大运村里的各种中西餐厅、清真餐厅，24小时都在接待被美味佳肴吸引得胃口大开的各国运动员。

（人民日报2001年8月22日）

（56）目前，纽约中城的许多大饭店均已客满，不少高档餐厅的座位也已预订一空。　（人民日报2002年1月31日）

（57）时隔两日，3月7日，美国宾夕法尼亚州的一所罗马天主教学校内，一名14岁的女生在自助餐厅里向她的一名同学开枪射击。　（人民日报2002年3月12日）

（58）比如说，用户今晚想请朋友吃饭，只需查一下固网短信，即可知道周围有哪些特色餐厅。（人民日报2002年6月1日）

（59）据悉，肯德基现已在全国一百五十多个城市开设了六百五十

捌、说"料理"　117

多家<u>肯德基餐厅</u>。　　　　　（人民日报 2002年6月28日）

（60）宾馆专门开设了<u>清真餐厅</u>，并特地从京城有名的"鸿宾楼"
请来清真餐饮名厨主理，以满足少数民族代表的需要。

（人民日报 2002年11月8日）

（61）他们说，布达佩斯有60家<u>中餐饭馆</u>和6家针灸馆。

（人民日报 1998年10月27日）

（62）站领导决定帮牙库甫寻求一条从根本上脱贫的路子。针对牙
库甫夫妇的烹饪特长，经反复斟酌，部队准备把临街的两间
库房腾出来，让牙库甫办一个<u>清真饭馆</u>。

（人民日报 1998年11月24日）

（63）第二天，希拉克总统和夫人特意从巴黎赶到里昂，选择了最
有特色的<u>风味饭馆</u>，请江主席品尝声誉卓著的里昂菜肴和当
地酿制的博若莱酒。　　　（人民日报 1999年10月24日）

（64）不久前的一天，地处新疆维吾尔自治区乌鲁木齐市幸福路的
<u>拥军饭馆</u>显得格外热闹。维吾尔族拥军模范牙库甫迎来了自
己最尊贵的客人——将要离疆返乡的武警新疆总队二支队一
中队5名老兵代表。　　　（人民日报 1999年11月26日）

（65）市内尤其引人注目的是，与伯克商业街平行的"唐人街"，
中国牌楼挺立于两头，完全是一副中国气派。街道的两边到
处是华人商店、<u>华人饭馆</u>、华人超市。

（人民日报 2000年1月11日）

（66）近年的京城食苑，"外籍兵团"大举而来。<u>川菜馆</u>、<u>鲁菜
馆</u>、<u>粤菜馆</u>、<u>潮州菜馆</u>、<u>傣家菜馆</u>……街头巷尾，比比皆
是；肯德基、比萨饼、麦当劳、加州牛肉面，林林总总，火
爆异常！　　　　　　　　　（人民日报 1995年5月31日）

（67）厂方介绍说，现在日本的<u>中国菜馆</u>大都用这种复合调味料
做菜。　　　　　　　　　　（人民日报 1995年9月14日）

（68）记者日前在内蒙古采访，路经一草原城市，在一<u>南国风味菜
馆</u>就餐。　　　　　　　　　（人民日报 1996年1月12日）

（69）开着的几家餐馆，除潮州大酒楼（宋朝都城恐怕没有<u>潮州菜
馆</u>吧）卫生好一些外，其它的只能算是大车店的档次，而且
毫无宋代特色。　　　　　　（人民日报 1996年4月28日）

（70）一般的<u>桂林菜馆</u>，都有酸笋炒仔肠、酸豆角炒牛肉、酸萝卜炒腰花、酸辣椒炒干鱼仔之类的招牌菜。

（人民日报 1998年7月10日）

（71）报载，江苏南京栖霞古寺1994年开办了<u>素菜馆</u>和经像法物流通处两个企业，当年盈利。 （人民日报 1999年1月23日）

（72）第一次见到卡尔松先生是去年年初在北京的一家<u>湖南菜馆</u>。

（人民日报 1999年3月4日）

（73）对于服务之道，最有发言权的是迅速占领市场的<u>合资餐馆</u>、<u>粤式菜馆</u>。 （人民日报 1999年11月1日）

（74）该楼一层出租给楚乡炖鸡馆、无名氏烧烤小吃城和<u>家常菜馆</u>，油烟一年四季扰民。江汉区民族街大兴路上的轩园酒家，因油烟噪音问题两次被有关部门查处，但管理部门前脚走，烟囱后脚就竖起来。 （人民日报 2000年8月15日）

（75）经全国饮食服务业标准化技术委员会评审和内贸部批准，我国首批36家<u>国家酒家</u>于日前评出。

（人民日报 1997年12月16日）

（76）上海各<u>特色酒家</u>和一般饭店的除夕"年夜饭"纷纷挂出了预订"客满"的牌子。 （人民日报 2000年2月6日）

（77）一位省级高干到下边视察，应该到哪里用餐？按照常理，应到高级宾馆抑或是<u>豪华酒家</u>，而他却拒绝前呼后拥的排场，放弃生猛海鲜、琼浆玉液的享受，悄悄地到最不起眼的小饭馆去吃顿便餐，目的是给残疾的小老板增加些小收入，这公仆之心，思考得是何等缜密！ （人民日报 2002年12月12日）

（78）一个地方的干部，特别是领导干部好吃好喝，那里的饭馆、<u>酒楼</u>往往生意兴隆，公款消费不绝；……

（人民日报 2002年1月31日）

（79）出了店门，回头却见一块大招牌，标明陈川粤由"内贸局授牌命名为<u>国家级特级酒楼</u>"。 （人民日报 2002年2月22日）

（80）他派人去一家著名<u>酒楼</u>很快定来两桌酒席。

（人民日报 2002年9月7日）

（81）湖南桃源县漳江镇有个<u>川湘饭庄</u>。说是饭庄，其实就是个灰头土脸的路边小店，小到只有两张桌子，走在路上一眨巴眼

就可以略过它。郑培民偏偏与这家饭店的老板李德胜成了朋友。　　　　　　　　　　　（人民日报 2002年10月14日）

（82）张占忠为自己辩解，这些饭费是为上自来水工程招待上级领导的。有时候领导到村里来，附近没有<u>饭店</u>，或者在<u>饭店</u>吃不好，就在他家吃，由他的家属买菜回来做，所以没有发票或收据，只能列个明细表。　（人民日报 2002年10月17日）

（83）乌鲁木齐市颇有知名度的"<u>山东饺子大王</u>"<u>饭店</u>，老板就是我们村的。　　　　　　　　　（人民日报 2002年11月13日）

（84）东北作为国家粮食主产区连续3年大丰收，粮食向肉、蛋、奶的转化及深加工产业大发展，餐饮业中的"农家风味"原料足，价位低，<u>农家饭庄</u>必然兴起。

　　　　　　　　　　　　　　　（人民日报 1998年3月29日）

（85）虽然酒店论面积、气派都比不上那些建筑华丽、灯红酒绿的酒楼<u>饭庄</u>，但它所特有的古朴雅致却是其它建筑所不及的。

　　　　　　　　　　　　　　　（人民日报 2002年2月7日）

下面是"日本餐馆"的例子：

（86）因为韩国经济发达，打上韩国牌子，店堂内部装修得有点像<u>日本餐馆</u>，咸菜用脱胎漆的盒子装，连冷面也跟着身价百倍了。　　　　　　　　　　　（北京青年报 2001年11月6日）

（87）我们代表团到日本参加纪念活动后，有一天晚上，长期从事中日贸易的老朋友木村一三先生和夫人及女儿真理小姐特意邀请我们到东京一家<u>日本餐馆</u>——"云海料亭"品尝"日本料理"。　　　　　　　　　（人民日报 1997年6月15日）

但是，在《汉语大词典》中还可以见到"料理铺"这样的条目，通过释义也不难看出，它是日语的"料理店"的汉译，不过它并没有流传开来，这固然与当时「料理」一词尚未能进入汉语词汇有着直接的关系。

【料理铺】菜馆。王西彦《夜宴》六："记得我在纽约的时候，

别人都贪图小便宜，去找中国的下等料理铺。"参见"料理⑨"。

（《汉语大词典》第七卷，汉语大词典出版社，1991）

在今天看来，表示商店的后缀"～铺"已经失去了造词能力，因为它毕竟给人一种规模小、档次低的感觉。

下面是"料理店"的用例，其中有的例子是见于内容与日本有关的文章的，有的则是讲中国的情况。一旦"料理"一词被人们所接受，"料理店"也就自然容易被人们接受了。例如：

（88）但是，喜欢吃生鱼片的日本人的<u>料理店</u>，却不在店里店外写"活杀"之类的广告语。　（人民日报1995年6月22日）

（89）"黄昏的时候我走到酒店外面的沙滩上，看了一会儿游泳的人们，然后走到一家很干净的日本人开的<u>料理店</u>里用晚餐……"　（作家文摘2001年10月19日）

（90）我们到上海虹桥机场买完机票，张队长就开车回杭州了。离登机还有一段时间，于是我、曹翔和张颐到机场里的<u>日式料理店</u>，打算吃早饭。　（北京青年报2000年12月12日）

（91）进入新世纪，不沿边不靠海的义乌市，国际氛围日渐浓厚。商城里，一群群外商穿梭往来，或忙着采购商品，或打着手势与摊主讨价还价；大街上，英文、朝鲜文、阿拉伯文……各式外文招牌夺人眼目，<u>韩国料理店</u>、美式快餐厅、阿拉伯清真饭店……各类外国店铺星罗棋布；而中国小商品城周边的货运场点，大型国际集装箱每天都排成一列列长队，成千上万的小商品从这里浩浩荡荡地流向世界五大洲。

（人民日报2002年10月13日）

（92）1906年日本用现代技术开始大规模捕鲸。在日本的<u>鲸肉料理店</u>中，人们用刺身、油炸、火锅、蒸煮等各种烹饪方式来加工鲸肉，鲸的皮和脂肪也有特别的烹制方法。据说，早在1300年前，日本人就开始食用鲸肉，鲸肉在日本人的饮食文化中占有很重要的位置。　（北京青年报2002年6月21日）

当然，我们还可以看到下面这样的"餐馆"和"料理店"一起使

用的极为特殊的例子,这自然也可以视为作者规范意识不强的表现:

(93)说到日本料理,大约是我最喜欢的友邦菜了。我喜欢王府井的"江户川"有欧洲风情的<u>日本餐馆</u>,也喜欢一家叫"青叶"的<u>日本料理店</u>。我最喜欢的是生鱼片,生鱼片中又认为三文鱼是最美味的。　　　　(北京青年报2001年11月6日)

3.2 动词的用法

我们在前面的叙述中已经提及,"料理"本来只有动词的用法,后来受到日语的影响近年来才产生了名词的用法,不仅如此,它也增添了作为动词的新的用法(新义)。但是,新的意义产生并没有导致原来的意义(这里姑且称之为"原义")的消失。为了更好地了解"料理"的用法,我们首先看一下"料理"本来的用法,然后再考察一下它表示新义的用法。

3.2.1 表示原义的用法

这里所说的原义指《现代汉语词典》(第3版,商务印书馆,1996)中的释义和《应用汉语词典》中的释义中的第1个义项和第2个义项。其用例如下:

(94)谭小培还帮谭富英<u>料理</u>生活,花了很多心血。
　　　　　　　　　　　　　　　　　(作家文摘1998年2月4日)
(95)给孩子喂完饭后,卢鸿燕把孩子放在床上关了门去店里<u>料理</u>事情。　　　　　　　　　　　　　(作家文摘1998年3月4日)
(96)另外,自宽利队集中以来,曹限东一直未跟队训练,颇引人关注。原来曹限东的父亲于日前不幸去世,这对向来孝顺的东子是个不小的打击,曹限东这段时间主要是<u>料理</u>家事。曹限东将于本周归队训练。　　　　　(北京晚报2000年1月18日)
(97)整理<u>料理</u>完后事后,精神松懈了,才感觉异常异常的疲乏。像大病初愈,如大梦初醒。　(中华读书报2001年3月28日)
(98)与大连实德队一样,实力较去年有明显提升的还包括另外一只甲A传统强队上海申花队,同是有南籍主帅<u>料理</u>,并有胡志军、庞利等得力内援加盟,现在就可以断言,申花队已肯

定不是在去年的第二循环中、那只人见人欺的"病猫"。

（北京青年报2000年3月6日）

3.2.2 表示新义的用法

这里所说的新义指《现代汉语词典》（2002年增补本，商务印书馆，2002）中的补义第2个义项和《应用汉语词典》中的释义中的第3个义项。其用例如下：

（99）天华大酒楼聘请毛主席生前厨师长韩阿福<u>料理</u>，再现了毛主席生前所食的菜肴。代表菜有红烧肉、火焙鱼、腊味合蒸、油炸臭豆腐、萝卜干腊肉、干豆角蒸五花肉等。主要原辅料来自湖南。　　　　　　　（北京晚报1996年1月19日）

（100）大酒店、大饭店一般都有名厨<u>料理</u>，技术力量强，卫生服务又搞得好，它们的早点质量高，生意就特别好。

（人民日报1995年9月6日）

（101）今年8月，北京市东城工商局对餐馆虚称"名厨<u>料理</u>"的行为进行了一次检查，不少没有名厨的餐馆纷纷撕下"名厨<u>料理</u>"字样。　　　　　（人民日报1996年12月17日）

（102）不是每个人都能找到最合适自己的职业，都能为妻子的职业做出牺牲。所以，现在我上班就老老实实地写字，生怕哪天被总编"炒"了；回到家更是变着花样"<u>料理</u>"，很怕丈夫什么时候觉得不舒心，拎着皮箱又走了。

（中国体育报1993年2月28日）

（103）龙年新春，易趣网（eachnet.com）别出心裁地策划了名曰"请厨师，送温情"的"网拍卖"活动。届时，易趣网上将发布2—4位北京、上海、广州等地知名菜系名厨的个人资料，人们可从中选择自己钟爱的名厨及菜系，通过竞拍名厨上门的费用，将名厨请至家中，并根据双方共同商定的菜谱<u>料理</u>一顿丰盛的年夜饭。

（人民日报2000年2月4日）

下面的两个例子可以说是上述意义的名词性用法：

（104）写食就是写食，文字料理，是一种自己对自己的游戏，永远成不了主义。在吃的事情上，我们应少谈点主义，少研究些问题，多吃点好的。　（北京青年报2000年11月6日）

（105）设施设备将日趋完善，厨房面积加大，管线不再各行其是，而是集中综合布置或隐藏，并预留灶台、料理台、洗池台、搁置台、吊柜等设施，冰箱、微波炉、电饭煲、抽油烟机等也将各就其位。煤气、水、电三表将实现户外设计，空调外挂支架、电视电话及网络接口也已为你预留好。

（人民日报1998年1月5日）

下面这个例子中的"料理"虽然是动词，但意义已经抽象化了，它不再表示"烹调（制作）"的意义，而表示"任意加工"的意义：

（106）冯小刚是从《遭遇激情》开始料理爱情的。它的电影版由夏刚导演，吕丽萍、袁苑主演。

（南方周末2000年10月5日）

4．日语中的「料理」

日语中的「料理」一词使用频率要大大地高于汉语，它既可以作名词使用，又可以作动词使用。下面按照词性的不同分开进行考察。

4.1　构成复合名词

首先，日语的「料理」可以（单独）作为名词使用。例如：

（107）さっきの婆さんだが、あれでなかなか料理がうまい。

(SIC)

（108）石橋先生が料理を作っている。　　　　　　(SIC)

（109）かほりはキッチンで料理のりつけと格闘している。

(SIC)

但是，「料理」更多的则是像下面的例子那样用来构成复合名词[1]。

1　下面列举的词语也都是从语料库SIC中检索出来的。

因为它构成复合名词的能力很强，而且位置比较固定（一般都做后项），因此把它看成后缀（类语缀），并把由它构成的词称之为派生词也未尝不可，这里暂且视之为一般的词根。

4.1.1　前项为专有名词

这里所举的例子，其前项都是专有名词，由其构成的「～料理」也就是专有名词了。下面根据「～料理」前面的词根是否为国名而把它们分为两部分。

4.1.1.1　前项表示国名

○イスラエル料理、イタリア料理、イラン料理、インド料理、韓国料理、カンボジア料理、スペイン料理、タイ料理、中国料理、朝鮮料理、デンマーク料理、ドイツ料理、トルコ料理、日本料理、ネパール料理、ビルマ料理、フィリピン料理、ブラジル料理、フランス料理、ベトナム料理、ペルー料理、ベルギー料理、ボスニア料理、ポルトガル料理、マレー料理、メキシコ料理、モロッコ料理、ラオス料理、ロシア料理

4.1.1.2　前项表示地区名、民族名

○アイヌ料理、赤堀料理、アジア料理、江戸料理、沖縄料理、カリブ料理、カリフォルニア料理、関西料理、広東料理、九州料理、京都料理、京料理、湖南料理、四川料理、上海料理、西欧料理、西洋料理、ソウル料理、台湾料理、地中海料理、中華料理、中京料理、土佐料理、南仏料理、南米料理、ハワイ料理、深見料理、北欧料理、北海道料理、香港料理、宮崎料理、琉球料理

4.1.2　前项为一般修饰成分

「～料理」的构词能力强不仅表现在它可以构成许多专有名词，更在于它可以构成形形色色的复合名词。下面根据前项词根与「～料理」之间的语义关系进行分类。

4.1.2.1　前项表示材料

○家鴨料理、鮎料理、伊勢エビ料理、いのしし料理、イモ料理、ウナギ料理、ウミヘビ料理、海鮮料理、カエル料理、カキ料理、ガチョウ料理、活魚料理、カニ料理、カレー料理、川魚料理、牛肉料理、魚介料理、魚肉料理、鯨料理、コイ料理、昆布料

理、魚料理、ジャガイモ料理、山菜料理、すっぽん料理、筍料理、卵料理、つくし料理、豆腐料理、トマト料理、内臓料理、納豆料理、肉料理、ニラ料理、鶏料理、にんにく料理、ハーブ料理、パスタ料理、挽肉料理、ふぐ料理、豚肉料理、ほうれん草料理、ホタルイカ料理、マカロニ料理、マス料理、松茸料理、豆料理、モツ料理、薬膳料理、野菜料理、輸入米料理、レンコン料理

4.1.2.2 前项表示烹饪方法
○揚げ物料理、割烹料理、シチュー料理、ジンギスカン料理、ちゃんこ料理、手製料理、手作り料理、手料理、てんぷら料理、焼肉料理

4.1.2.3 前项表示烹饪、食用的器具
○石鍋料理、大皿料理、皿鉢料理、鉄板料理、鍋物料理、鍋料理、フライパン料理

4.1.2.4 前项表示食用的地点、场合、时间、用途、方式等
○魚河岸料理、宴会料理、お節料理、外食料理、会席料理、家庭料理、季節料理、宮廷料理、郷土料理、公邸料理、婚礼料理、地元料理、正月料理、スタミナ料理、茶漬け料理、糖尿病料理、パーティー料理、バイキング料理、披露宴料理、野外料理、屋台料理、料亭料理、旅館料理

4.1.2.5 前项表示烹饪者
○お母さん料理、お父さん料理、おふくろ料理

4.1.2.6 前项表示食用者
○子供料理、女性料理、庶民料理、大衆料理、男性料理

4.1.2.7 前项表示菜肴的性质、特征、风格等
○一流料理、一般料理、一品料理、エスニック料理、欧風料理、お国料理、オリジナル料理、懐石料理、健康料理、高級料理、コース料理、国際料理、小料理、山村料理、システム料理、自慢料理、精進料理、スピード料理、惣菜料理、創作料理、地域料理、長

寿料理、珍品料理、伝承料理、得意料理、日本式料理、万葉料理、民族料理、名物料理、メイン料理、有名料理、洋風料理、リサイクル料理、和風料理

4.2 作动词使用
4.2.1 表示烹饪之义

（110）自分で自分の食べるものを料理するという事にも嘗てない物珍しさと嬉しさとを感じた。　　　　　　　　　(SIC)
（111）あの野性の娘が一尾の伊勢海老をどう料理して、外人に食わせるのだろうか。　　　　　　　　　　　　　(SIC)
（112）たとえば、外で高いものを食べるよりも、良い素材を買って家で料理する。　　　　　　　　　　　　　　(SIC)
（113）釣り船で十五分ほど沖に出れば、釣ったタラを船上で料理してくれる。　　　　　　　　　　　　　　　　(SIC)

4.2.2 表示处理、加工之义

（114）作者が東京工業大学の英語の教授であり、また戦時中一時合板（『ベニヤ板』）会社に勤めたという経験があったにしろ、専門技術者が読んでも不自然でないほど、科学技術をその作品の中に料理し消化した作者の才能には驚嘆するほかはない。　　　　　　　　　　　　　　(SIC)
（115）事情を聞くと、題材は揃っているのだが、どこからどう料理したらいいのか見当がつかないのだと言う。
　　　　　　　　　　　　　　　　　　　　　　　　　　　(SIC)
（116）僕の仕事は文章（記事など）を書くこと、世界中から届くデータや情報をまとめたり、リライトしたり、完成原稿にしたり、取材しネタを料理したり。　　　　　(SIC)
（117）「現代科学のミステリー」をうまく料理している。
　　　　　　　　　　　　　　　　　　　　　　　　　　　(SIC)
（118）国民性の違いと言ってしまえばそれまでだが、このように類型化を旨とするオペラにとって、やはり『忠臣蔵』は料

理しにくい素材であることは間違いない。　　　　　（SIC）
（119）ある意味で彫刻家にとって、自然石ほど料理しづらい素材はないかもしれない。　　　　　　　　　　　　　（SIC）

4.2.3　表示打败、击败之义

（120）もう逃げもかくれも出来ぬ小勢の敵を、存分に料理しようとする舌なめずりであろうか。　　　　　　　　　（SIC）
（121）スピード表示に目をくぎ付けにする速球投手もいいが、ベテランの味をたっぷりとにじみ込ませた投球術で若手を料理する熟年投手も見たい。　　　　　　　　　（SIC）
（122）監督にとって、理想的な桑田像は、ふてぶてしい笑みを浮かべながら、相手打者を次々料理していくエースの姿なのだ。　　　　　　　　　　　　　　　　　　（SIC）
（123）勝ち越しを決め、2敗で全勝の両横綱を追う若手力士のホープを、いとも簡単に料理した。　　　　　　　　　（SIC）

5．结语

以上我们对汉语和日语中的同形词"料理"之间的关系进行了梳理，指出最早是古代汉语的"料理"一词进入了日语，而近年来汉语的"料理"产生了新义则是受到日语影响的结果。同时，我们还对二者的词义、构词和用法进行了比较，发现彼此之间有同有异。

总之，汉语和日语这两种语言的词汇自古以来密切接触，相互影响，古代主要是汉语影响日语，而近代以来主要是日语影响汉语，尤其是近年来借自日语的词语明显地增多，这种现象与文化的渗透不无关系。相互借词使得汉日两种语言的词汇的表现力大大增强了。

参考文献

1. 彭广陆，2003，汉语新词中的日源词——以《现代汉语词典》（2002年增补本）为考察对象，日语教育与日本学研究论丛第一辑，民族出版社。
2. 彭広陸，2000，中国語の新語に見られる日本語語彙の受容，対照言語学研究第10号，海山研究所。

玖、说"瘦身"

1．引言

在新时期产生的汉语的新词当中，有一些是来自其他语言的借词，其中也包括借自日语的词，近年来开始广泛使用的"瘦身"一词就是其例[1]。

本文的目的在于首先搞清汉语中"瘦身"一词的来源，在此基础上，对汉语与日语"瘦身"的意义和用法进行比较，同时，也与同义的"减肥"一词进行比较，以找出它们之间的异同。

2．日语中的「瘦身」

有些汉语新词词典认为汉语中近年新出现的"瘦身"一词借自日语，因此有必要先考察一下日语中「瘦身」一词的使用情况。

2.1 日语词典中的「瘦身」

2.1.1 日语词典的收录情况

从『日本国語大辞典』（第2版，第8卷，小学館，2001）中的「瘦身」的条目可以看出，早在20世纪30年代日语中就已经开始使用「瘦身」一词了。

> そう-しん【瘦身】〖名〗やせたからだ。瘦躯（そうく）。＊須崎屋（1935）〈大谷藤子〉「酔ってゐないときは、男にしてはしなしなしすぎるほどの瘦身を、伊之吉は、人々の視線から摺りぬけるやうにして九蔵の代理で出歩いたりした」＊医師高間房一氏（1941）〈田畑修一郎〉二・四「しかも、その言葉を口にするごとに、彼の瘦身なだが骨太な身体は慇懃に前こごみになった」＊風にそよぐ葦（1949）〈石川達三〉前・一〇「瘦身長躯の聯隊長は略

---

[1] 为了加以区别，本文用"瘦身"表示汉语的"shòushēn"，用「瘦身」表示日语的「そうしん」。

章のきれいに並んだ胸を反らして演説をつづけていた」発音ソーシン〈標ア〉[0]〈京ア〉[0]

但是，在相当长的一段时间内，「痩身」一词在日语中的使用频率并不高，换言之，它不是一个常用词，这从它进入日本的语文词典的时间就可以得到印证。就我们可以看到的词典中的收录情况而言，在『明解国語辞典』（三省堂，1943）和『改訂新版模範新辞典』（高橋書店，1957）中还找不到这个词。「痩身」大概是20世纪六七十年代开始被广泛地收入日本的语文词典的，比如在日本广泛使用的『岩波国語辞典』（岩波書店，1963）和『新明解国語辞典』（三省堂，1972）中就收有该词。但是，收词4万余条的『例解新国語辞典』的第1版（三省堂，1984）中未收「痩身」一词，到了第4版（1995）才予以收录（第4版的收词量是4万8千条），由此也可以看出「痩身」使用频率不断提高的轨迹。

2.1.2 词典中的释义

我们查阅了一些日本有代表性的语文词典，这些词典对「痩身」一词的释义大同小异，唯独『新明解国語辞典』与众不同：绝大多数的词典中「痩身」为单义词，而在『新明解国語辞典』中它却是个多义词（有两个义项）；我们还了解到「痩身」与「痩躯」为同义词（仅限于「痩身」为单义词时）；另外，有3种词典指出「痩身」用于书面语（文章語）。

以下是笔者查阅的日本出版的语文词典中有关「痩身」的释义：

① 『岩波国語辞典』（岩波書店，1963）
　　やせている身体。

② 『新明解国語辞典』（三省堂，1972）
　　㊀やせたからだ。「短躯ｶﾞー」㊁〔ふとったからだを〕やせたからだにすること「ー法⓪」

③ 『例解国語辞典』（増訂版，中教出版，1976）
　　痩（や）せ細ったからだ。

④『三省堂現代国語辞典』（三省堂，1988）
　［文章語］やせたからだ。類痩躯^{そう}_く。

⑤『集英社国語辞典』（第1版・横組版，集英社，1993）
　《文章》やせた体。

⑥『新選国語辞典』（第8版，小学館，2002）
　〔文章語〕やせたからだ。痩躯^{そう}_く。

⑦『明鏡国語辞典』（大修館書店，2002）
　やせたからだ。痩躯^{そう}_く。

　实际上，在现代日语中，当「痩身」表示其本义——「やせたからだ」（瘦削的身体）时，即与「痩躯」同义时，它的确只用于书面语，换言之，其使用频率并不高；但它表示派生义——『新明解国語辞典』中的第二个义项的意义——「（ふとったからだを）やせたからだにすること」（使肥胖的身体变瘦）时，其使用频率是不低的。近年来「痩身」的使用频率不断提高就是它主要用于派生义的直接结果，这从2.2中所举的例句就可以看出。日本的大多数语文词典尚不承认「痩身」的派生义，这不能不说是一个缺憾。
　尽管「痩身」的派生义带有动作性，但从词性上讲它与本义一样，仍然是名词，因为它不能像「サ変」动词那样在后面接上「する」使用。

2.2 「痩身」的用例

　我们从日语语料库SIC中检索到一些「痩身」的实例，下面选择一些有代表性者列举如下，并对其进行大致的分类：

2.2.1 「痩身」用作一般名词

　日语名词的语法特征是在句中使用时有格的变化，它不仅可以作主语，还可以作补足语（補語）和谓语。例如：

（1）そうした姿は痩身がいっそう痩せこけてみえた。　　（SIC）

（2）気がつくと、石守森之進は<u>痩身</u>を真っ直ぐに立てて、もうずっと先を歩いていた。　　　　　　　　　　（SIC）
（3）ロビーに阿久津弁護士が引き締った<u>痩身</u>を見せていた。
　　　　　　　　　　　　　　　　　　　　　　　　（SIC）
（4）院代が小柄な<u>痩身</u>をのばしてしきりと一場の挨拶をしているところを見ると、なにか祝いの席ででもあるのか。
　　　　　　　　　　　　　　　　　　　　　　　　（SIC）
（5）結城さんの<u>痩身</u>をもつてしても、モンローの少女時代を想像せしめることはほとんど不可能に近いと人は考へるかもしれない。　　　　　　　　　　　　　　　　　（SIC）
（6）<u>痩身（そうしん）</u>に加え、優雅な身のこなしで、村山富市首相の二女、由利さんのファーストレディーぶりも、すっかり板についてきた。　　　　　　　　　　　（SIC）
（7）幸四郎は髪を切り、<u>痩身（そうしん）</u>に見せるため体重を10キロほど落としたという。　　　　　　　（SIC）
（8）やがてひどく神経質そうな<u>痩身</u>の男が姿を現わした。
　　　　　　　　　　　　　　　　　　　　　　　　（SIC）
（9）色っぽく蓮っ葉だが頭の回転が早い、<u>痩身</u>の美女である。
　　　　　　　　　　　　　　　　　　　　　　　　（SIC）
（10）広島女学院で学んだ<u>痩身（そうしん）</u>の足立さんが言った。　　　　　　　　　　　　　　　　　　　（SIC）
（11）二人とも、野球人としては小柄で<u>痩身</u>である。　（SIC）
（12）学生時代は<u>痩身</u>で、神経質そうな秀才風の青年であったが、いま眼の前に立ち現れた人物は、一廻りも二廻りも大きな体を持った野人であった。　　　　　　　（SIC）
（13）いまにも倒れそうな<u>痩身</u>。　　　　　　　　　（SIC）
（14）ながい<u>痩身</u>、独眼刀痕の顔。　　　　　　　　（SIC）

　以上都是「痩身」用于本义的例子，下面则是它用于派生义的例子：

（15）「陶芸」「着付け」「メークデザイン」「マナー」「<u>痩

身（そうしん）」「書道」「フラワーリース」の７講座
　　　から２講座を受講。　　　　　　　　　　　　（SIC）
（16）【ケース３】痩身と美顔サービス、健康食品の購入契約
　　　（計166万円）を結び、信販会社のローンなどで88万円支
　　　払った。　　　　　　　　　　　　　　　　（SIC）
（17）美顔はあきらめているので、早速痩身をやってもらった。
　　　　　　　　　　　　　　　　　　　　　　　（SIC）
（18）20～30代は脱毛や美顔、40～50代は痩身が多いですね」と
　　　新宿店の店長さん。　　　　　　　　　　　（SIC）
（19）スポーツはマスキュリニティ（男らしさ）や勤勉、上昇
　　　志向などと結びついた　イメージから、美容やエステ、痩
　　　身、しなやかさ、気軽さ、といった象徴的意味を表示する
　　　場になりつつある。　　　　　　　　　　　（SIC）

2.2.2　「痩身」用作复合名词、派生词、专有名词
首先看一下「痩身」用于本义的例子：

（20）痩身（そうしん）中背、短くした髪、彫りの深い知的な
　　　マスク。　　　　　　　　　　　　　　　　（SIC）
（21）その時、山本は未だ高野五十六で、痩身短躯、不敵な面魂
　　　が、狼に浴衣をかぶせたように見えたというが、この人が戦
　　　争中、「学界偉人　南方熊楠」という一書を著して山本に贈
　　　ったことがあった。　　　　　　　　　　　（SIC）
（22）かれの父はK大医学部の教授で金持だったし、侯爵自身も
　　　良家の息子にふさわしい痩身白面の貴公子といったおもむ
　　　きをそなえていたが、しかしその大きすぎる眼とアフリカ
　　　象の耳みたいにひらいた耳、そして尖った顔からうける印
　　　象が妙にアブノーマルであるように、事実かれは自称デサ
　　　ィストだったのである。　　　　　　　　　（SIC）
（23）となりの広間には、痩身左腕の剣舞が今や高潮……。
　　　　　　　　　　　　　　　　　　　　　　　（SIC）
（24）両名は唾を吐かぬばかり、憤然とひつ返した、と、行くてか

玖、说"瘦身" 133

らやつてくる長躯痩身の男は、慓悍な土呂長太郎に紛れもなかつた。　　　　　　　　　　　　　　　　　　　　（SIC）

（25）後列の右に背広を着て立つてゐる痩身長躯の色黒男がガルバンたるに見あやまりはなく、その左に25、6歳のカミサ姿の女、前列に三人ならんで、右から四つくらいの男の子、10歳前後の女の子二人、ガルバン一家の写真たるに疑ふ余地はなかつた。　　　　　　　　　（SIC）

比起「痩身」用于本义的例子，它用于派生义的例子要多得多，这也是随着人们的生活水平的提高，肥胖者显著增加所带来的必然结果。例如：

（26）世の中、「スリムなことは美しい」とばかり、物質的豊かさの中で、痩身（そうしん）願望は根強い。　　（SIC）

（27）80年代末に出版された『女性雑誌を解読する』（垣内出版）は、「女性の時代」と喧伝される中での雑誌のありようを女性学の視点で分析した好著だったが、共著者の一人の諸橋氏が、論点を進め、九十年代の女性雑誌、化粧品・痩身広告、レディスコミックなど幅広く解読したのが本書である。　　　　　　　　　　　　　　　　　（SIC）

（28）痩身（そうしん）美容広告に、最も重い行政処分の排除命令が出たのは初めて。　　　　　　　　　　　（SIC）

（29）広告には、人気女優のブルック・シールズをイメージキャラクターとして登場させ、同社の痩身コンテスト入賞者の変身ぶりも紹介されていた。　　　　　　　　　（SIC）

（30）語学講習、植毛、痩身エステなど、「無料体験」をうたい文句にした広告が目立つが、相談員らは「タダほど高いものはない。　　　　　　　　　　　　　　　　　（SIC）

（31）このせっけんは薬用以外の化粧品扱いの品物で、痩身（そうしん）効果などを、うたうことはできない。　（SIC）

（32）痩身手術をめぐるトラブルは増加傾向にあるが、患者の死亡に伴う刑事告訴は初めてという。　　　　　（SIC）

（33）痩身コースの値段は個人差があり、一定ではないが、腹や足で１回8000円程度。　　　　　　　　　　　　　　(SIC)

（34）私のやった塩もみ痩身コースは、会員価格で２万円ぐらい。　　　　　　　　　　　　　　　　　　　　　　(SIC)

（35）最近苦情が多いのが、「耳のツボ痩身療法」。　　(SIC)

（36）◇永久脱毛で炎症／痩身術30回でたった２キロ…　同省が国民生活センターから入手したり、消費者団体の調査で判明した被害事例には法的にも問題があるようなケースがみられる。　　　　　　　　　　　　　　　　　　　　(SIC)

（37）痩身法やけに詳しい肥満体北九州守田晃。　　　(SIC)

（38）とりあえず、「血液循環をよくし、脂肪の燃焼を助ける」（東店長）という「塩もみ痩身（そうしん）法」を受けることにした。　　　　　　　　　　　　　　(SIC)

（39）東京・平河町の麹町鍼療痩身センターではり治療。
　　　　　　　　　　　　　　　　　　　　　　　　(SIC)

（40）痩身美容クリニックも昨年、破産宣告を受けていた。
　　　　　　　　　　　　　　　　　　　　　　　　(SIC)

2.3　「痩身」的同义词

前面提到，「痩身」的词性是名词，这并不意味着在日语中无法使用动词表示该意义。日语的多义词「減量」中的一个义项就表示"减轻体重"的意思，它既可以用作名词，也可以用作动词。可以说，同义词「痩身」和「減量」在词性上是互为补充的。例如：

（41）ヘビー級を除けば、ボクサーは誰でも、多かれ少なかれ減量に悩まされている。　　　　　　　　　　　　　(SIC)

（42）階級をひとつ上げれば、それだけ減量が楽になる。
　　　　　　　　　　　　　　　　　　　　　　　　(SIC)

（43）減量の心配より、体重を増やすことの方が大事だったのだ。　　　　　　　　　　　　　　　　　　　　　　(SIC)

（44）２カ月で20、30キロを減量した例もあるが、三迫さんは、「目指すのはあくまで健康美」と、極端な減量の指導はし

ない。　　　　　　　　　　　　　　　　　　　　（SIC）
（45）12月から冬の３カ月間、夕食をリンゴ１個で過ごし、夜も眠れないほどの空腹に耐えて12キロ<u>減量した</u>ことだ。
　　　　　　　　　　　　　　　　　　　　　　　　（SIC）

「減量」除了表示本义外，还可以表示抽象的意义——"减少数量，削减，精简"。例如：

（46）バブルに踊ったツケは、日本経済を不況に追い込み、証券会社は<u>減量</u>に泣いている。　　　　　　　　（SIC）
（47）特に中高年の管理職には、組織が膨れ上がって自分たちが<u>減量</u>の対象にされるのでは、といった心配が生じるでしょうし、運を天に任せる、という気持ちになる人もいると思います。　　　　　　　　　　　　　　　　　　　（SIC）
（48）石油ショックを境目に低成長時代に入ったここ10年ほどは、資源小国として難局を乗り越えるために、企業は<u>減量</u>経営に苦しみ、政府は行財政改革に悩み、家計は余裕を失った。　　　　　　　　　　　　　　　　　　　（SIC）

3．汉语中的"瘦身"
3.1　从词典看"瘦身"

我们从《汉语大词典》中找不到"瘦身"这一词条，即使是《现代汉语词典》（2002年增补本，商务印书馆，2002）中也没有收录该词[1]。但是，近些年"瘦身"一词经常见诸报端却是不争的事实。有些新词词典中收有该词，这表明它是一个新词。下面按新词词典出版的时间顺序将该条目引用如下：

瘦身
　　人借助各种手段保持身材匀称。

---

[1] 《现代汉语词典》（第6版，商务印书馆，2012）才开始收录"瘦身"一词，该条目的释义为："团减肥使身材匀称：～运动|采用科学方法～◇群众呼吁报纸～。"——补注

汉中路上开了一家"香山瘦身店"。

日语借词。意思与"减肥"大同小异，用汉语理解其含义与日语完全相同。现代人之所以尚"瘦身"而轻"减肥"主要是因为两词的感情色彩有所不同。听上去前者比后者高雅。许多人尤其是女性讳言"肥"，包括"减肥"，因而更乐意接受"瘦身"。另外瘦身不但可让肥胖者减去脂肪，即便是身材与体重正常者也可通过瘦身来塑造完美体态。总之，"瘦身"的范围大于"减肥"是目前流行"瘦身"的根本原因。

（《酷语2000》，上海教育出版社，2001）

瘦身 shòushēn（slim）①主要通过增加运动、节制饮食等办法减轻体重，使体形匀称苗条。原为日语词。后来先在台湾出现，接着传到香港、内地。例众友人围坐火锅狼吞虎咽，一女友却忍住垂涎欲滴苦咽黑乎乎的××减肥糊糊，顽强坚持她的"瘦身"疗程。（《北京日报》1995年11月3日）②能使体形显瘦。例今年流行的中性衬衫中，小尖领的瘦身衬衫是最富有男性味的装扮。（《北京日报》1999年10月3日）③比喻精减，削减，使变小巧。例事业单位需要"瘦身运动"（《辽宁日报》2000年9月25日）美国公司资产瘦身1万亿（《北京晚报》2002年1月14日）先进的数码化工艺不仅使LG DA-3530拥有完美的内质，而且使其成功"瘦身"。

（《羊城晚报》2002年2月7日）

"减肥"与"瘦身"存在一些差异：（1）"减肥"的目的是让肥胖者减去身上多余的脂肪，减轻体重。"瘦身"的目的是健美、匀称和力量。"瘦身"的群体主要是女性。（2）"减肥"的手段可以是控制饮食、运动，甚至采用药物或外科手术。"瘦身"的手段主要是通过各种运动或适量节食，更注重对皮肤和肌肉的护理。（3）在色彩上，"瘦身"比"减肥"婉转，比较迎合某些人心理，"减肥"比"瘦身"直白。

（《新华新词语词典》2003年版，商务印书馆，2003）

瘦身 shòushēn ①<动>减肥以保持身材匀称。◇轻体爽是一种瘦身减肥饮料。（人民日报.2000.4.4）◇再细看下面一行小

字,方知如此洋妞不远万里来到中国是为了推销"百年祖传秘方"的瘦身减肥护理法的。(人民日报.2000.10.28)②〈动〉泛指减轻重量或减少体积和数量。◇另外,为了能够赶在年前发行,中信证券不得不实施了瘦身计划。(京华时报.2002.12.4)◇笔记本再掀瘦身热潮。(科学时报.2002.12.31)

(《新词语大词典:1978—2002》,上海辞书出版社,2003)

《新华新词语词典》中的用例表明,"瘦身"的早期用例不晚于1995年,但该词得到社会上的广泛承认则是近几年的事情。比如,通过人民网进行检索的结果告诉我们,《人民日报》中可以见到的最早的"瘦身"的用例是2000年4月4日的[1]。

从词义上看,或许是由于《酷语2000》出版时"瘦身"还基本上只用于本义,因此该词典没有涉及"瘦身"的派生义,但后两种新词词典都把"瘦身"看成了多义词,只是二者在对其词义的把握上有所不同。具体而言,《新华新词语词典》将"瘦身"的词义三分,而《新词语大词典:1978—2002》则是二分,其差异主要表现在对"瘦身"的派生义的归纳上。相比较而言,《新华新词语词典》的释义比较精细、准确。通过下面的用例也可以看出,"瘦身"的词义的派生是通过隐喻的方式经历了由具体到抽象这样一个过程。

3.2 "瘦身"的用例

从使用情况来看,"瘦身"用于本义的实例并不少见,尤其是在广告中随处可见,而它用于派生义的实例也占有不小的比例。不论是用于本义的实例还是用于派生义的实例,有时"瘦身"在使用时被加上了引号,这说明该词尚处于定型的过程中,因此需要特别提示。

3.2.1 "瘦身"用于本义的例子

(49)菲律宾的"大肚"警察的确有些多,仅首都马尼拉北部的邦板牙省一地就将有100多名警察参加这一"瘦身"计划。

(环球时报 2000年3月28日)

---

[1] 一般而言,《人民日报》用词比较谨慎,一些新词开始在该报上频繁使用,就基本上可以认定该词已经得到了广泛的承认。

（50）前两年，日本商界为产于中国福建的一种海藻浴皂掀起一场声势浩大的商业大战，一时间，那种据说有美容瘦身功能的肥皂风靡整个日本市场，最后泛滥成灾，日本政府不得不出面干预。　　　　　　　　（购物导报·书市周刊 2002年9月9日）

（51）新专辑以舞曲风格为主，为了展现"最新形象"，张柏芝不惜戒饭戒肉半年，成功瘦身20磅，更辞演了三部电影，专心向音乐老师求教，并天天跑步、排舞，大胆改变的形象与歌路让歌迷们刮目相看。　　　　　　（北京青年报 2002年2月19日）

3.2.2　"瘦身"用于派生义的例子

（52）空军某研究所中校陈方宝：《北京青年报》与时俱进，先是由四开八版的"小报"晋升为立起来的"大报"，继而又由"大报"晋升为几十版的"厚报"，现在又由"厚报"跃升为融入国际报业发展主流趋势的"瘦报"。与时俱进就有特色，因为发展才是硬道理。

北京芳草地艺术发展公司经理李秋梅：《北京青年报》敢于"瘦身"，体现了她锐意创新、永远争先的精神。每一个时代都有自己的审美要求，新闻出版业必须具备强烈的追美意识，不是标新立异，而是服务大众。

　　　　　　　　　　　　　　（北京青年报 2001年12月5日）

（53）学生"减负"落实出版市场"瘦身"

　　　　　　　　　　　　　　（北京晚报 2000年1月20日）

（54）电影节遭遇瘦身

"9·11"的余波现在冲刷到了美国的大小电影节，让他们冷得牙关咯咯作响。无暇自顾的赞助者们无奈地扭过脸去，电影拷贝和它们的主人的运输都成了难题。电影节的主办者只好想方设法为电影节瘦身，不论是节的举行天数还是要放映的电影数量。

　　　　　　　　　　　　　　　（南方周末 2002年1月3日）

（55）地产企业：继续瘦身

大型的北京发展商在"瘦身"，市场份额在下降，新的参与者不断进来，如相对前几年，北京城市建设开发集团、

北京天鸿集团等国企的市场份额在下降,浙江绿城、天津顺驰、大连万达、北京金地等公司不断进入市场并通过凭借资金优势取得土地。……人才问题开始困扰2003年的北京的房地产公司,由于项目开发速度太快,行业过快膨胀,很多房地产企业面临人才问题,并可能因此而带来"瘦身"。

(北京青年报 2003年12月25日)

3.3 "瘦身"与「瘦身」的关系及其比较

前引《酷语2000》和《新华新词语词典》中的"瘦身"词条中认为该词是借自日语的,此说是可信的。但汉语借用的只是其派生义,而没有借用其本义。「瘦身」的派生义进入汉语词汇体系后,它反而成了"瘦身"的本义。继而,"瘦身"又被赋予了新的意义——派生义,而这个派生义则是日语中所没有的,这也是日语借词中常见的一种现象。无论是"瘦身"的本义还是派生义,其词性均为动词,这也是与「瘦身」的不同之处。

将「瘦身」和"瘦身"两相比较,可以发现二者在词义和词性上存在着以下的差异[1]:

表1 「瘦身」与"瘦身"的词义对比

词语	"瘦削的身体" 动作性[−]	"减轻体重" 动作性[+]	"使体形显瘦" 动作性[+]	"削减、精简" 动作性[+]
「瘦身」	本义〈名词〉	派生义〈名词〉		
"瘦身"		本义〈动词〉	派生义〈动词〉	派生义〈动词〉

4．汉语中的"减肥"

在「瘦身」进入汉语之前,汉语中使用动词"减肥"一词来表示相同的意思。从词典中该词的释义来看,尽管"减肥"也是一个新词,但它开始使用的时间明显地早于外来的"瘦身"。

4.1 从词典看"减肥"

下面列举的是收有"减肥"一词的新词词典中的词条:

---

1 表中"瘦身"的词义是将《新华新词语词典》中该条目的释义简化而来的。

减肥

指采取节制饮食、增加锻炼、服药和按摩等办法消耗体内多余的热量,以求消除肥胖、防止疾病:"就减肥而言,一般先指导其跳健美操,耗热减脂,待内脏器官壁的脂肪和皮下脂肪减到一定程度再指导其加入器械练习"。(《羊城晚报》1999年3月31日第16版)又:"肥胖给人类带来的首先是健康上的问题,因此,减肥实质上是健康的需要。"(《人民日报市场报》1999年4月17日第3版)

(《现代汉语新词语词典(1978—2000)》,花城出版社,2000)

减肥

说不清"减肥"二字是从哪一天开始进入百姓生活中。1990年代以来,随着人民生活水平的日益提高,年轻人尤其是女士们都把苗条的身材作为追求目标,千方百计减肥瘦身。同时,生活水平的提高等原因也导致一些人,包括老人、孩子在内超重过胖,引发许多疾病,需要设法减轻体重。于是,减肥成为广播、电视、报纸杂志上出现频率极高的词汇。商店里有减肥器材,药店里有减肥药物,超市里有减肥食品,服装店还卖起了减肥服,仿佛中国一夜之间进入了肥胖社会,甚至朋友们相见打招呼的话也变成了"最近减肥吗?"不但肥胖者忧心忡忡,正常稍胖者也顾虑重重,积极减肥,运动、节食、减肥茶、吸脂、气功等等方法百试不厌。的确,身材超重臃肿不堪的人必须减肥,不然会严重影响健康;但中国还未到减肥成为一种大众运动的时候,许多身体并不很胖的小姐为追求苗条,盲目减肥,吃苦受罪不说,有的还留下严重疾病。深圳一位女士在吸脂减肥广告吸引下到北京做了腰、双臂、腿部吸脂术,花掉7000元却造成局部皮肤凹陷,腿部疼痛以致无法行走,后悔莫及。一个人最重要的还是要有健康的身体、优雅的气质,而且,环肥燕瘦,各有所爱,无需盲目追风,减肥瘦身。

(《五十年流行词语(1949—1999)》,山东教育出版社,1999)

减肥

① 通过控制饮食、增加运动、服药等方法减去多余脂肪，使不过于肥胖。起初多用于港粤地区。粤语不忌讳"肥"字，如称男性胖子为"肥佬"，女性胖子为"肥婆"，年轻的也可称为"肥仔""肥妹"。例说是为了"减肥"，他学会了跳迪斯科，跳得有模有样的。（《中篇小说选刊》1985年第6期）最好的减肥方式是控制饮食，适当运动。肥胖者应在医生的指导下使用减肥药物。（《文汇报》1999年4月2日）② 比喻精简机构；裁减冗员。例"减肥"充满痛苦和风险，通常的惯例是大裁员。（《北京日报》1994年3月23日）

（《新华新词语词典》2003年版，商务印书馆，2003）

就词义而言，《新华新词语词典》中收录的"减肥"也是多义词，即它除了"……减去多余脂肪，使不过于肥胖"这一本义外，还表示"精简机构；裁减冗员"这一派生义——比喻义。不妨这样说，后起的"瘦身"的第3个义项（派生义）就是"减肥"的第2个义项（派生义）类推的结果。

4.2 "减肥"的用例

4.2.1 "减肥"用于本义

（56）据美国医学卫生部门调查统计，美国人患肥胖症（体重超过标准体重20%以上）的比例在80年代急剧增长，1988—1991年猛增到33%。肥胖与心脑血管病、糖尿病等密切相关，因此减肥在美国已成潮流，人们在饮食方面讲究低脂肪、低糖、低热量。　　　　　　　　　　（人民日报 1995年1月3日）

（57）自然减肥、保险减肥、不反弹减肥，这够得上众多处心积虑的胖子们的理想境界了。　　　　（北京晚报 2002年4月1日）

（58）太太年过三十后，随着幸福生活的全面落实，她的身材也全面朝着"发福"的方向发展。怎么办呢？终于有一天，她不知听了哪一位小姐妹的苦口良言，开始全面减肥。

（北京晚报 2002年4月2日）

（59）刘维尼很无辜，眨巴着眼睛瞧着她。好朋友坐在对面，解释并延展刚才的论点："看你吃得香，不由得就吃快了，每回吃饭最后都吃顶，不利于减肥。"刘维尼只有傻笑且抱歉地看着她。　　　　　　　　（北京青年报 2003年11月26日）

（60）在昨天召开的"关心青少年成长，关爱小胖墩健康"的研讨会上，儿童营养专家丁宗一教授给北京的20多个小胖墩讲课。他说，家长绝不能盲目给孩子减肥。

（北京青年报 2004年3月29日）

（61）运动最有效：有人认为"是药三分毒"，于是选择运动减肥，运动减肥不仅需要足够时间，还需要一定的毅力，这对大多数女性来说都是一种残酷的考验，每天忙忙碌碌，大部分时间都在工作，回到家里已经是精疲力尽，根本没有精力再去做运动了，偶尔乘周末去爬山、游泳，算是运动了，但真正能坚持的又有几个呢？

（北京广播电视报 2004年4月19日）

下面是"减肥"用于专有名词和派生词的例子：

（62）公司准备邀请营养专家，专门为张先生量身订做一个减肥的综合计划，在使用魔鱼圣美减肥片的同时，从饮食结构和运动方面全面调理张先生的生活，公司决定，在减肥期间，把张先生安排到有减肥营养配餐和运动条件的住所居住，并由公司承担食宿和运动的费用。相信只要张先生有减肥的决心，全力配合，减肥一定会有效果。

（北京晚报 2002年4月2日）

（63）三叶减肥茶既能有效减少脂肪吸收，又能通过新陈代谢将多余的脂肪排出体外。　　　（北京晚报 2004年3月29日）

（64）据来自香港召开的第二届亚洲减肥大会的消息称：目前，有近7成的女性想减肥、怕减肥、不敢减肥。此种对减肥产品副作用及不良反应担忧的心态，已危及整个减肥行业的健康发展。　　　　　　　　（北京广播电视报 2004年4月19日）

（65）近日以"北京双双瘦身服务有限公司"名字落户京城的双双经络减肥法，以不同以往的办法实现了不同凡响的减肥效

果。没有打针吃药的麻烦,不用对"毒副作用"忧心,无须对明日"反弹"沮丧,不要对瘦身后表皮松坠气馁。女医师张双双用一双手经络按压,实现了集减肥、紧肤、美容于一体的"绿色减肥法"。　　　　　　(北京晚报 2002年4月1日)

(66) 为什么生物减肥可以减得很快?

(北京广播电视报 2004年4月19日)

(67) 仔细分析原因之后,我们不难看出减肥失败的原因。一直以来,减肥的方法是形形色色,从最早的泻药、西药,到含抑制剂的替代食品,还有后来流行的扎胃,都被减肥族所接受。　　　　　　　　　　(北京广播电视报 2004年4月19日)

(68) 在追求"魔鬼身材",崇尚"骨感美人"的今天,肥胖既影响健康,又破坏形象。随着肥胖者的日益增多,参加减肥运动的人群也在不断壮大。然而,不少减肥者,或是跟风赶潮流,或是一暴十寒,或半途而废,并没能将减肥坚持下去。

(北京广播电视报 2004年4月19日)

4.2.2 "减肥"用于派生义

(69) 改革势在必行,非生产部门的分离是必然趋势,问题在于必须从实际出发,力求稳定。厂部决定先从医院和车队试点,以承包减肥的方式,先走一步。

(人民日报 1995年1月16日)

(70) 家长杂费少交,学生书包减肥,滨州教育界建新制正行风

(人民日报 1995年2月26日)

(71) 然而,人们还应留意到,企业的"减肥"也日渐成风。自去年第四季度起,美国各大公司开始大量裁员。在世界经济全球化、管理与生产信息化的时代,巨型的跨国企业日益增多,适当减肥对巨型企业而言具有特别的意义。对于一个企业来说,要实现"快"与"勤",就必须经过减肥这一关,然而只有具备良好的管理艺术才能真正保持企业的"苗条"。　　　　　　　(人民日报 1998年2月26日)

(72) 扩张与减肥同步。经过几番细致运筹,集团精简部门20个,

精减干部200多人，管理人员7000多人。

（人民日报1998年4月14日）

（73）重组既包括扩张，也包括"分立"或"减肥"，目的是通过资源的重新组合和利用，提高企业效率，而不是简单地把规模"做大"。　　　　（人民日报1999年2月8日）

4.2.3 "减肥"的反义词

与"瘦身"不同，"减肥"还有与之相对应的反义词——"增肥"。"增肥"用于本义时，可以有非自主动词的用法，这点与只用于自主动词的"减肥"不同，表现出二者的不对称性。此外，"增肥"还可以用于派生义。例如：

（74）该所研究人员还警告体重大的人不要盲目参加减肥。他们指出，一个人突然增肥有损于健康，但减肥也不利于健康，尤其是年过50岁的人更不应减肥。

（人民日报1995年2月14日）

（75）原告当庭"增肥"起诉书

（北京青年报2004年3月24日）

5．"瘦身"与"减肥"的异同

5.1 "瘦身"与"减肥"意义不同的用法

"瘦身"一词出现的一个原因是由于它与"减肥"在意义上有所不同，从下面的用例中可以看出人们观念中这两个词的差异：

（76）今天，已不再时兴减肥，"瘦身"正悄然兴起。"瘦身"并非简单意义的身体减肥，现代女性更注重心态、外表与内体的健康，这也恰恰是"瘦身"一词传达给你的健康理念。

（北京晚报2001年9月22日）

（77）减肥≠瘦身

其实，很大一部分整天嚷嚷着要"减肥"的女士并非真正的肥胖，而是体形不够匀称，身体脂肪分布不均，导致身体的一些部位脂肪积聚过多，影响了美观。人们渴望把这些

占错了地方的脂肪消灭掉，以达到身形的匀称。准确地说，这叫"瘦身"。　　　　　（北京广播电视报 2002年5月14日）

(78) 明星的瘦身食谱

不知从什么时候起，"减肥"有了一个好听些的同义词叫"瘦身"，它无疑是当下最时髦的词汇之一，不仅仅因为郑秀文的《瘦身男女》，还因为"瘦身"据说是一种生活方式，不仅是减肥，还包括了心态的健康。于是《瘦身时代》也就应运而生，这是一本足够时髦的书，收集的是刘德华、刘嘉玲、梁家辉、蔡少芬、朱茵、成龙等港台大明星的健康食谱和纤体秘诀，还有香港时装名师郑达智等对明星们的访问和点评。它的好处是简单明了，明星照片历历在目，饮食餐单一目了然。细心研究，说不定也能琢磨出一份适合自己的"瘦身食谱"。《瘦身时代》/新世界出版社/2001年9月出版/定价：20.00元

（北京青年报 2001年10月29日）

5.2 "瘦身"与"减肥"意义相同的用法

尽管"瘦身"与"减肥"在词义、色彩、语感上有所不同，但下面的实例清楚地告诉我们，人们在使用时大多是把二者作为同义词交替使用的，这主要是出于修辞上的需要。另外，像"减肥瘦身"或"瘦身减肥"这样将二者并列的例子也并不鲜见，这也说明在更多的情况下人们是把二者作为同义词来使用的。例如：

(79) 瘦身39公斤的独家秘诀

作者减肥39公斤真实记录，在本书中首次公开独家瘦身秘诀，解释减肥时体重下降的周期规律，告诉你为什么上周减去4公斤，本周却原数未变。教你养成正确的饮食习惯，有效地将你的胃膨胀系数缩小至正常人大小，让你想吃胖都很难。以运动辅助瘦身，不用花钱吃药、按摩或大量运动！调节身体的新陈代谢，保持身体健康。本书倡导了全新的减肥革命，一个月轻松减肥5—10公斤，不反弹！在保证人体所需营养的同时，养成正确的生活习惯从而达到减肥成功的目的。《享瘦不难》/魏中乔著/吉林人民出版社/2002年5月

第1版/定价：16.80元

（北京青年报 2002年6月24日）

（80）瘦身大赛

你能减肥并保持减肥成果，只要你想减肥。下面就是美国《预防》杂志介绍的美国人神奇又有效的减肥良方42法。

（北京晚报 2002年2月19日）

（81）狂减210磅，好莱坞胖星的瘦身神话

在好莱坞，巧克力减肥悄然流行。明星们彼此心照不宣，纷纷随身带有联邦减肥朵朵粑。著名肥胖名星艾瑞克·爱德伍是好莱坞一个专门饰演肥胖角色的演员，由于肥胖，给身体带来了很多疾病，不得不减肥。食用联邦减肥朵朵粑一年时间，体重由原来的360磅减轻到150磅，成功地减掉了2/3的体重，从此以后艾瑞克不再出演肥胖角色，改演英俊角色，而且他还因成功减肥重新赢回了爱情。

（北京广播电视报 2002年4月30日）

（82）由于美容瘦身机构要价高得离谱，科学技术又进展缓慢，因此在台湾，最受欢迎的就是减肥门诊和体重控制班。

（环球时报 2002年4月29日）

（83）有的人购买欧美雅是看中了它的神奇瘦身效果，有的人看重的是它领先的科学减肥机理，有的人看中的是它仪器减肥的安全，业内人士认为，关键还是欧美雅获得了国家的正规准字号批文。

（北京晚报 2003年1月10日）

（84）深田恭子有瘦身秘笈

近段时间以来，曾被影迷和日本媒体讥讽为"大胖妹"的深田恭子通过自己设计的一套"野菜减肥法"，已经显现出神奇的效果。

（北京青年报 2003年12月25日）

（85）丽姿减肥100元，瘦身风暴被迫延期

正因如此，这次由香港瘦身专业医师联合会、香港摩能国际生物科技有限公司联袂推出的"百元丽姿瘦身验证风暴"才会在京城抢足了眼球，一时成为减肥界的风向标。

（京华时报 2004年4月29日）

（86）有了"简·瘦身片"让你从此不再减肥
（京华时报 2004年4月29日）

（87）昨天下午，年仅24岁的葛莹最后成为唯一的一名候选人。据她介绍，她现在的体形很胖，自己一直就很苦恼，为了"瘦身"，成为美女，自己也曾用过各种方法去减肥，却始终都没有效果，结果现在的体重上升到了76公斤，虽然身高有170厘米。
（北京青年报 2004年3月29日）

（88）简·瘦身片自上市以来，仅仅一个多月的时间，就让诸多曾经多次减肥失败的女性成功减肥，使多少已为人母的少妇找回了年轻时轻盈的身姿，使多少只剩下青春尾巴的女性留驻了迷人的身材。
（北京广播电视报 2004年4月19日）

（89）很多人都觉得药物减肥的速度快，但是又怕副作用大，因此，不少人都问，"简·瘦身片"能让我减得快些吗？我有些等不及了呢！
（北京广播电视报 2004年4月19日）

（90）潮流时兴"瘦身男女"，在美国跟着布什做事的"女人"也要为主子减磅。据报道，白宫减肥专家要求白宫女人每天服用一至二块减肥食品，以配合布什"瘦身"政府新形象。
（北京广播电视报 2002年4月30日）

（91）沈丁非年过五十，生活小康，身体发福，体重严重超标，悠悠来日，惟忧一身肥肉。于是瘦身减肥成了我日常生活第一要务。
（人民日报 2003年10月16日）

（92）美国总统布什的资深顾问休斯成立了一个白宫"瘦身特训组"，目前十四名参加者全都是女性，这群女强人大多没有空闲煮饭，导师克隆兹特别针对她们的生活，传授"街外吃得健康"的秘诀是吃饭之前先吃一块减肥食品。在"高人"指点下，第一夫人劳拉减掉了数磅。推动白宫减肥计划真正的"幕后策划者"——布什总统带头服用减肥食品进行快乐减肥，以替代它最喜欢的椒盐脆饼。
（北京广播电视报 2002年4月30日）

（93）一些女性认为，穿着瘦身衣能减肥，实际上这是一种误解，瘦身衣所塑造出的苗条身材只是暂时的。

（北京广播电视报2004年4月19日）

（94）天气骤然转暖，妻翻出夏装往身上一套，严丝合缝，没有空隙。她痛下决心要瘦身减肥。

（京华时报2004年5月1日）

（95）昨天，今年第一个开盘的经济适用房项目长安新城三期开始认购。据介绍，该项目不仅按照套内建筑面积来销售，而且在户型方面减肥瘦身——40-90平方米的中小户型超过8成。

（京华时报2004年1月12日）

5.3 "瘦身"与"减肥"的其他比较

从使用的频率上看，虽然"瘦身"大有后来居上之势，但在数量上并没有超过"减肥"，这里面自然有"减肥"先入为主的因素在内。我们从人民网检索了2000年1月1日至2004年5月23日的《人民日报》，其中"瘦身"的用例为29个，而"减肥"的用例为140个，大大地超过了前者。

另一方面，"减肥"在使用时可以省略掉"肥"而单用"减"字，也可以将"减"字重叠使用，但"瘦身"一般不这样使用。例如：

（96）屡减屡败，原因何在？

（北京广播电视报2004年4月19日）

（97）可是再听下去我就高兴不起来了，就听老妈接着说道："你看，去年这件衬衫你穿着多合适，可现在瘦得几乎都绷在身上了，你真是该减减肥了。"

（京华时报2004年4月14日）

6．结语

通过以上的考察可以看出，新词"瘦身"虽然是借自日语的，但它进入汉语以后发生了变异：（1）词性不同——日语的「瘦身」是名词，而汉语的"瘦身"是动词；（2）词义不完全相同——汉语借用了「瘦身」的派生义，而它在汉语中又产生了新的派生义，且其使用频率也不低。另外，"瘦身"与先于它出现的"减肥"虽然在意义上略有分

工,但二者更多的情况下是作为同义词使用的。

参考文献

1. 彭广陆,2003,汉语新词中的日源词——以《现代汉语词典》(2002年增补本)为考察对象,日语教育与日本学研究论丛第一辑,民族出版社。
2. 彭広陆,2000,中国語の新語に見られる日本語語彙の受容,対照言語学研究第10号,海山文化研究所。
3. 彭広陆,2003,中国の新聞に見られる日本語の語彙,日本学研究第十三期,外语教学与研究出版社。
4. 彭広陆,2004,中国語の新語辞典に見られる日本語語彙の受容,日本学研究第十四期,学苑出版社。

拾、说"友情出演"

1．引言

"友情出演"一词是近十数来年才在汉语中开始使用的，《新华新词语词典》（2003版，商务印书馆，2003）中的该词条明确指出"友情出演"借自日语，此说是可信的，因为该词在日语中早已使用。"友情出演"一词的借入大概与日本的影视作品大量地进入中国市场不无关系。

本文拟对汉语中的"友情出演"一词及其构成要素（词素、语素）"友情"和"出演"的意义和用法进行初步的考察，并与日语进行比较，以期厘清二者之间的关系。

2．友情出演

2.1 日语中的「友情出演」

日本的语文词典一般都未将「友情出演」作为词条收录，但它在日本人的日常生活中并不少见。正因为词典中未见收录，所以自然也会出现日本人对该词的意义难以把握的情况。下面的例（1）是有关「特别出演」一词词义的问答，但它也间接地解释了「友情出演」一词的意义：

（1）はてなTV
    Q TBS系の「GOOD　LUCK！！」で出演中の竹中直人さんやいかり長介さんは「特别出演」とありますが、どう違うのでしょうか？
    　　　　　　　埼玉県　嶋本佐知子　学生・21歳
    A「特别出演」。確かによく目にするようで気になる言葉です。本来はドラマでの役柄の重さと、役者さんの芸歴はリ

ンクするものです。TBS宣伝部によると、出番が少なくても、劇中の要となる役として「この役柄はこの方に、ぜひ演じていただきたい」とプロデューサー制作側が判断した場合、個人的なつながりなどを利用して、出演してもらう場合があるそうです。

　「GOOD LUCK！！」の場合は、竹中直人さん＝写真右＝演じる機長役や、いかりや長介さんです。いかりやさんは、木村拓哉さん＝同左＝演じるフィーローの父親役。それぞれ出番は多くなくても、物語の中で今後意味を持ってくる重要な役、という意味合いもこめて「特別出演」なのだそうです。

　「友情出演」もほぼ同様な意味で使われています。

（朝日新聞　2003年1月28日）

此外，我们还可以在日本的互联网上看到多处关于日语中的「友情出演」的解释，虽然不是辞书的释义，但大体上还是可信的，而且有些比例（1）的解释更为合理。例如：

（2）【友情出演】とは、監督や主演俳優の友人に依頼して出演してもらう場合や俳優がお願いしてキャスティングする場合に表示される。こちらはギャラが通常の俳優よりも低い、もしくは0であることが多く、特別出演とは若干異なる。ただし、事実上の特別出演でも、若手の場合は友情出演とされることもある。ちなみに【特別出演】とは主役級の役をいつもやっている俳優が、本来ならもっと格下の俳優がやるべき役をやる際に、エンディングのクレジットの表示されるもので、通常の俳優よりギャラが高い場合が多い。

　（http://www.moom-light.ne.jp/termi-nology/meaning/tokubetsushutsuen.htm　2005年7月1日）

（3）シアターリーグ＜演劇用語＞
「特別出演・友情出演」
　　まず簡単にご説明すると、「特別出演」とは格上の俳優に、主演ではないが特別に出演してもらうこと、「友情出演」とは、格安のギャラで、役にとらわれず特別に出演してもらうことを指します。キャリアを積んだ俳優や、格の高い俳優は、主役級の役をもらいますし、それに伴いギャラも上がります。しかし、時には、役不足の端役ではあるが重要な役を、主役級の俳優に演じてもらいたい時もあります。そんな時に使われるのが「特別出演」です。また、俳優やスタッフの個人的な付き合いや、同事務所内での応援出演（ジャニーズなどでよくありますね）を「友情出演」と言い、ギャラは破格orゼロの場合もあります。どちらにしても重要なのは、作品の最初か最後に流れるスタッフロール（出演者・スタッフ紹介）で、頭は当然主役が流れるので、最後に持ってくるのが礼儀となります。より目立たせるためですね。
　　「すいません。出番はこれだけなんですが、どうしても〇〇さんに演じてもいたいのですが。」
　　「えぇ！これだけの出番のために時間取れないよ。」
　　「そこをなんとか。キャストロールの最後に特別出演ということで、名前を付けますので。」
　　なんて制作会社と大物俳優のやり取りが聞こえてきませんか？
　　(http://chiebukuro.yahoo.co.jp/service/question_detail.php？queld=3907674　2005年8月5日)

从上面的解释中可以看出，日语中的「友情出演」至少包含以下三个含义：

①　友情出演的演员一般都是可以担任主角的重量级的演员。
②　没有报酬，或报酬很低。
③　该演员与有关人员（主要演员或导演）是朋友关系。

拾、说"友情出演"

下面是我们从日语语料库和报纸中检索到的实例：

（4）まさに友情出演であって、いま考えると、まことに申しわけないことをしたと思っている。　　　　　　　　　　（SIC）
（5）この作品は当時人気絶対だったジュリー・沢田研二が友情出演していたので注目度は高く、それだけにどぎつい内容にお茶の間はさぞ戸惑っただろう。　　　　　　　（SIC）
（6）またこの作品には手術の際に医師に「どうしても輸血したい」と泣きついた、長門裕之が犯人役で、また同じく病院に駆け付けた宍戸錠が本庁の警部役と、日活時代の仲間が友情出演を果たし、また不在中に退職したスニーカーもゲスト出演するなど、作品を盛り上げた。　　（SIC）
（7）ここ二十数年、これ以外の役はほとんど友情出演的な顔見世程度なのである。　　　　　　　　　　　　　　（SIC）
（8）ある場所に行くときに、乗り物を使ったら点から点、歩いていけば線になり、空間が広がっていく」と話す佐々木さん。「北斎の道」を通して歩くのは、今回が初めてだ。途中の宿泊地では、地元の人びとと「北斎談義」を交わす会合が相次いで予定され、歩く仲間たちの「友情出演」も加わって、希代の画家がたどった足跡の再現をめざす。
　　　　　　　　　　　　　　（朝日新聞 1998年4月11日）
（9）3月3日から14日間、JRやまて線の車両に登場するほか、9日付の新聞にも出る。「代表チーム強化のベースはJリーグ」と話しているトルシェ監督。今回はギャラなしの「友情出演」だそうだ。　　（朝日新聞 2001年2月21日）

其中例（4）是日本作家山口瞳1973年出版的小说『酒呑みの自己弁護』（新潮社）中的例子，虽然还不能说这就是在日语中使用最早的实例，但由此不难看出在日语中至少三十余年前就开始使用「友情出演」一词了。

2.2 汉语中的"友情出演"

虽然"友情出演"一词近年来频频见诸汉语的媒体和影视作品的字幕中,但汉语的语文词典一般都未收录该词,即便是新近出版的具有权威的《现代汉语词典》(第5版,商务印书馆,2005)亦如此[1],据此似乎可以说该词尚未得到正式的承认。但考虑到该词的使用频率之高和使用的时间已经超过10年这一事实,《现代汉语词典》的新版未将其收录进去不能不说是一个缺憾。

然而,在《现代汉语规范词典》(外语教学与研究出版社、语文出版社,2004)中,我们却可以看到"友情演出"这一词目(第1587页):

> **友情演出** yǒuqíngyǎnchū 出于友情而临时加入,配合演出▽这些歌手们自愿组团,为艺术节进行~。

虽然并非"友情出演",但该词条与"友情出演"不无关系。从下面我们列举的新词语词典中"友情出演"的释义不难看出,《现代汉语规范词典》中的"友情演出"的释义与先于它出版的新词语词典中的"友情出演"的释义大同小异,不妨说这两个词是近义词。然而,就语言事实而言,"友情演出"的使用频率远不及"友情出演"高,《现代汉语规范词典》收录使用频率不高的"友情演出"而不收"友情出演",这种做法也是值得商榷的。

不过,《新华新词语词典》中收录了"友情出演",其释义如下:

> **友情出演** yǒuqíngchūyǎn(friendship performance)出于友情而加入,来临时配合演出。源于日语。起初多用于港台地区。例:9月25日在北京首都体育馆的首场演出由今年世界花样滑冰冠军关颖珊友情出演。(《人民日报》1996年9月29日)《原野》中的两位女演员杨青和夏力薪当然不是话剧界新人,但作为其他剧院的演员,被请来友情出演人艺的大戏,这在人艺也是第一次。(《北京晚报》2000年8月11日)

1　在其后出版的《现代汉语词典》第6版(2012)、第7版(2016)中仍然未收录"友情出演"一词。——补注

《新词语大词典：1978—2002》（上海辞书出版社，2003）中也收录了该词，其释义如下：

友情出演 yǒuqíngchūyǎn 出于友情而来配合演出。◇友情出演的演员们，一为友情，二为添彩，不在乎报酬全国最低。（中国电影时报1992.2.29）◇令人称绝的是"名人讲故事"，陆文夫、刘心武、冯骥才、沙叶新、白先勇等人都曾经"友情出演"，连金庸先生在武侠小说搁笔多年后又重新出山，演绎了一小段古代武侠故事。（人民日报2000.1.28）

《现代汉语新词语词典》（商务印书馆国际有限公司，2005）同样收录了"友情出演"一词，因其释义与早它出版的《新词语大词典：1978—2002》几乎一字不差，所以在此就不转录了。

以上所列两种词典中关于"友情出演"的释义可以说只是诠释了其字面上的意义，这样的释义很难说十分准确，因为从实际的用例来看，汉语的"友情出演"在使用时往往带有以下的含义：①戏份少；②演员不收取报酬或收取低于一般标准的报酬。

如此一来，汉语中的"友情出演"与日语中的「友情出演」可以说在意义上是相当的，加之汉语"友情出演"的使用应该不会早于20世纪90年代初期[1]，而日语的「友情出演」至少在20世纪70年代初期就已经开始使用，所以我们可以比较有把握地认定二者之间存在渊源关系，确切地说，汉语的"友情出演"是日语的「友情出演」的借词。

汉语中的"友情出演"虽然是后起的，但它的使用频率似乎大大超过了日语中的「友情出演」，它一般用来表示参加影视作品、戏剧戏曲作品的演出，还常常被引申为参加其他艺术创作活动［虽然日语中的「友情出演」也有这样的用法，如例（8）和（9）等］。以下是我们收集到的部分"友情出演"的实例：

（10）张丰毅、石兆祺、赵小锐、张京生等一批明星将友情出演。

（周末1993年1月2日）

---

1 前文所录《新词语大词典：1978—2002》该词条中1992年的实例，可以说是我们目前为止见到的最早的例子。

（11）这种堂会往往并不是严格的经济行为，没有正式合同，多少有些<u>友情出演</u>的意思。

（经济日报1994年2月19日）

（12）为纪念抗日战争和世界反法西斯胜利50周年，出版界在推出了众多的二战读物同时，还<u>友情出演</u>，制作同一题材电视教育片。 （中华读书报1995年4月5日）

（13）金星和她的现代舞蹈团在片中也<u>友情出演</u>，主题歌由成方圆和戴娆演唱。 （北京青年报1997年5月15日）

（14）耿乐在剧中饰演顺子，他现为中央实验话剧院演员，因出演电影《阳光灿烂的日子》《头发乱了》《赢家》等名声大噪。张光北、李绪良、修宗迪<u>友情出演</u>。

（北京青年报1997年6月16日）

（15）著名影星陶泽如、李玲君、朱雷<u>友情出演</u>，著名歌星张伟进倾情演唱主题歌。 （北京青年报2000年4月8日）

（16）筹备的《中国民族歌曲经典演唱会》由金曼、聂建华主场，戴玉强<u>友情出演</u>，将于明年在全国及东南亚巡演。

（北京青年报2001年10月29日）

（17）安南<u>友情出演</u>《芝麻街》演出结束后，安南开了个"记者招待会"。他说，他之所以接受邀请在《芝麻街》中<u>友情出演</u>，是因为他认为每个人都有像孩子的地方。

（环球时报2001年12月14日）

（18）何立伟也给一些作家的小说画过与内容密切相关的插图比方格非的小说《敌人》，史铁生刚刚出版的新书《病隙碎笔》，还有刘醒龙和邓一光的长篇。最近叶兆龙的林白的还有皮皮的作品都在请他插图。他说："这真是好玩。不过，我只给朋友们的作品画。所谓'<u>友情出演</u>'。我只是图个好玩……" （作家文摘2001年4月9日）

汉语中本来有"客串"一词，它与"友情出演"意义接近，而"友情出演"则在字面上更加凸显了"友情"。例如：

（19）加盟《苦荼香》剧组的大部分演员都是<u>友情出演</u>，台湾"小

生"刘德凯也特意赶来客串了一把。

（北京青年报 2001 年 1 月 23 日）

3．友情

我们之所以同意汉语中的"友情出演"是源于日语的借词这一观点，不仅仅是因为该词在日语中的使用明显地早于汉语，还因为这样的组合（构词方式）不符合汉语的习惯。汉语中的"友情"是名词，本来它不能修饰动词，但由于受到"友情出演"的影响，具体而言，在类推的作用下，"友情"开始大量地修饰动词，这意味着它开始具有较强的构词能力或搭配能力。这一事实再次告诉我们，日语的借词不仅可以给汉语的词汇带来表示新的概念的成员，而且还会影响到汉语词汇固有的语法功能。[1]

另一方面，在日语中，「友情」与动词语素组合构成的复合词似乎只有「友情出演」这一个词，可以说它是一个孤例，换句话说，日语中的「友情」不是一个构成"名+动"型复合词的能产的语素。但"友情出演"进入汉语词汇体系后，使得汉语中原有的"友情"发生了变异——成为一个非常能产的语素，或者说具有了较强的与动词（性语素）搭配的能力。例如：

（20）石小杰是友情助演来的，扮演一个给导演拉群众的"经纪人"。友情助演多，是这部戏一大特点。而且助演的还尽是"大腕"。　　　　　　　　（北京青年报 1994 年 9 月 29 日）

（21）主演有：刘蓓、王志文、宋丹丹、吕丽萍、李雪健、丁志成、傅彪（《没完没了》中差点抢了葛优的那位大款）、李勤勤，友情客串的演员有：陈小艺、井冈山、刘威斌、刘金色等及梦舟俱乐部成员。　　（购物指南 2000 年 1 月 18 日）

（22）日本风行"友情离婚"　离婚后我们做朋友

（北京青年报 2000 年 11 月 9 日）

（23）友情提示：1.拥有东敦煌的栖霞山风景区，票价 10 元。不过在早 6:30 之前，晚 6:00 之后上山免费；从南京火车站乘南

---

[1] 参见彭广陆（2000）、彭広陸（2005）。

龙线、南上线专线车，用时40分钟到达。2.夫子庙晚9:00关门，票价12元。　　　　　　（北京青年报2000年11月10日）

（24）一批当今顶级导演加盟<u>友情出演</u>《大宅门》的消息早已为人们所关注。陈凯歌和田壮壮客串的小角色戏前些时候已经拍完，昨天在现场田壮壮<u>友情出任</u>了当天的值班导演。
　　　　　　　　　　　　　（北京青年报2001年1月4日）

（25）昨天下午开拍的第一场戏是张艺谋<u>友情饰演</u>的大太监李莲英与导演郭宝昌饰演的名医之间的对手戏。
　　　　　　　　　　　　　（北京青年报2001年1月4日）

（26）天擦黑时，第二场大戏才开拍，两位演员分别是《大宅门》的男主演陈宝国和<u>友情客串出演</u>贪官府太大人的著名导演、演员姜文。　　　　　　（北京青年报2001年1月4日）

（27）伴娘——三届奥运会跳水金牌得主伏明霞的"<u>友情客串</u>"也使婚礼平添了几分喜庆！人们对新娘及伴娘的兴趣极大，害得伏明霞不时地向顾俊抱怨：老姐帮帮忙呀！
　　　　　　　　　　　　（北京青年报2001年1月14日）

（28）接着，科比把队员们分成两队进行了一场<u>友情比赛</u>，然后他连着完成了两个激动人心的扣篮。
　　　　　　　　　　　　（北京青年报2001年8月14日）

（29）完全不像是<u>友情客串</u>，更像是演自己的戏。
　　　　　　　　　　　　　（北京青年报2001年1月4日）

（30）片中除潘长江、李琦、傅玉斌等熟脸<u>友情演出</u>少量镜头外，女主角王红、编剧、摄影、美术、录音等主创人员，都是从北京电影学院毕业后首次独立制作电影的新人。
　　　　　　　　　　　　（北京青年报2001年9月15日）

（31）但二人也坦率地表示这次双打的成功，并不意味着在今后的比赛中她们便会"改行"，两人的主项依然是单打，她们只是在省队人员缺乏的情况下"<u>友情客串</u>"双打而已。
　　　　　　　　　　　　（北京青年报2001年11月19日）

（32）早就知道这是一场纪念演出、<u>友情演出</u>，演出中确实如此，来演出的多是至爱亲朋，而观众似乎并不太在意演出的到底是什么节目，也从不吝啬掌声与叫好，所以场内气氛始终在

一场较为高度的兴奋状态中。

（北京青年报 2001年12月9日）

（33）《执行局长》不仅荟萃了王庆祥、廖学秋、陈大伟、施展等一批实力派演员，而且还请来了张勇手、谢芳、刘晓庆三位电影界的"前辈"<u>友情助阵</u>。

（北京广播电视报 2001年9月3日）

4．出演

4.1　日语中的「出演」

根据日语小学馆出版的『日本国語大辞典』（第2版，第8卷，2001）中的「出演」词条来看，该词至少出现于一百多年前，其释义如下：

　　しゅつ-えん【出演】〔名〕舞台や演壇に立って人前で演技をしたり講演をしたりすること。また、映画やテレビ、ラジオに登場すること。＊火の柱（1904）＜木下尚江＞序に代ふ「平民社演説会を神田の錦輝館に開けたり、出演せるもの社内よりは幸徳、堺、西川の三兄」＊余興（1915）＜森鴎外＞「人々は脂粉の気が立ち込めている桟敷の間に挟まって、秋水の出演（シュツエン）を待つのださうである」＊春泥（1928）＜久保田万太郎＞むほん八「さうよ、浅草出演よ」発音＜標ア＞ ⓪ ＜京ア＞ ⓪

「出演」的构词能力是比较强的，它可以构成以下复合词和派生词：

　　CM出演、TV出演、テスト出演、テレビ出演、ラジオ出演、映画出演、ゲスト出演、無料出演、レギュラー出演、特別出演、NHK出演、自社番組出演、歌舞伎出演、広告出演、常連出演、賛助出演、最多出演、部外広告出演、出演施設、出演俳優、出演順、出演者、出演料

4.2　汉语中的"出演"

汉语中的"出演"一词现在被频繁地使用，应该说是「友情出演」被汉语借用的结果，在此之前，汉语中一般不使用"出演"一词，所以《现代汉语词典》到了1996年第3版才开始收录该词。下面我们看一看

词典中的释义：

【出演】chūyǎn 动演出；扮演：在这出戏里他~包公。
（《现代汉语词典》第5版，商务印书馆，2005）

【出演】chūyǎn ① 动演出▽今晚剧团~话剧《茶馆》。② 动扮演（角色）▽她在歌剧《白毛女》中~喜儿。
（《现代汉语规范词典》，外语教学与研究出版社、语文出版社，2004）

两相比较，《现代汉语词典》没有区分义项，而《现代汉语规范词典》区分了。我们认为，后者的做法是合理的，因为用于"演出"义时，"出演"主要与指称戏剧、影视作品的名词搭配，而用于"扮演"义时，"出演"主要与指称影视作品的角色的名词搭配，因此不宜将二者混淆。正因为"出演"具有这两种意义和用法，所以才使得它成为一个使用频率较高的词。

另一方面，《现代汉语规范词典》中的"出演"的第一个义项被释义为"演出"，也有不准确之嫌，似应改为"演出；参加戏剧影视作品等的演出"。因为"出演"用于第一个义项时，主语多为参加演出的个人，而少有团体的例子。例如：

（34）刘琳等将有可能出演《对门·对面》，而韩国当今炙手可热的小生安在旭将会出演《漩涡》男主角。
（北京青年报 2002年4月26日）

（35）在谈到莱迪为什么不出演《沉默的羔羊Ⅱ》时，彼德告诉了记者一件鲜为人知的事。
（北京青年报 2002年3月18日）

（36）17年没有出演舞台剧，是什么力量让你重回舞台？
（北京晚报 2004年6月14日）

（37）已经出演50多场、深受小朋友喜爱的儿童剧《自古英雄出少年》源自东方民间故事，讲述了一个少年英雄小不点与怪兽做斗争除暴安良的故事。整场演出既有民族特色又融入当代

儿童喜闻乐见的木偶、游戏、歌舞、说唱等多种形式。6个演员竟要出演20多个角色，这种人偶同台、唱歌跳舞、热闹非凡的儿童剧确实招孩子们喜欢。

（北京青年报2004年4月8月）

（38）另外一位与张艺谋合作过广告片的徐筠在片中出演女警察。本来，沙碧红请"谋女郎"徐筠来出演被拐卖的少女。但是在读剧本的时候，徐筠对剧本中的另一个人物——潇洒的现代女警察方琴情有独钟，最终沙导遂了徐筠的愿。出演这个片子之前，沙导给徐筠看了她所拍摄的纪录片。

（北京晚报2004年4月13日）

"出演"表示第一个义项时，与"演出"形成近义的关系。例如：

（39）就某方面而言，《雨中曲》之所以没有被提名奥斯卡最佳影片，男主角金凯利可说是罪魁祸首，因为如果他没有演出1951年的奥斯卡最佳影片《花都舞影》，隔年也不会降低《雨中曲》的得奖率了。

（北京青年报2001年7月17日）

（40）而且，首次演出这部古装剧，她便赢得韩国国家电视台最佳女演员奖。　　　（北京广播电视报2004年5月24日）

"出演"表示第二个义项时，与"演""饰""饰演""扮演""演出"等词形成近义的关系。例如：

（41）根据北京人艺名剧《天下第一楼》改编的同名电视剧，聚集了十几位来自北京人艺的演员，其中在话剧里扮演二少爷唐茂盛的李光复在电视剧中挑战林连昆的角色"堂头"常贵，而在话剧中演克五的张永强则在电视剧中扮演大少爷唐茂昌。　　　　　　　　　（北京青年报2004年3月31日）

（42）张永强从1986年夏淳首排话剧《天下第一楼》时就开始参与，而且自此每次必演克五。可是连他自己也没想到的是，在电视剧里夏钢导演却让他演了一把大少爷唐茂昌。

（北京青年报2004年3月31日）

（43）奚美娟<u>出任</u>慈禧太后；马晓晴首<u>演</u>一代名妓"赛金花"；而执掌同仁堂命运的四位主人公；乐老爷是李保田<u>饰</u>；乐八爷是赵军<u>饰</u>；乐宏达是张铁林<u>饰</u>；赵查柜是雷恪生<u>饰</u>；这般豪华阵容不能不令人侧目。　　　　　　　　（北京青年报2001年2月19日）

（44）从《地产风云》开播，女角中便由蔡少芬独霸天下，她<u>饰演</u>的田宁一出场就十分可爱。

（北京青年报2001年4月27日）

"出演"的借用使得汉语的表达更加丰富，更加富于变化。例如：

（45）唐国强已经是连续3次<u>出演</u>领袖毛泽东了。此前在电影《长征》和电视剧《开国领袖毛泽东》中，唐国强<u>扮演</u>了不同时期的毛泽东主席。

（北京青年报2001年6月15日）

5．结语

"友情出演"在进入汉语词汇体系以后，产生了许多变体和近义的表达方式，对此需要进行更加深入的考察。

参考文献

1. 彭広陸，2000，中国語の新語に見られる日本語語彙の受容，対照言語学研究第10号，海山文化研究所。
2. 彭広陸，2005，中国語の新語における日本語からの借用語，香坂順一先生追悼記念論文集，光生館。

拾壹、说"慰安妇"

1．引言

中国实行改革开放的政策至今已有三十余年了，其间，中国社会发生了巨变，与之相适应，汉语也发生了很大的变化。汉语最显著的一个变化就是新词语层出不穷，其中源自日语的借词形成了一定的规模，可以说近三十余年来逐渐形成了汉语从日语借词的第二次高潮[1]。

"慰安妇"一词从十多年前开始见诸中文的各种媒体，如后文所述，显然它是来自日语「慰安婦」的借词。本文将对"慰安妇"一词在汉语中的使用情况及其定型过程进行初步的描写和探讨。

2．"慰安"/"安慰"与「慰安」/「安慰」

从构词的角度看，"慰安妇"/「慰安婦」属于派生词，因此有必要先对它的词根"慰安"/「慰安」以及与其有关的"安慰"/「安慰」的使用情况进行考察。

2.1 "慰安"和"安慰"

2.1.1 古代汉语

在古代汉语中"慰安"和"安慰"这对同素反序词都是使用的，下面是《汉语大词典》中"慰安"和"安慰"的条目：

> 【慰安】安抚；安慰。汉荀悦《汉纪·平帝纪》："時民皆飢愁，州縣不能慰安，又不得擅發兵，故盜賊寖多。"《资治通鉴·唐代宗大历五年》："丁丑，加劉希暹、王駕鶴御史中丞，以慰安北軍之心。"清曾国藩《刘君季霞墓志铭》："季霞常以太公之命，省孟容於軍中，出則美意相迎 諷勉其兄，歸則傳會吉語，慰安其父。"鲁迅《朝花夕拾·藤野先生》："其實我并沒有決意要

---

[1] 参见彭広陸（2000）。

学生物学，因为看得他有些凄然，便说了一个慰安他的谎话。"

(《汉语大词典》第七卷，汉语大词典出版社，1991)

【安慰】① 安顿抚慰。《後汉书·恒帝纪》："百姓饥窮，流亢道路，至有數十萬户，冀州尤甚。詔在所賑給乏絕，安慰居業。"宋陈师道《黄楼铭》："羸老困窮，安慰撫養。"亦专指使心情安适、宽解。《玉台新咏·古诗为焦仲卿妻作》："時時爲安慰，久久莫相忘。"《儿女英雄传》第三回："也因曉得安老爺的信息，齊來安慰公子。"巴金《灭亡》第三章："他不说一句安慰的话，一句哀怜的话，他反而不停地拿针去刺那个伤心地哭着的少女底心。" ② 谓精神上的不满足得到补偿。《二十年目睹之怪现状》第四回："此时我心中安慰了好些。"老舍《骆驼祥子》二："骆驼忽然哀叫了几声，离他不远。他喜欢这个声音，象夜间忽然听到鸡鸣那样使人悲哀，又觉得有些安慰。"《艾青诗选》自序："从少年时代起，我从美术中寻求安慰。"张贤亮《灵与肉》："有你在身边，我能得到一点安慰。"

(《汉语大词典》第三卷，汉语大词典出版社，1989)

从上面的词条不难看出"慰安"与"安慰"既是同素反序词，又是近义词。"慰安"是单义词，可"安慰"是多义词，前者与后者的第一个义项相当，后者的第二个义项是后起的，是近代（清末）才出现的。

"安慰"的第一个义项与第二个义项相比较可以看出，第一个义项表示的是外在的动作，而第二个义项表示的则是人的内心活动，可以说它是第一个义项的意义相对抽象化的结果。

2.1.2 现代汉语

在现代汉语中，经常使用的是"安慰"的第二个义项，而"慰安"在现代汉语中已经基本不用（《汉语大词典》的"慰安"词条中所举鲁迅之例或许是受到了日语的影响），以至于《现代汉语词典》（第5版，商务印书馆，2005）和《应用汉语词典》（商务印书馆，2000）都未收录该词。而《现代汉语规范词典》（外语教学与研究出版社、语文出版社，2004）则例外地收录了"慰安"：

【慰安】wèi'ān 动 安慰；安抚。

不难想象，因为《现代汉语规范词典》收录了派生词"慰安妇"，所以才收录了作为它词根的"慰安"，或许是该词典的编者认为收录"慰安"可以帮助读者理解"慰安妇"的意义，换句话说，正因为"慰安"在现代汉语中已经不使用了（从《现代汉语规范词典》中没有举出例句这一点也可以看出），读者在对于由它构成的"慰安妇"的理解上肯定会出现一定的困难，所以才收录了"慰安"来帮助读者更准确地理解"慰安妇"。至于这样做是否有必要，则另当别论。

在现代汉语中虽然不复使用"慰安"，但使用与之近义的"安慰"。下面是词典中的该条目：

【安慰】ānwèi ① 形 心情安适：有女儿在身边，她得到一点儿～。② 动 使心情安适：～病人｜你要多～～他，叫他别太难过。　　（《现代汉语词典》第3版，商务印书馆，2005）

【安慰】ānwèi ① 动 使心情安适：～烈士家属。② 形 心情安适：孩子们的进步使老师感到～。

（《现代汉语规范词典》，外语教学与研究出版社、语文出版社，2004）

【安慰】ānwèi ① 动 安抚劝慰：～二位老人；他～了我一番；她正伤心，你去～～她吧。② 形 感到满足，没有遗憾：孩子有了成就，父母感到很～。

（《应用汉语词典》，商务印书馆，2005）

"安慰"作形容词的用法显然是后起的，而且其使用频率似乎也不比动词高，因此，《现代汉语词典》中的两个义项的排列顺序未必得当。

还有一点需要指出，"安慰"不仅有动词和形容词的用法，还有名词的用法，例如"他给了我很多的安慰"中的"安慰"就应该看作名词，而且，《现代汉语词典》中作为形容词所举的例子"有儿女在身边，她得到一点儿安慰"中的"安慰"实际上也是名词的用法。

2.2 「慰安」和「安慰」

2.2.1 古代日语

古代汉语的"慰安"和"安慰"这两个词均传入古代日语，而且和汉语一样，「慰安」是个单义词，「安慰」是个多义词，二者为近义关系。下面是『日本国語大辞典』（第2版，小学館，2001）中的该词条：

> いあん【慰安】［名］心をなぐさめ、労をねぎらうこと。また、心がなぐさめられるような感じや事柄。＊泰西勧善訓蒙（1873）〈箕作麟祥訳〉四・一二三章「仁愛は〈略〉老衰重病にて自から生計を為すこと能はざる者を救済し不幸なる者を慰安するにあり」＊吾輩は猫である（1905-06）＜夏目漱石＞二「哲人の遺書に一道の慰安を求めつつあるのか」＊道程（1914）＜高村光太郎＞冬の詩「平和と慰安とは卑屈者の糧だ」＊漢書－魏相伝「所以周‿急継‿困、慰‿安元元‿、便‿利百姓‿之道、甚備」
>
> （第1巻，第765頁）

> あんい【安慰】［名］①人の心をやすらかにし、なぐさめること。慰安。＊古今著聞集（1254）二・三六「本願をもての故に、来て汝が意を安慰するなり」＊虞美人草（1907）〈夏目漱石〉八「一弾指頭に脱離の安慰（アンキ）を読者に与ふるの方便である」＊古詩－焦仲卿妻「時時為‿安慰‿、久久莫‿相忘‿」＊勝鬘経－一乗章「大悲亦無‿限斉。安慰‿世間‿」②落ち着き安んずること。＊杜甫－寄沈東美詩「未‿暇‿申‿安慰、含‿情空激揚」＊十誦律－四九「仏言、有‿五事‿。現前応‿安慰‿。莫‿怖莫‿驚莫‿覆蔵、莫‿走、莫‿群党‿。莫不犯、言犯」
>
> （第1巻，第706頁）

有一点值得注意：无论「慰安」还是「安慰」，最初都有动词的用法（如「仁愛は（略）老衰重病にて自から生計を為すこと能はざる者を救済し不幸なる者を慰安するにあり」和「本願をもての故に、来て汝が意を安慰するなり」），词典将二者的词性只标注为名词并不准确。后来「慰安」和「安慰」又都派生出了名词的用法，而汉语则不

然，从前引词典的条目可以看出，"慰安"只有动词的用法，"安慰"一般也被认为有动词和形容词的用法而无名词的用法。

森冈健二（1991：257）的下面这段论述表明「安慰」和「慰安」在日语中曾经是同素反序词，只是后来词形才固定为「慰安」的：

  文字の入れかえ・転倒
   語形を変えることによって新語を生み出す第三の方法は、漢字のいれかえ、もしくは転倒である。漢語は、大体において古くからその表記ならびに語形が一定していたが、中には、語としてまだ不安定なものがなくはない。初期の辞書から現在と表記および語形の異なるものを少し拾うと、次のごときものがある。
  ……
  comfortable 安慰ナル［薩摩辞書、英和字彙］
   これらの語が、……慰安と固定してくるのは、大体明治20年ごろで、このような表記および語形の統一が、近代の漢語の成立に寄与したことは事実であろう。

2.2.2 现代日语

在现代日语中，一般只使用「慰安」而不使用「安慰」。

如下所示，「慰安」的词性有的词典定为名词（如『広辞苑』），有的词典定为名词和动词（他动词）（如『明鏡国語辞典』），实际上它几乎很少用作动词：

  いーあん【慰安】ヰ なぐさめて心を安らかにすること。「―会」
          （『広辞苑』第5版，岩波書店，1998）

  いーあん【慰安】ヰ―「名・他サ変」なぐさめて労をねぎらうこと。「社員の―旅行」
         （『明鏡国語辞典』，大修館書店，2002）

不仅如此，「慰安」单独使用的频率并不高，这从上面所举的条目也可以看出来，事实上，几乎在日本出版的所有的现代日语词典所收「慰安」这个条目中找不到它单独使用的例子，这说明「慰安」作为词

的功能已经退化了，但它仍然具有一定的构词能力，换言之，它一般是作为构词成分使用的。由「慰安」构成的复合词和派生词大致如下：

○慰安会、慰安行動、慰安試合、慰安施設、慰安者、慰安所、慰安放送、慰安物、慰安旅行
○患者慰安、細君慰安、従業員慰安、自己慰安

下面看一下「安慰」的情况，除了『日本国語大辞典』以外，中型的语文词典如『学研国語大辞典』『広辞苑』和『大辞林』也收录了「安慰」一词：

あん-い【安慰】〔歴史的かな遣い〕あんゐ 心をやわらげ、なぐさめること。何んな人でも矢張（ヤハリ）人間は人間で、それ相応の安慰と幸福とはある「山田花袋・田舎教師」
（『学研国語大辞典』，学習研究社，1978）

あん-い：ヰ【安慰】人の心を安らかにし、なぐさめること。慰安。古今著聞集（2）「汝が意を―するなり」
（『広辞苑』第5版，岩波書店，1998）

あんい-ゐ ① 【安慰】（名）スル人の心をやすらかにし、なぐさめること。　（『大辞林』第2版，三省堂，1995）

但是，以下这些有代表性的日本语文词典均未收录「安慰」：

表1　未收录「安慰」的日本语文词典

词典名称	版次	出版社	出版时间
岩波国語辞典	第6版	岩波書店	2000
旺文社国語辞典	第9版	旺文社	2002
現代国語例解辞典	第2版	小学館	1993
集英社国語辞典	第1版	集英社	1993
新選国語辞典	第8版	小学館	2002
新明解国語辞典	第5版	三省堂	1997
明鏡国語辞典	第1版	大修館書店	2002
例解新国語辞典	第4版	三省堂	1995

这也说明在现代日语中「安慰」一般是不用的。在同等规模的辞书中，只有『新明解国語辞典』例外地收录了该词：

あんい①-ヰ【安慰】「やすらぎ」の意の漢語的表現。
(『新明解国語辞典』第5版，三省堂，1997[1])

我们通过日语语料库SIC进行检索，只找出了「安慰」的10个例子，它们均用于名词，而且都是近代文学作品中的例子，这一结果也印证了在现代日语中「安慰」已经不再使用了：

(1) 三四郎はこの活人画から受ける<u>安慰の念</u>を失った。 (SIC)
(2) 代助の意は、三千代に刻下の<u>安慰を</u>、少しでも与えたい為に外ならなかった。 (SIC)
(3) なるべく帰って三千代さんに<u>安慰を与えて</u>遣れ」 (SIC)
(4) こう云い得た時、彼は年頃にない<u>安慰を</u>総身に覚えた。 (SIC)
(5) その折は十丈も騰る湯煙りの凄まじき光景が、しばらくは和らいで<u>安慰の念</u>を余が頭に与えた。 (SIC)
(6) 宇治の茶と、薩摩の急須と、佐倉の切り炭を描くは瞬時の閑を偸んで、一弾指頭に脱離の<u>安慰を</u>読者に与えうるの方便である。 (SIC)
(7) 僕が作の為に<u>安慰を</u>得たと云っては、自分ながら可笑しく聞こえる。 (SIC)
(8) 「我々が世の中に生活している第一の目的は、こう云う文明の怪獣を打ち殺して、金も力もない、平民に幾分でも<u>安慰を与える</u>のにあるだろう」 (SIC)
(9) どんな人でもやはり人間は人間で、それ相応の<u>安慰と幸福</u>とはある。 (SIC)
(10) が、それと同時に又、僕の責任が急に軽くなったような、

---

1 『新明解国語辞典』第3版（1982）中还没有「安慰」一词，从第4版（1991）开始才将其增补进来，到底编者是出于何种考虑，不得而知。或许这与修订者偏好汉字音读词不无关系。

悲しむべき安慰の感情を味わった事も亦事実だった」三浦がこう語り終った時、丁度向う河岸の並倉の上には、もの凄いように赤い十六夜の月が、初めて大きく上がり始めました。　　　　　　　　　　　　　　　　　　　　　　　(SIC)

以上实例的使用情况可以归纳为下表：

表2　文学作品中「安慰」的检索结果

作　家	作品数	用例数
夏目漱石（1867—1916）	6	8
田山花袋（1871—1930）	1	1
芥川龙之介（1892—1927）	1	1

2.3　比较

以上所考察的汉语中的"慰安"和"安慰"与日语中的「慰安」和「安慰」的使用情况大致可以归纳如下：

表3　"慰安""安慰"与「慰安」「安慰」的对比

词语	汉语		日语	
	古代	现代	古代	现代
慰安	〈动词〉		〈动词〉〈名词〉	〈名词〉（〈动词〉）
安慰	〈动词〉〈形容词〉	〈动词〉〈形容词〉（〈名词〉）	〈动词〉〈名词〉	

3．"慰安妇"与「慰安婦」

3.1　「慰安婦」

3.1.1　「慰安婦」一词的产生

最早的「慰安妇」的实例尚无从确认，但仅看后面所举的『日本国语大辞典』中的用例可以断言起码在1942年就有日本人在使用该词了。慰安妇作为一种历史现象产生于第二次世界大战中，那么这个词的出现自然也不太可能早于这个时期。

苏智良（1999：24）有如下的描述：

于是，1938年4月，陆军省兵务司在给华北、华中方面军参谋长

的《关于招募军队慰安妇的文件》中，明确命令各部设立慰安所。

（『陸支密』第475号，日本防卫厅防卫研究所图书馆藏）

因为这是译文，所以不能遽下定论，如果原文中使用的也是「慰安所」的话，那么在「慰安所」进行性服务的女性被称为「慰安婦」就是顺理成章的事情了。也就是说，应该是先有「慰安所」而后才产生「慰安婦」一词的。

3.1.2 辞书中关于「慰安婦」的定义
关于日语的「慰安婦」，可以看到如下具有代表性的释义：

　　慰安婦（いあんふ）とは日中戦争や太平洋戦争当時に、慰安所と呼ばれた施設で旧日本軍の軍人の性行為の相手になった婦女の総称である。戦後、人により従軍慰安婦とも呼ばれる。制度としては、軍相手の「管理売春」という商行為であったが、実態については、慰安婦達に報酬が払われていたとはいえ過酷な性労働を強いた性的な奴隷に等しいとする主張もあり、旧日本軍のケースでは慰安婦を強制連行したのか否か、強制的なものであったか等の点に疑問が呈されており、日本の国としての責任や女性の人権などの観点をめぐって、今日まで、政治的・社会的に大きな議論を呼ぶ問題となっている。

（フリー百科事典『ウィキペディア（Wikipedia）』いあんふ）

　　【慰安婦】【名】第二次世界大戦中、戦地で、将兵の慰安を名目に、売春をさせられた女性。強制的に連れて行かれた者が多かった。従軍慰安婦。＊夢声戦争日記（徳川夢声）昭和17年（1942）11月2日「大柄な日本女性が二人、浴衣を着て吾々を見物に来た。何所か山の手辺の奥さんみたいに落ちついている。例の慰安婦という人たちであろう」＊浮雲（1949-50）〈林芙美子〉1「芸者とは云っても、軍で呼び寄せた慰安婦である」

（『日本国語大辞典』第2版，小学館，2000）

自从1973年千田夏光出版『従軍慰安婦："声なき女"八万人の告

発』（双葉社）一书以后，「従軍慰安婦」一词开始被广泛使用，甚至词典中也把它作为「慰安婦」的同义词来处理。例如在以下的词典中，「慰安婦」是作为互见条，而「従軍慰安婦」是作为主词条处理的：

　　じゅうぐん－いあんふ【従軍慰安婦】⇒　日中戦争・太平洋戦争期、日本軍によって将兵の性の対象となることを強いられた女性。多くは強制連行された朝鮮人女性。
　　　　　　　　　　　　　　（『広辞苑』第5版，岩波書店，1998）

　　じゅうぐん－いあんふ【従軍慰安婦】―ヰアンフ　【名】第二次大戦中に、強制的に日本軍将兵の性の相手をさせられた女性。
　　　　　　　　　　　　　　（『明鏡国語辞典』，大修館書店，2002）

　　じゅうぐんいあんふ　ゐあん―6【従軍慰安婦】
　　日中戦争や太平洋戦争中、朝鮮などアジアから「女子挺身隊」の名で動員され、兵士相手に慰安所で性の相手となることを強要された女性たち。1991年韓国などの元従軍慰安婦から補償と謝罪要求が提起された。　　　（『大辞林』第2版，三省堂，1995）

下引的『国語大辞典』的「慰安婦」条目的释义中使用了「売春した」这个动词的主动态，在『小学館スーパー・ニッポニカ2001ライト』中它被改为使动被动态「売春させられた」，这样的改动具有一定的积极意义，它能够相对准确地表明「売春」的主体进行该行为是不情愿的。

　　いあん－ふ【慰安婦】　戦地で将兵を相手に売春した女性。
　　　　　　　　　　　　　　（『国語大辞典』，小学館，1981）

　　いあん－ふ【慰安婦】　戦地で将兵を相手に売春させられた女性
　　　　（『小学館スーパー・ニッポニカ2001ライト』，小学館，2001）

但是，「買春する／買春させられる」这个动词所表示的词汇意义是「女が報酬を得て男に身を任せること」（『広辞苑』第5版），根

据苏智良的研究，这与「慰安婦」的实际情况并不完全符合。下面的『学研国語大辞典』的释义把「慰安婦」等同于「買春婦」（妓女），这就更成问题了，其性质与『国語大辞典』无异。

いあんふ【慰安婦】〔歴史的かな遣い〕ゐあんふ
戦時中、戦地にいる将兵のために派遣された売春婦。
（『学研国語大辞典』第2版，学習研究社，1988）

在日语中，由类语缀「～婦」构成的派生词并不多，但其大多数是表示职业的。例如：

○慰安婦、淫売婦、家政婦、看護婦、経産婦、醜業婦、清掃婦、妊産婦、派出婦、売春婦、保健婦

「慰安婦」作为特殊的历史产物，与其他的表示职业的「～婦」有所不同，前引『学研国語大辞典』中的释义把「慰安婦」说成是被派遣（派遣された）的，就有意无意地抹杀了「慰安婦」被"强征"这一特征，把慰安妇说成妓女（買春婦），也就将她们等同于一般的职业妇女了。所以说『学研国語大辞典』中的释义是不可取的。

3.2 "慰安妇"在汉语中的使用情况

3.2.1 辞书中的收录情况

"慰安妇"一词虽然不时见诸中文的媒体，但或许是由于它兼有历史词汇和时事词汇性质的缘故，许多汉语新词词典均未收录该词。例如在下列具有代表性的新词词典中找不到"慰安妇"这个词：

表4 未收录"慰安妇"的新词词典

书名	出版社	出版时间	收词数	收词范围
新词语大词典：1978—2002	上海辞书出版社	2003	约20000	1978—2002
当代汉语新词词典	中国大百科全书出版社	2004	约15000	1949—2003
现代汉语新词语词典	商务印书馆国际有限公司	2005	10000余	1970—2004

我们在《现代汉语词典》（第5版）中也找不到该词，而先于其出版的《应用汉语词典》和《现代汉语规范词典》则收录了该词，它们的

释义分别如下：

慰安妇 wèi'ānfù 〔名〕第二次世界大战期间，日本侵略者从本土和其他占领区强征来为其侵略军进行性服务的妇女。

（《应用汉语词典》，商务印书馆，2000）

慰安妇 wèi'ānfù 名 指第二次世界大战期间，日本军国主义者从本土和其他占领区强征来为日本侵略军提供性服务的妇女。
（《现代汉语规范词典》，外语教学与研究出版社、语文出版社，2004）

二者的释义大同小异，似乎后者更加准确一些。

3.2.2 实际使用情况

根据我们的初步调查，"慰安妇"一词最早见诸国内中文报端应该是1962年6月22日（《人民日报》第3版）：

(11) 展开全民性的救国斗争，迫使美国军队撤出南朝鲜
　　　崔庸健在朝鲜第二届最高人民会议第十一次会议上的报告（摘要）
　　　……
　　　美帝国主义侵略军任意杀害朝鲜人，而且还凌辱朝鲜妇女，并对他们肆行各种暴行。战争时期，美国军队在金泉用枪刀威逼许多妇女加以凌辱后关进隧道，爆破隧道杀害了她们。这种暴行，今天在南朝鲜无时无刻不在发生着。由于生活困难和美国侵略者的强迫，在美军驻扎的地区，许多朝鲜妇女在"美军<u>慰安妇</u>"的屈辱的名目下，呻吟在与人的生活绝不相同的逆境里。
　　　……

在汉语中最早出现的"慰安妇"一词与日本无关，有些出人意料。但在其后的三十多年间它又销声匿迹了，所以可以说这是一个孤例，具有偶发性和一过性。而"慰安妇"又重新在媒体上出现大概于1992年，这与韩国的慰安妇自1991年起要求日本政府赔偿和道歉有

直接关系。

下表是我们对《人民日报》中1992年至2007年间"慰安妇"一词使用次数的统计：

表5 《人民日报》"慰安妇"使用情况统计

年份	出现次数	年份	出现次数
1992年	1次	2000年	9次
1993年	5次	2001年	40次
1994年	4次	2002年	3次
1995年	18次	2003年	1次
1996年	34次	2004年	10次
1997年	17次	2005年	37次
1998年	7次	2006年	7次
1999年	6次	2007年	31次

汉语中的"慰安妇"不仅仅用于第二次世界大战中的日军，还用于第二次世界大战中的纳粹。例如：

（12）德国举行展览曝光纳粹慰安妇历史（组图）

（北京晚报 2007年7月12日）

4．「従軍慰安婦」与"从军慰安妇"

4.1 苏智良的观点

如前所述，在日语中，「従軍慰安婦」与「慰安婦」一般被看作同义词对待的。苏智良（1999：1—3）中又有如下的论述：

> 在日语中，慰安妇常常被称为"从军慰安妇"，或者"随军慰安妇"，尤其是1973年千田夏光著的《从军慰安妇》一书出版后，该词被广泛使用。"从军"和"随军"的说法，容易使人误解为"慰安妇"似乎与"从军记者""从军护士"等一样，是自愿随军到战地去服务的成员，因此，"从军慰安妇"等概念，并不能反映慰安妇与军队的密切关系和军队性奴隶的实质。
>
> 同样，"慰安妇"一词也带有很大的欺骗性。因为，慰安妇的实质是日军的性奴隶，而"慰安妇"一词是作为加害者一方的日本

政府、日本军队、日军官兵所采用的语言，正因为如此，至今亚洲各国的很多受害者，仍坚决反对使用这一名词。

"慰安妇"一词还常被一些不知内情或者别有用心的人翻译为"军妓"，英文为The Comfort Woman。严格而言，慰安妇与军妓是有根本性区别的，这一区别甚至是不容混淆的。在世界军队发展史上，有不少国家实行过军妓制度。在第一次和第二次世界大战中，一些参战国为了稳定军心、鼓舞士气，也曾实行过军妓制度。应征入伍的女性，大都是为贫困和生活所迫而做了无奈的选择，或者是妓女应召成为军妓。但是，这与日军在亚洲国家强征妇女充当性奴隶的"慰安妇"是两回事。

4.2 再认识

苏的观点基本上是可以认同的，「慰安婦」或「従軍慰安婦」这种称谓比较隐晦，让人难以了解其实质内容。不过，「慰安婦」一词与「慰安所」这个词有着直接的联系。「慰安所」被释义为「戦時中、戦地の軍人のために設けられた売春施設。」（『学研国語大辞典』第2版，学習研究社，1988），其性质是战地妓院，被迫在那里充当日军官兵的性奴隶的妇女即为「慰安婦」。

另一方面，苏文说日语中也有"随军慰安妇"一词的说法是与语言事实不符的，日语中没有「随軍」这个词，也就不可能有「随軍慰安婦」一词了。

日语的「従軍」表示「軍隊に従って戦地にいくこと」（『広辞苑』第5版，岩波書店，1998）之意，大致相当于汉语的"战地"或"随军"。日语的「従軍」可以构成以下复合词：

従軍看護婦／従軍医／従軍記者／従軍カメラマン／従軍作家／従軍者／従軍商人／従軍士卒／従軍牧師

在汉语中虽然"从军"和"随军"这两个词都有，但二者的意义是有区别的，可以说"随军"大体上与日语的「従軍」相当：

【随军】suíjūn 动 跟随军队（行动）：～记者；～家属。

【从军】cóngjūn 动 参加军队。

（《现代汉语词典》第5版，商务印书馆，2005）

很显然，"从军慰安妇"是日语词形的直接借用，而"随军慰安妇"是部分借用了日语的词形，"随军妓女"和"军妓"则可以视为日语的意译词。

4.3 "慰安妇"一词的不定型性

实际上日语的「慰安婦」一词在汉语中的各种译法是并存的，以下是它们的实际用例：

（13）日本政府承认<u>随军军妓</u>问题　　（人民日报1992年7月9日）
（14）据新华社电东京高等法院昨日就侵华日军强掳中国妇女充当<u>随军妓女</u>诉讼案开庭辩论。原侵华日军士兵近藤首次在法庭上作证，以亲身经历揭露侵华日军在中国犯下的非人道罪行。
　　　　　　　　　　　　　　（北京娱乐信报2003年11月18日）
（15）日本研究二战中<u>军妓</u>问题处理措施
　　　　　　　　　　　　　　　　（人民日报1992年7月10日）
（16）围绕日本强征"<u>随军慰安妇</u>"问题，奥野又放厥词，韩国予以批驳。　　　　　　　　（人民日报1996年7月3日）
（17）综合十日外电消息：日本两家出版社——东京书籍出版社和教育出版社最近决定，删除中学历史教科书内"<u>从军妓女</u>"一词中的"从军"二字，并已向日本文部省递交有关修改教科书的申请。　　　　（中国新闻网2003年11月16日）

以上实例表明，日语的「慰安婦／従軍慰安婦」在汉语中还没有一个统一的固定的译法，或许这也是《现代汉语词典》未收录"慰安妇"的主要原因。

5．结语

"慰安妇"一词进入汉语词汇显然与日语的「慰安婦」和「従軍慰

安婦」有关，但它还处于逐渐被接受的过程之中，到最终固定下来可能还需要一定的时间。尽管"慰安妇"对于汉语母语者有些陌生，它也未必能够准确地表达其应有的含义，但有的辞书已经收录了该词，因此这个译法很有可能逐渐被人们所接受。

参考文献

1. 刘达临，2003，中国性史图鉴（第2版），时代文艺出版社。
2. 单光鼐，1995，中国娼妓——过去和现在，法律出版社。
3. 苏智良，1999，慰安妇研究，上海书店出版社。
4. 苏智良、荣维木、陈丽菲主编，2000，滔天罪孽——二战时期的日军"慰安妇"制度，学林出版社。
5. 彭広陆，2000，中国語の新語に見られる日本語語彙の受容，対照言語学研究第10号，海山文化研究所。
6. 彭広陆，2001，日本における中国語新聞の用語に関する考察，日中言語対照研究論集第3号，白帝社。
7. 彭広陆，2003，中国の新聞に見られる日本語の語彙，日本学研究第十三期，外语教学与研究出版社。
8. 彭広陆，2005，中国語の新語における日本語からの借用語，香坂順一先生追悼記念論文集，光生舘。
9. 森岡健二，1991，改定近代語の成立·語彙編，明治書院。

拾贰、说"人脉"

1. 引言

中日两国一衣带水，隔海相望，这种地缘优势便于两国之间的文化和语言接触。使用汉字记录日语，成为汉日语言接触的强有力的手段和重要的推动力，最直接地表现为汉日语言之间的大量借词[1]，这样的相互借词起到了丰富各自语言词汇的作用。汉语与日语之间借词的历史可以追溯到一千数百年前，古代是日语从汉语借用大量的词汇，近代以降则主要是汉语从日语借词，数量也颇为可观。我们认为，历史上汉语从日语借词共有两次高潮，第一次是19世纪末至20世纪初，第二次是改革开放后尤其是20世纪80年代至今[2]。

本文作为新时期汉语新词中的日语借词系列研究之一，以"人脉"（人脈）为对象，从对词典中该词的收录情况和实例的调查出发，比较「人脈」和"人脉"的词义和用法，进而考察「人脈」（人脉）借入汉语后发生的变异。

王欣（2011）是笔者所见唯一对"人脉"一词进行了专门论述的论文，有一定的参考价值。

2. 日语中的「人脈」

因为我们断定汉语新词中表示"人各方面的社会关系"（《现代汉语词典》第5版，商务印书馆，2005）之意的"人脉"是借自日语「人脈（じんみゃく）」一词的，所以有必要先考察一下「人脈」在日语中的使用情况。

---

[1] "借词"又称"外来词"，广义上包括音译词和意译词，就来自日语的借词而言，既包括借形词（例如"干部""取缔""寿司"），也包括借义词（例如"社会""经济""写真"）。参见彭広陸（2005a）。与"外来词"不同，"借词"除了可以用作名词以外，还可以用作动词。

[2] 彭広陸（2000）曾对两次日语借词高潮的特点进行了分析。

2.1 「人脈」在日语辞书中的收录情况

如果以辞书中收录与否为判断依据的话，那么「人脈」之于现代日语可以算作一个较新的词，这从下引日本出版的一些语文词典中「人脈」一词的收录情况不难看出（已收录「人脈」者不再列出其新的版次）。

表1 日本语文词典收录「人脈」的情况

词典名称	版次	出版社	出版年	收录与否
日本国語大辞典（第11卷）	第1版	小学館	1974	收录
広辞苑	第1版	岩波書店	1955	未收录
広辞苑	第2版补订版	岩波書店	1976	未收录
広辞苑	第3版	岩波書店	1983	收录
新潮国語辞典—現代語・古語—	第1版	新潮社	1965	未收录
新潮国語辞典—現代語・古語—	新装改订版	新潮社	1982	收录
岩波国語辞典	第1版	岩波書店	1963	未收录
岩波国語辞典	第2版	岩波書店	1971	未收录
岩波国語辞典	第3版	岩波書店	1979	收录
学研国語大辞典	第1版	学習研究社	1978	收录
新明解国語辞典	第1版	三省堂	1972	未收录
新明解国語辞典	第2版	三省堂	1974	收录
例解国語辞典	第40版	中教出版	1976	未收录
旺文社標準国語辞典	重版	旺文社	1980	收录
新選国語辞典	新版20版	小学館	1980	未收录
角川国語辞典	新版261版	角川書店	1981	未收录
国語大辞典	第1版	小学館	1981	收录
例解新国語辞典	第1版	三省堂	1984	收录
現代国語例解辞典	第1版	小学館	1985	收录
大辞林	第1版	三省堂	1988	收录
日本語大辞典（カラー版）	第1版	講談社	1989	收录
現代漢語例解辞典	第1版	小学館	1992	收录
集英社国語辞典	第1版	集英社	1993	收录
大辞泉	第1版	小学館	1995	收录

表1表明，最早收录「人脉」的词典是『日本国語大辞典』（第1版，1974），但该词条中只有释义而无例句，可见编者并未视其为借自古代汉语的词[1]。而最早收录「人脉」的小型语文词典则是『新明解国語辞典』（第2版，1974），『岩波国語辞典』收录「人脉」最早见于第3版（1979）[2]，『広辞苑』收录的时间则更晚一些（第3版，1983）。20世纪80年代初日本出版的语文词典，以收录「人脉」者居多，进入80年代中后期以后，一般的语文辞典几无例外地都收录该词，说明该词至此已得到了广泛的承认。

然而，通过表2可以看出，面向日本小学生出版的学习词典，由于收词量有限（一般不超过3万词），所以未见收录。这从另一个侧面说明「人脉」一词在日语中使用的频率并不太高。

表2　学习词典收录「人脉」的情况

词典名称	版次	出版社	出版年	收词量	收录与否
例解学習国語辞典	第6版	小学館	1990	28000	未收录
くもんの国語辞典	改订新版	くもん出版	1991	23000	未收录

下面我们看一下国内出版的日汉词典中「人脉」的收录情况（见表3）。

表3　日汉词典收录「人脉」的情况

词典名称	版次	出版社	出版年	收录与否
日汉词典	第1版	商务印书馆	1959	未收录
新日汉辞典	第1版	辽宁人民出版社	1979	收录
详解日汉词典	第1版	北京出版社	1983	未收录
详解日汉辞典	修订本	北京出版社	1999	未收录
现代日汉大词典	第1版	商务印书馆	1987	收录
日汉大辞典	第1版	机械工业出版社	1991	收录
新编日汉词典	第1版	吉林大学出版社	1994	收录
新日汉大辞典	第1版	北京出版社	2002	未收录
日汉大辞典	第1版	上海译文出版社	2002	收录

1　该词典收录的借自古代汉语的「漢語」通常均有例句及其出处。
2　王欣（2011）认为『岩波国語辞典』第1版（1963）中收录了该词，此说与事实相左。

《新日汉辞典》之所以及时地收录了「人脉」[1]，与其所参考的蓝本有着直接的关系，该词典的"前言"中明确交代：该词典编写时参考了『新明解国辞典』（第2版）和『岩波国語辞典』（第2版），而前者恰恰收录了「人脉」一词。

2.2 「人脉」出现的年代

辞书的编纂具有滞后性，通常是该词的使用达到了一定的频率，得到了广泛的认知以后词典的编者（专家们）才将该词收录辞书中。因此，可以断言「人脉」在日语中开始使用的时间要早于它被收录『日本国語大辞典』第1版的时间。

「人脉」在『日本国語大辞典』第2版中收录于第7卷（2001），与第1版不同的是，该词条中增加了如下例证：

（1）経営者層の人脉において同じ保守党内の違った派閥につらなっており　　　　　　　　　　　　　（白く塗りたる墓 1979）

但是，这还不能说是最早的实例。我们通过日语语料库SIC（2011年版）检索到20世纪70年代初的用例：

（2）堀や堀の親友の山本五十六、彼らの先輩にあたる谷口尚真、岡田啓介、左近司政三、山梨勝之進、米内光政、後輩にあたる古賀峯一、井上成美などは皆海軍の人脉の上で加藤友三郎の系統に属する人々である。　　　　（SIC）

（3）したがって所長たる者の資格は、政、官界の人脉地図に精通し、他行より一刻も早く正確な情報を得る能力を持っていることが必要であった。　　　　　　　　　　　　　　　（SIC）

（4）対政界、対大蔵工作を受け持つ阪神銀行東京事務所長の芥川は、政、官界の人脉地図とともに、どの大臣が、どの芸者を贔屓にし、その姉妹芸者は誰かという芸者の閨閥地図まで頭に入れて宴席を設けているのだった。　　　（SIC）

1　王欣（2011）将《新日汉辞典》的出版社和出版时间误为龙溪书社和1978年。

（5）そこには、各人の経歴、家族、係累、趣味はもちろん、資産、行内外の風評、交際範開、特定企業及び特定個人との密着関係から行内人脈、綿貫との親密度まで書き込まれている。　　　　　　　　　　　　　　　　　　　（SIC）

但是，这些也不是最早的用例，我们通过「国会会議録検索システム」检索到了20世纪60年代初的用例：

（6）…しかし東大関係というものは、大きな人脈を持っておるから、大工場、大企業等において、先輩有志が一ぱいいるから、その金を集めるというのだから、大したことはないということになるかもしれないが、…
　　　　　　　　　　　　（参議院文教委員会8号　1960年3月29日）
（7）あなたも清水事務局長も、局長になる前には課長であり、課長補佐の時代もあり、文部省の明白な出店のようなものが文化財保護委員会です。だれもそう見ています。人脈をたどれば、ほかの人も、そういうふうに出たり入ったりなさる。　　（衆議院文教委員会17号　1961年4月19日）

不仅如此，我们还找到了1916年和1924年见诸报端的用例：

（8）税額範囲広ければ随て変更の場合も多く毎次米界の人脈を動摇せしむ。　　　　　（福岡日日新聞　1916年9月9日）
（9）従って浙江人脈の急進派現省長夏超氏一派も決して自派の意のままに時局を収拾し能わざるのみならず、予期に反して自己の評判宜しからざるより此の際形勢を観望し、場合によっては又盧永祥氏との撚を戻さんとの意思を表明している。[1]　　　　　（大阪朝日新聞　1924年9月26日）

例（8）使得「人脈」开始使用的时间往前推到1910年代，因此可以断言，「人脈」最晚在近100年前就已开始使用。

---

[1] 例（6）—（9）由日本成城大学陈力卫教授提供，谨此致谢。

既然「人脈」一词已有近百年的历史（或许更长），那么为何辞书到了1974年才收录呢？唯一的解释就是长期以来「人脈」的使用频率不高，因此未能引起辞书编者的重视。下面这些事实也可以证明这一点：我们在「太陽コーパス」（收录综合月刊『太陽』（博文館）1895年、1901年、1909年、1917年、1925年正刊全部内容的语料库）中未能找到「人脈」的用例；我们在『青空文庫』中也未能找到「人脈」的用例，而该文库目前所收录的作品截止到1950年代。应该说，辞书开始普遍收录「人脈」一词的时间在某种程度上反映了该词的使用情况。

3．汉语中的"人脉"

3.1 "人脉"在汉语辞书中的收录情况

"人脉"作为词条收入汉语的词典，是进入21世纪以后的事情。我们查阅了如下大型的汉语词典和以收录古代汉语词汇为主的词典（包括日本出版的『漢和大辞典』），均未见收录"人脉"一词。

表4 未收录"人脉"的大型汉语词典和古代汉语词典

词典名称	版次	出版社	出版年
中文大辞典	第1版	中国文化学院出版社	1968
汉语大词典（第一卷）	第1版	汉语大词典出版社	1986
辞源（合订本）	第1版	商务印书馆	1988
漢和大辞典（卷一）	修订第2版	大修館書店	1989
现代汉语大词典	第1版	汉语大词典出版社	2000
古代汉语词典（大字本）	第1版	商务印书馆	2002
辞海	第6版彩图本	上海辞书出版社	2009

下面这些有代表性的语文词典也未见收录：

表5 未收录"人脉"的语文词典

词典名称	版次	出版社	出版年
应用汉语词典	第1版	商务印书馆	2000
现代汉语词典	第4版	商务印书馆	2002
现代汉语规范词典	第1版	外语教学与研究出版社、语文出版社	2004

不仅如此，许多以收录新词语为主的新词语词典也未收录"人脉"。

表6　未收录"人脉"的新词语词典

词典名称	出版年	出版社	收词量
新词新语词典（增订本）	1993	语文出版社	8000
新词语词典	1993	人民邮电出版社	6500余
近现代汉语新词词源词典	2001	汉语大词典出版社	5275
新华新词语词典2003年版	2003	商务印书馆	4000
当代汉语新词词典	2004	中国大百科全书出版社	8000
汉语新词词典2005—2010	2011	学林出版社	约2000

但是，下面这些语文词典和新词语词典收录了"人脉"一词：

表7　收录"人脉"的语文词典和新词词典

词典名称	版次	出版社	出版年
当代汉语新词词典	第1版	汉语大词典出版社	2003
新词语大词典：1978—2002	第1版	上海辞书出版社	2003
现代汉语新词语词典	第1版	商务印书馆国际有限公司	2005
现代汉语词典	第5版	商务印书馆	2005
全球华语词典	第1版	商务印书馆	2010
现代汉语规范词典	第2版	外语教学与研究出版社、语文出版社	2010

此外，2010年日本大修馆书店出版的『中日大辞典』（第3版）和同年出版的『講談社中日辞典』（第3版）也都收录了"人脉"，这些表明，"人脉"一词已经得到了许多专家的承认。有趣的是，2006年出版的『講談社日中辞典』中的「人脈」一词的对译词还是"人际[人事]关系"；而且，在2008年出版的『講談社パックス　中日・日中辞典』中，虽然汉日部分收录了"人脉"，其对译的日语词也是「人脈」；但与其日汉部分的「人脈」对译的汉语词则是"人际关系"，而不是"人脉"，这也反映出"人脉"在当时尚未完全稳定下来[1]。

3.2　"人脉"出现的年代

虽然作为新词的"人脉"收入汉语词典的时间并不长，但"人脉"这样的汉字组合在古汉语的文献中是可以找到的，我们通过"中国古典数字工程"语料库检索到如下用例：

1　《辞海》（第6版彩图本，上海辞书出版社，2009年）未收"人脉"固然是个缺憾，但也恰恰说明了这一点。

（10）人皮应天，人肉应地，人脉应人，人筋应时，人声应音，
人阴阳合气应律，人齿面目应星，人出入气应风，人九窍
三百六十五络应野。　　　　　　　（中国古典数字工程）

（11）故行水者，必待天温，冰释冻解，而水可行，地可穿也。
人脉犹是也。　　　　　　　　　　（中国古典数字工程）

（12）啖人精鬼　食人血鬼　屠人肉鬼　吃人骨鬼　拍人骨鬼
啖人五藏鬼　食人肠鬼　抽人筋鬼　缩人脉鬼　坏人胎鬼
　　　　　　　　　　　　　　　　（中国古典数字工程）

（13）医书论人脉有寸关尺三部，手掌后高骨下为寸，寸下为
关，关下为尺。　　　　　　　　　（中国古典数字工程）

这些用例中的"人脉"所表示的意义与汉语近些年新出现的"人脉"所表示的意义有着明显的区别，换言之，古代汉语中的"人脉"与现代汉语新词中的"人脉"仅为同形关系，而二者的意义并不相同。以单音节词汇为主的古汉语中的"人脉"与其说是词（复合词），毋宁说是词组，因为"人"与"脉"均可以独立使用，且都表示字面的意思，它们属于临时的组合（自由词组），且例（10）和（12）是用于对举的，加之使用频率不高（通常单说"脉"即表示人的"血脉""脉搏"之意，所以作为限定语的"人"并非必不可少），故未被视为词而收入辞书亦属正常现象。

关于古代汉语的"人脉"中的"人"的意义不难理解，此处不赘。下面重点考察一下"脉"的意义。

表8　辞书中关于"脉"字的释义

辞书名称	出版社	出版年	释　义
简明古汉语字典	四川人民出版社	1986	①血管；②脉搏；③诊脉；④像血管一样连贯的东西
汉语大字典（缩印本）	四川辞书出版社、湖北辞书出版社	1993	①血脉；②脉搏，心脏收缩时，由于输出血液的冲击引起动脉的跳动；③切脉，诊脉；④像血脉那样连贯而自成系统的事物
古代汉语词典（大字本）	商务印书馆	2002	①血管；②脉搏，脉息；③似血管连通而自成体系的东西
汉字源流字典	语文出版社	2008	①脉搏；②血管；③人体上的经络；④植物叶子或昆虫翅膀上像血管一样分布的组织；⑤像血脉一样连贯而成系统的东西；⑥命脉，比喻关系重大的事物

续表

辞书名称	出版社	出版年	释 义
常用字字源字典	语文出版社	2008	①血在体内的分支流动；②分布在人和动物周身内的血管；③脉搏，动脉的跳动；④像血管那样连贯而成系统的事物
现代汉语规范字典[1]	语文出版社	1998	①血脉，分布在人和动物体内的血管；②脉搏，心脏收缩时，由于输出血液的冲击而引起动脉有规律跳动的现象；③诊脉；④像血管那样分布的东西

上引辞书中关于"脉"的释义，义项的多寡不同，详略有别，但绝大多数都认为"血管、血脉"为其本义，余者为引申义。但是《汉字源流字典》和《常用字字源字典》的释义有所不同，这里我们从众，理由是通常人们对于客观的事物首先认识其本体，然后再认识其运动，因此认为"脉"的本义表示"血管、血脉"即本体，"脉搏"即"脉"的运动为其引申义，这种观点符合一般的认知规律。至于"像血管（血脉）那样连贯而成系统的事物"这个义项则是"脉"的意义进一步引申的结果，应该说，作为汉语新词的"人脉"所表示的词义——"人各方面的社会关系"这个意义，与"脉"的"像血管（血脉）那样连贯而成系统的事物"这个引申义不无关系。"脉"的这个引申义所产生的复合词有"山脉、矿脉、叶脉"等，应该说它们都是通过隐喻的方式造出的词，"人脉"一词亦然，只不过它最早为日本人所造，对于汉语而言，当视为日语借词，具体而言，属于借形词。

下面是"人脉"作为汉语新词使用的例句[2]：

（14）又据日本某大企业的统计，在6位研究所长和21位管理研究开发工作的中层干部中，有5位所长、13位中层干部具有从事生产、销售等研究开发以外的工作经历。通过岗位轮换和人员流动，企业加强了技术部门与生产、销售等部门之间的相互联系，形成了为促进技术进步所需要的、分布于各个部门关键岗位的"<u>人脉</u>"（人际关系），加强了处理部门间的矛盾、摩擦

---

[1] 这里考察的是古代汉语中的"脉"的字义，之所以也列出了《现代汉语规范字典》，是因为该字典是按照字义派生的顺序排列每个字的义项的，所以有一定的参考价值。

[2] 未特别说明出处者，为笔者所收集的例句。

（这种矛盾、摩擦在技术革新过程中更容易发生）的能力，从而使企业技术进步的传动机制借助"人脉"这个媒介而得以更好地发挥作用。　　　　　　（人民日报1993年2月2日）

（15）王蕴峤称，这些人吃过苦，专业学识又扎实，加之工作多年，经验及人脉关系丰富，对企业待遇要求又远远低于年轻人。
　　　　　　　　　　　　　　　　　　　　　　　　　（CCL）

（16）从实力基础看，李登辉是手中握有权力机器的人，无论是政治资源、人脉资源或财力资源，都是彭明敏无法与之相比的。
　　　　　　　　　　　　　　　　　　　（人民日报1996年2月7日）

（17）而凭借其与2000多位艺术家结交所搭起的"人脉"，王云也早已被众多的油画精英当成了"娘家人"。
　　　　　　　　　　　　　　　　　　　（北京晚报2004年2月14日）

（18）然而对于一个月前的"落选"，吴镇宇显然还有话要说："香港的娱乐圈，讲运气、讲人脉、讲观众缘，但是不讲实力，实力是放在很后面的。"　　　　（北京青年报2004年5月7日）

（19）新移民，尤其是来自广东省以外的新移民，由于语言不通、生活习惯不同、人脉关系缺乏等因素，来港找工求生格外困难。　　　　　　　　　　　　　　（中新网2004年2月17日）

（20）潘汉年自青少年时期就在上海活动，后来又是反帝大同盟的领导人，这个"小开"在上海的三教九流中，有极广极好的人脉。　　　　　　　　　　　　　（作家文摘2005年2月22日）

（21）如今，午饭好像成了别有特色的小型展会，遍尝各店特色的同时，我们也悄悄积攒着人脉。如果部门之间有什么需要帮忙的，熟悉了的饭搭子们自然热情鼎力相助。
　　　　　　　　　　　　　　　　　　　（北京青年报2005年12月6日）

（22）阿氏人脉广，关系多，常常通过各种优惠许诺将客户从游说行当内的竞争对手中拉过来，引起了同行和对手的嫉妒。
　　　　　　　　　　　　　　　　　　　（北京晚报2006年3月6日）

（23）"如果你在底片网上注了册，那么时隔10年，你的朋友仍然可以通过底片网联络到你。"一家由北京大学毕业生自主创业开办的公司从事的是一种特殊的业务：维系人脉。
　　　　　　　　　　　　　　　　　　　（北京青年报2006年3月24日）

（24）葛氏兄弟也非等闲之辈，他们一方面雇请律师将国土局告上法院，一方面通过多年积累的人脉关系上下沟通活动，以期能重新拿回品调中心的开发权。　　　　　　　　　　（北京诱惑）

例（14）是我们目前见到的最早的例子，它用于介绍日本的有关情况，正因为该文作者认为文中的"人脉"是借用了日语的说法，所以才特意加了引号，并且为帮助读者准确地了解该词词义，还特意在括弧内注出与该词对应的汉语的说法，这些信息间接地告诉我们"人脉"这个词不是汉语自源的，而是借自日语的。这种现象在我们以往的考察中屡见不鲜[1]。另一方面，"人脉"较早的用例有不少［如例（16）、（18）、（19）］都是与港台有关的内容，许多日语的借词最先都是开始在港台使用，受其影响，大陆才开始使用的，这种情况也较为常见[2]。

3.3 "人脉"的使用情况

王欣（2011）对《人民日报》2002年至2010年"人脉"使用情况的统计结果显示，"人脉"的使用呈增长趋势，且2008年以后增长明显。笔者对近几年出版的小说进行了初步的调查，结果表明"人脉"一词的使用已经是一个相当普遍的现象（见表9）。

表9　近年出版的小说中的"人脉"的使用情况

作品名称	作者	出版社	出版年	例句数
屠夫看世界	陆步轩	北京十月文艺出版社	2005	3[3]
乔家大院	朱秀海	上海辞书出版社	2005	1[4]
北京诱惑	北京玩主	新华出版社	2008	4
浮尘	崔曼莉	陕西师范大学出版社	2008	4
乔省长和他的女儿们	水运宪	湖南人民出版社	2009	1
驻京办主任一＋二	王晓方	作家出版社	2008	1
中国式秘书	丁邦文	天津人民出版社	2010	6
最后的驻京办	洪放	江苏人民出版社	2010	2
权套	刘忠年	中国工人出版社	2010	8
祸从笔出	移然	新世界出版社	2011	12

1　彭広陆（2001、2003），王欣（2011）。
2　彭広陸（2000），彭广陆（2001、2002），王欣（2011）。
3　此数据来自CCL语料库。
4　同上。

这个数据从另一个侧面表明，新词"人脉"的使用频率还不算高，尤其是表9所列小说中有不少属于官场小说，按理说"人脉"的用例还应该更多一些。据王欣（2011）统计，《人民日报》2010年全年的用例也仅为44个。我们认为原因在于人们仍然习惯使用"人脉"的近义词（或近义词组）"人际关系""社会关系""关系"等。我们通过CCL语料库检索到"人际关系"的用例数为1360个，"社会关系"的用例数为838个，而"人脉"的用例数仅为29个，用例数量之悬殊，也证明了这一点。

但是，随着下面这样的与"～脉"相关的词语的出现和用例的不断增加，或许会使人们更容易接受"人脉"一词，其使用频率也将进一步提高。

（25）他指出："整合社会资源，合理地利用人际关系，有利于企业开拓市场。通俗地讲，人脉就是金脉。"[1]
（http://blog.sina.com.cn/s/blog_4d5d3538010009rm.html 2007年6月14日）

（26）为了纪念新中国邮政成立60年，文献纪录片《国脉所系——新中国邮政60年》前天在中国邮政文史中心举行开机仪式，该片将通过诠释中国邮政60年来的动人故事，释放国人的"绿色情结"。（北京晚报2009年6月13日）

（27）但曲江所在地唐代就曾是皇家官苑，后来才逐渐成了垃圾场和农田，唐代在曲江遗留下的文脉仍在。当我们面临西安新的城市运营机遇时，不给予适当调整，曲江就将仍然是一片衰退区。（新京报2011年4月27日）

（28）老城墙外的公园，专家认为西安发展旅游文化的主流应是周秦汉唐所延续的历史文脉。

（新京报2011年4月27日）

1　"金脉"的这种通过隐喻产生的新的用法应该也是借自日语的。

4．比较
4.1 「人脈」与"人脉"词义的比较
4.1.1 关于「人脈」的释义

表10　日本语文辞典中关于「人脈」的释义[1]

词典名称	版次	出版社	出版年	释义
日本国語大辞典 （第10卷）	第1版	小学館	1974	政界・財界・学界などで、同じ系統・系列に属する人々のつながり。
日本国語大辞典 （第7卷）	第2版	小学館	2001	政界・財界・学界などで、同じ系統・系列に属する人々のつながり。また、広く同窓・同郷など何らかの点で関係があり、仕事の上で役に立つ知己をいう。
新明解国語辞典	第2版	三省堂	1974	同じ系統に属する人びとのつながりや集まりを山脈にたとえた言葉。
新明解国語辞典	第6版	三省堂	2005	〔山脈・鉱脈・水脈のもじり〕利害関係・主義主張・同郷・姻戚（インセキ）などのどこかで一脈のつながりの有る、一群のエリートたち。〔縦の関係にも横の関係にも言う〕
学研国語大辞典	第2版	学習研究社	1988	ある組織の中などで、利害・主義・主張などの立場を同じくする人々のつながりを山脈・鉱脈などの連なりに見立てた語。転じて、その集団にも言う。「一流企業の―」
日本語大辞典 （カラー版）	第1版	講談社	1989	《山脈・水脈などのもじり語》団体・組織などの内部の人と人とのつながり。
集英社国語辞典	第1版	集英社	1993	同じ学校や縁故・情実などでつながった人間関係。▷山脈や水脈になぞらえていう語。
大辞林	第2版	三省堂	1995	〔「山脈・鉱脈」をもじった語〕姻戚関係・出身地・学閥などを仲立ちとした、人々の社会的なつながり。
大辞泉	第1版	小学館	1995	《山脈・鉱脈などになぞらえた語》ある集団・組織の中などで、主義・主張や利害などによる、人と人とのつながり。「豊富な―を誇る」

---

[1] 除有必要进行新旧版本比较之外，尽量引用最新或较新版次中的释义。

续表

词典名称	版次	出版社	出版年	释义
新潮国語辞典—現代語・古語—	第2版	新潮社	1995	同じ系統・系列、または縁故・情実などでつながった人間関係。
明治書院精選国語辞典	再版	明治書院	1995	政界・財界・学界・官庁・会社などで、同じ系統・系列・姻戚関係を仲立ちにしたに属する人人のつながりや集まり。ノート山脈・鉱脈などをもじった語。
旺文社国語辞典	第9版	旺文社	1998	政界・財界・学界・官庁・会社などで、同じ系統・系列に属する人々のつながりや集まり。「―をたどる」
岩波国語辞典	第6版	岩波書店	2000	政界・財界などで、同じ系統に属する人人のつながり。
広辞苑	第6版	岩波書店	2008	（山脈・水脈などの語をもじって）集団・組織等の内部の、ある関係をもった人と人とのつながり。「―をたどる」
明鏡国語辞典	第2版	大修館書店	2010	〚名〛ある分野で、同じ系統・系列に属する人々のつながり。◇「山脈・鉱脈」になぞらえた語。

　　首先，上引辞书中的「山脈・鉱脈・水脈のもじり」「「山脈・鉱脈」をもじった語」「山脈・鉱脈などになぞらえた語」「山脈・水脈などの語をもじって」等表述说明，这些辞书的编者都认为「人脈」是仿造「山脈、水脈、鉱脈」等词产生的，当然这种类推造词的方法是比较常见的。这些信息也间接地告诉我们：「人脈」一词出自日本人之手。

　　分析上面这些释义可以看出，不同词典的编者对于「人脈」一词的理解有同有异，且共同点和不同点都很明显。尽管这些词典都认为「人脈」表示一定的人际关系（「人間関係、人々のつながり、人と人とのつながり」），但对于这种关系的限定并不完全一致。首先，几乎所有的词典的释义都将「人脈」所表示的人际关系限定为同一个系统、同一个组织内部（虽然日语的表述不尽相同），显然这是受到了『日本国語辞典』（第1版）的释义的影响，这点也与后面将看到的汉语中的"人脉"的释义大异其趣。对于同一个系统、同一个组织的限定也不无差异，大多数将其限定为「財界・政界・学界」，有的再加上「官庁・会社」，有的则认为这种人际关系是由于「姻戚関係・

縁故・出身地・情実」等原因建立起来的，还有的认为这种人际关系是以相同的「利害関係・主義・主張」为基础的。

比较『日本国語辞典』第1版和第2版的释义可以发现，新的释义更加精细了，但也出现了新的问题。比如，第2版的释义新增加了「また、広く同窓・同郷など何らかの点で関係があり、仕事の上で役に立つ知己をいう。」这样的内容，应该说前半句「また、広く同窓・同郷など何らかの点で関係があり」的补充是值得肯定的，但后半句「仕事の上で役に立つ知己をいう」就值得商榷了。所谓「人脈」不仅在工作上会有帮助，而且对于个人也可能有所帮助，所以说「～仕事の上で」限定得过窄了。而「人脈」所关联者未必就是「知己」，所以「知己」之说显得过犹不及。

『新明解国語辞典』第6版的释义也同样，虽然比第2版更加详细了，但「一群のエリートたち」之说有限定过窄之嫌。而且，无论「知己」还是「エリートたち」，都指的是人本身，但「人脈」应该指的是人与人的关系、联系。因此可以说，『日本国語辞典』第2版和『新明解国語辞典』第6版的释义都出现了一定的偏差。

应该指出，『大辞林』第2版的「人々の社会的なつながり。」中的「社会的な」这个限定语用得非常到位。

4.1.2 关于"人脉"的释义

首先看一下汉语词典中有关"人脉"一词的释义：

表11 汉语词典中关于"人脉"的释义

词典名称	版次	出版社	出版年	释义
当代汉语新词词典	第1版	汉语大词典出版社	2003	指成脉状的社会关系（多指良好的关系）。
新词语大词典	第1版	上海辞书出版社	2003	人缘，人际关系。
现代汉语新词语词典	第1版	商务印书馆国际有限公司	2005	人缘，人际关系。
现代汉语词典	第5版	商务印书馆	2005	指人各方面的社会关系。
现代汉语新词语词典	第1版	上海辞书出版社	2009	指人各方面的社会关系。
现代汉语规范词典	第2版	外语教学与研究出版社、语文出版社	2010	社会关系。
全球华语词典	第1版	商务印书馆	2010	人的各个方面的社会关系；人际关系形成的网络。

从表11可以看出，汉语的"人脉"的释义与日语的「人脉」的释义是相当接近的，结合我们前面考察的结果，不难断定前者是借自后者的。

国内出版的汉语词典中关于"人脉"的释义似乎以《现代汉语词典》（第5版）的出版为分水岭，可以分为两个时期。第一个时期的释义并不统一。《新词语大词典》《现代汉语新词语词典》中的释义均为"人缘，人际关系"[1]，显然这个释义不太准确。因为虽然"人缘"和"人际关系"也都指的是人与人的关系，但它们在使用时侧重对这种关系的评价，而"人脉"则突出其可利用价值。应该说，《现代汉语词典》（第5版）中的释义"人各方面的社会关系"还是比较准确的，所以它成为以后出版的词典的重要依据（当然其中不无《现代汉语词典》具有权威性这一因素）。《现代汉语规范词典》（第2版）简单释义为"社会关系"，可能是为了避免雷同，这一释义也无可厚非。《全球华语词典》则作了进一步的诠释，"人际关系形成的网络"这一补充是值得称许的。

与日语词典的释义相比较而言，可以说汉语的"人脉"的释义概括性更强一些，更加强调关系的社会性，而日语的「人脉」的释义则更加强调关系的范围和来源（或成因）。

4.1.3 日汉词典中「人脉」的对译情况

表12　日汉词典中「人脉」词条的对译情况

词典名称	版次	出版社	出版年	对译词
新日汉辞典	第1版	辽宁人民出版社	1979	同一系统的人们的联系或集会。
现代日汉大词典	第1版	商务印书馆	1987	（同一系统的）人的线索、人的关系。
日汉大辞典	第1版	机械工业出版社	1991	同一系统人们的联系（关系）。
例解新日汉辞典	第1版	北京出版社	1993	（政界、学术界等具有同一利害关系或主张的）同伙，人际关系网，同一系统的人们。
新编日汉辞典	第1版	吉林大学出版社	1994	（政界、学界等中有相同主张及利害关系的）人之间的联系。关系网。
日汉大辞典	第1版	上海译文出版社	2002	<模仿「山脉」、「水脉」等词>人际关系。人与人之间的关系。团体、组织等内部属于同一系列或系统的。

1　从出版时间上看，《现代汉语新词语词典》很有可能借鉴了《新词语大词典》的释义。

表12的词典中的「人脈」词条的释义（译义）一般都未采用对译词，大多数采用了解释的方法，而且基本上是把日本的『日本国語辞典』的释义原样翻译过来的。在此需要指出两点：第一，《新日汉辞典》的释义显然基本上是将『新明解国語辞典』（第2版）中的「同じ系統に属する人びとのつながりや集まりを山脈にたとえた言葉。」这一释义直译过来的，在当时的历史条件下这样做也是完全可以理解的，但将「集まり」译为"集会"，显然是误译。第二，《例解新日汉辞典》释义也欠妥。该词典的前言开宗明义——"本辞典是以『例解新国語辞典』（1987年第2版）为蓝本编写的"。蓝本中「人脈」的释义为「政界や学界などで、同じ利害関係や主張などでできている、人と人のつながり」。《例解新日汉辞典》中的对译词"同伙"为贬义词，显然与「人脈」的原意不符，而且，「人脈」指的是人与人之间关系，并不是具有某种关系的人。

4.2 「人脈」与"人脉"用法的比较

关于「人脈」与"人脉"用法上的差异，王欣（2011）中有详细的论述，限于篇幅，难以详引。我们发现，"人脉"与「人脈」的一个非常明显的差异是："人脉"经常构成"人脉关系"和"人脉资源"这样的复合词或词组使用，而且其使用频率相当高。我们在人民网上检索到"人脉"的例句有16730个，其中"人脉关系"的例句有3461个，"人脉资源"的例句有2554个，二者之和占"人脉"例句总数的36%。我们认为，"人脉关系"是一种羡余的说法，因为"人脉"本身就已经含有"（社会）关系"之意，"人脉"后面再加上"关系"，显得叠床架屋，没有必要。可能一般的使用者对于"人脉"的词义把握得不够准确，加上根据"人际关系"的类推，造成了"人脉关系"这种说法大行其道的现象发生。而"人脉资源"说法的盛行可能是使用者更加重视其作为资源的可利用性使然。

同时，我们对日语语料库SIC也进行了检索，得到了「人脈」的例句数为1516个，但进一步检索「人脈関係」和「人脈資源」，1个例句也未得到。

表13 "人脉"与「人脈」的数据对比

人民网		语料库SIC	
人脉 16730例（100%）		人脈 1516例（100%）	
人脉关系 3461例（20.7%）	人脉资源 2554例（15.3%）	人脈関係 0例 —	人脈資源 0例 —

另外，我们还通过日本国立国语研究所语料库「現代日本語書き言葉均衡コーパス」（BCCWJ）检索到458个「人脈」的例句，进一步检索未查到「人脈資源」的例子，只查到「人脈関係」的1个例子［见例（29）］，而且其用法与汉语中的"人脉关系"不同，是用于「Nと～関係にある」这个句式的，加之是与「血縁」连用的，因此可以忽略不计。

（29）更にそれに財閥と人脈的にも血縁的にもつながっていた政治側は新興市場利権護持邦人保護の為に小出兵を繰り返す。その財閥と血縁のある政治体制の犬になったのが大本営発表の萌芽となる。つまり財閥から広告出してもらわないと食えない。そして財閥首脳は政治家と血縁人脈関係にあり利害共有している。「日本と東洋の平和を守る為に一生懸命働き労働災害者を打ち捨て、更にリストラで職を奪い、更に血縁人脈利権共有する政財界の為に一生懸命働いて一生懸命市場護持の為に市場侵略から学徒動員と一億玉砕まで一生懸命働いてやった」のである。　　　（BCCWJ）

5．结语

以上我们对汉语新词中的"人脉"一词进行了考察，论证了它是源自日语的借词，大致搞清了「人脈」和"人脉"在日语和汉语中出现的时间及辞书收录的情况，并对二者之间的差异以及「人脈」进入汉语词汇体系后发生的变异进行了初步的考察。总之，由于使用汉字的原因，日语的词汇易为汉语所借用，但借入汉语词汇体系后发生变异也是常见的语言现象。

参考文献

1. 何华珍，2004，日本汉字和汉字词研究，中国社会科学出版社。
2. 李运博，2006，中日近代词汇的交流——梁启超的作用与影响（日文版），南开大学出版社。
3. 刘凡夫、樊慧颖，2009，以汉字为媒介的新词传播——近代中日间词汇交流的研究，辽宁师范大学出版社。
4. ［意］马西尼，黄河清译，1997，现代汉语词汇的形成——十九世纪汉语外来词研究，汉语大词典出版社。
5. 彭广陆，2000，从汉语的新词语看日语的影响·之一——说"～族"，汉日语言研究文集（第三集），北京出版社、文津出版社。
6. 彭广陆，2001，从汉语的新词语看日语的影响——说"～屋"，日本学研究——日本学国际学术研讨会论文集，中国人民大学出版社。
7. 彭广陆，2002，从汉语的新词语看日语的影响·之二——说"写真"，日本语言文化论集（3），北京出版社、文津出版社。
8. 彭广陆，2003a，从汉语的新词语看日语的影响·之三——说"蒸发"，日本学研究第12期，世界知识出版社。
9. 彭广陆，2003b，汉语新词中的日源词——以《现代汉语词典》（2002年增补本）为考察对象，日语教育与日本学研究论丛第一辑，民族出版社。
10. 彭广陆，2008a，关于汉语新词中日语借词的一个考察——以近年出版的辞书为对象，日本语言文化研究：日本学框架与国际化视角，清华大学出版社。
11. 彭广陆，2008b，从汉语新词看日语借词的变化及影响，日本语言文化教育与研究，大象出版社。
12. 沈国威，2010，近代中日词汇交流研究：汉字新词的创制、容受与共享，中华书局。
13. 王欣，2011，浅谈汉语中的日源新词"人脉"，日源新词研究，学苑出版社。
14. 荒川清秀，1998，近代日中学術用語の形成と伝播——地理学用語を中心に，白帝社。
15. 池上禎造，1984，漢語研究の構想，岩波書店。
16. 内田慶市，2001，近代における東西言語文化接触の研究，関西大

学出版部。
17. 実藤恵秀，1960，中国人日本留学史，くろしお出版。
18. 朱京偉，2003，近代日中新語の創出と交流——人文科学と自然科学の専門語を中心に，白帝社。
19. 沈国威，1994，近代日中語彙交流史，笠間書院。
20. 高野繁男，2004，近代漢語の研究——日本語の造語法・訳語法，明治書院。
21. 陳力衛，2001，和製漢語の形成とその展開，汲古書院。
22. 彭広陸，2000，中国語の新語に見られる日本語語彙の受容，対照言語学研究第10号，海山文化研究所。
23. 彭広陸，2001，日本における中国語新聞の用語に関する考察，日中言語対照研究論集第3号，白帝社。
24. 彭広陸，2003，中国の新聞に見られる日本語の語彙，日本学研究第十三期，外语教学与研究出版社。
25. 彭広陸，2004，中国語の新語辞典に見られる日本語語彙の受容，日本学研究第十四期，学苑出版社。
26. 彭広陸，2005a，中国語と外来語，国文学解釈と鑑賞1月号，至文堂。
27. 彭広陸，2005b，中国語の新語における日本語からの借用語，香坂順一先生追悼記念論文集，光生館。
28. 森岡健二，1991，改訂近代語の成立・語彙編，明治書院。

拾叁、说"变身""转身""化身""变脸"

1. 引言

新时期汉语中产生的新词（包括新义）有不少是来自日语的借词，而这些日语借词有些原本是从汉语传入日语的，但它进入日语后发生了变异，产生了新义，这些新义又在新时期传入汉语。而且，它们进入汉语后对汉语的词汇产生了一定的影响，影响的方式之一就是以日源词为核心产生一些词群，其中有的词群意义相近，形成一个语义场，它的有些成员是汉语中原有的词语，其通过隐喻产生了新义。本文以"变身""转身""化身""变脸"为例，对这一现象加以说明。

2. 关于「変身」和"变身"
2.1 「変身」的意义和用法

我们在日本国立国语研究所开发的语料库「現代日本語書き言葉均衡コーパス」（BCCWJ）中检索到「変身」的用例共1086条，这说明日语中的「変身」是一个使用频率并不低的词，而且一般的语文辞典对该词均有收录。例如：

　　へん-しん【変身】〖名・自サ変〗姿を他のものに変えること。また、変えた姿。「狐が人間に―する話」
　　　　　　　　　　（『明鏡国語辞典』第2版，大修館書店，2010）

通过『日本国語大辞典』（第2版，第11卷，小学館，2001）中的「変身」词条的释义和用例，可以大致了解该词的历史：

　　変身一【名】身のさまをかえること。からだを他のものにかえること。姿をかえること。また、そのかわったからだ、姿。
　　＊本朝文粋（1060頃）一三・為盲僧真救供養卒都婆願文（大江匡

衡）「仰＿変身於多宝如来＿。尋＿信力於雪山童子＿」＊謡曲・鵺（1435頃）「頼政が、矢先に当たれば、変身失せて、落々磊々と地に倒れて」＊他人の顔（1964）（安部公房）黒いノート「自分を超越した何かに変身したいという」

由此可见，「変身」一词在日语中产生于一千余年前，且其基本意义至今没有太大变化。下面是「変身」的实例：

（1）〈藤原紀香〉古都・長安で楊貴妃に変身　日中共同制作番組「伝説の美女楊貴妃」でBS朝日
（http：//headlines.yahoo.co.jp/hl？a=20100928-00000003-mantan-ent.view-000　2010年9月28日）

（2）ゴクミが"女神"に変身！　2年ぶりCM出演で優雅なドレス姿を披露女優の後藤久美子が2年ぶりにCM出演を果たしている。ミネラルを含んだ水から作られた新ジャンル商品の新商品『1000（サウザン）』（キリン）のCMに、"ミネラルの女神"として出演している後藤は、女性ファッション誌の表紙を飾るなどスイス・ジュネーブを拠点に活動中。
（http：//beauty.oricon.co.jp/news/74396/？cat_id=cmo1104181724　2013年10月5日）

（3）ハリセンボン春菜、ついに"シュレック"に変身！「あまりに似ていて一筋の涙が　こぼれた」かねてから同作のキャラクター"シュレック"に似ていると言われ、そのたびに「シュレックじゃねぇよ」と否定し続けてきたお笑いコンビ・ハリセンボンの近藤春菜が9日、ついにシュレックになった。都内で行われた映画『シュレック　フォーエバー』のPRイベントに近藤は「楽屋で大人たちに囲まれて、緑の怪物にされた」とシュレック姿で登場。
（http：//headlines.yahoo.co.jp/hl？a=20101109-00000005-oric-ent　2010年11月9日）

（4）2輪から1輪へ変身する近未来なバイク
　　　普通の2輪バイクかと思いきや、その姿をあっという間に1輪バイクに変えてしまう近未来的なバイクの登場です。

走行中に姿を変えている様子も映像で確認できます。
(http://videotopics.yahoo.co.jp/videolist/official/others/pa69d82dabd0c1faa941ac8dfab48b70c 2013年10月6日)

（5）渋谷の繁華街で45㍍のビルの壁面を使い、通行人の影が急にドラゴンに変身するという、テレビゲーム「ブルードラゴン」のイメージを表現したネット連動の屋外広告など、体験型のインタラクティブ（双方向）広告で知られる。

（朝日新聞 2010年9月17日〈夕刊〉）

（6）読書嫌いの小学一年生の子供をどうしたら読書好きに変身させることができるのでしょうか。　　　　　　（BCCWJ）

（7）一般的によく食べられるのが「黄色バナナ」。程よく熟したバナナは甘くて美味しいだけではなく、肌にもとっても嬉しい食べ物に大変身！　というのも、「美容ビタミン」と呼ばれるビタミンB2、B6、ナイアシン（ビタミンB3）を多く含むからなんです。
(http://ameblo.jp/latin-ichiba/entry-11342987028.html 2013年9月9日)

「変身する」是自动词，一般支配「ニ格」名词，按照辞典上的释义其意义应为"表示人或事物在外形上发生变化，变成另外一个人或事物"。但是，从例（6）和（7）来看，「变身」不仅可以表示人或事物的外形的变化，还可以表示"人或事物的性质的变化"。此外，「变身」还可以和前缀「大～」组合构成「大变身」这个派生词，但没有「小变身」这个词，这说明它是不对称的。

2.2 "变身"的意义和用法

"变身"在现代汉语中的使用频率并不高，以至于《现代汉语词典》（第6版，商务印书馆，2012）和《现代汉语规范词典》（第2版，外语教学与研究出版社、语文出版社，2010）中均未收录该词。不仅如此，《汉语大词典》（汉语大词典出版社，1992）中也未予收录。但这并不意味着"变身"在古代汉语中并未使用过。我们通过"中国古典数字工程"语料库检索到，"变身"一词早在近两千年前在汉语中就已经出现，它表示人或佛的外形的变化，但它主要用于佛经中，由此可见它

或许是通过译经产生的，而后传入日语。

（8）佛知王意，尋自<u>變身</u>，化作乾闥婆王，將天樂神般遮尸棄，其數七千。（中国古典数字工程）

（9）舍利弗，有菩薩摩訶薩行般若波羅蜜時，<u>變身</u>如佛為地獄中眾生說法。（中国古典数字工程）

（10）當來之世，惡魔<u>變身</u>，作沙門形。（中国古典数字工程）

（11）時，有一龍聞其哭音，<u>變身</u>為人，來問之言，汝有何事，悲哭乃爾。（中国古典数字工程）

（12）以色究竟天壽一萬六千劫，身長一萬六千逾繕那，應是<u>變身</u>能為八萬四千。（中国古典数字工程）

（13）然則時時<u>變身</u>，在豕彘之牢。（中国古典数字工程）

（14）槃經云，魔尚能<u>變身</u>為佛，豈不能為四依菩薩，惑亂世間。（中国古典数字工程）

（15）或<u>變身</u>作嬰孩，身著瓔珞，在太子抱上轉側。

（中国古典数字工程）

由此可见，"变身"一词近两千年来一直用于与佛教有关的典籍中，但它未能成为普通的词而广为使用。

我们认为，近年来汉语中出现的"变身"与古代佛教经典中的"变身"尽管词义相近，但没有直接的传承关系，前者是来自日本的动漫或网络游戏的翻译，后来才在小说、电视剧、电影中使用开来，所以我们认定它是借自日语的。"变身"主要表示"人或事物的外形发生变化"，而且其表示的变化具有如下特征：

弱 → 强
小 → 大
男 → 女
旧 → 新

我们通过CCL语料库仅仅检索到24个"变身"的实例，也正因为它的使用频率还不太高（尽管这几年其见诸媒体的概率有所增加），所以

一般的语文辞典尚未收录。下面是"变身"的实例：

（16）这回姨侄女大学毕业，好容易说动了徐义德，和大家一道上杭州，她心里正高兴，他难得暗她这一回，忽然又要变身。她感到懊丧，想竭力挽回，"你刚才不是答应去吗？"
　　　　　　　　　　　　　　　　　　　　　　　　（CCL）

（17）来一段西皮二黄、高老太爷戴顶瓜皮小帽来个托举和祥林嫂的剪式变身跳就是，凡是具备如此创造性的思维活动都可以称作形象思维。
　　　　　　　　　　　　　　　　　　　　　　　　（CCL）

（18）起旁腿、高举过顶，毫不费力；空中变身劈叉，拔地而起，落地后下板腰紧贴地面，悄然无声……
　　　　　　　　　　　　　　　　　　　　　　　　（CCL）

（19）文殊大菩萨，不舍大悲法，变身为异道，或冠或露体，或处小儿丛，游戏于聚落。
　　　　　　　　　　　　　　　　　　　　　　　　（CCL）

（20）第50集邢捕头变身小杂役，燕小六临别显真情。　（CCL）

（21）体育宝贝潘霜霜变身户外攀岩达人
　　（http://www.idotag.com/Article/201106/show2229967c11p1.html 2012年7月31日）

（22）中国"十大明星空姐"赵亚璐变身足球宝贝，拍摄性感写真，大秀柔韧身段，助威2012伦敦奥运会。
　　（https://sh.qq.com/a/20120731/000123.htm 2013年6月7日）

（23）中外青年变身他国使节角色置换感受外交风云　　（CCL）

（24）这些跨国银行集团分公司"变身"港资银行，并非一时兴起。
　　　　　　　　　　　　　　　　　　　　　　　　（CCL）

（25）开业26年的海洋公园也筹划"大变身"，以迎接挑战。
　　　　　　　　　　　　　　　　　　　　　　　　（CCL）

（26）整合变身后的网吧成了综合的网络服务平台。　（CCL）

（27）当红女星脸型大变身是整容还是减肥
　　（https://www.ixiumei.com/a/20120905/63752.shtml 2013年7月5日）

（28）安徽卫视语言竞技真人秀《超级演说家》第二季已正式启动，并将于4月初播出，昨日林志颖、乐嘉、鲁豫、李咏四导师写真照也首度曝光，李咏与鲁豫变身"麻辣情

侣"。

（http://www.5seestar.com/zhuchiren/1395544876.html 2015年4月3日）

例（16）中的"变身"应为"反悔""改变主意"之意，与新近出现的"变身"无涉，很有可能是方言的用法。例（17）和（18）是有关艺术体操和舞蹈中的动作的用法，属于专业术语，意为"转身"（"转"与"变"为近义关系）。例（19）应为佛教经典用法的沿用。其余的都是近十年来的用例。

通过这些例句不难看出，"变身"已经不仅限于表示外形的变化了，更多的则是人或事物性质的变化了，即便是表示外形的变化，也不再仅限于整体的变化，还可以像例（27）那样表示局部的变化，这些引申的用法都是通过隐喻这个途径产生的。而且，也正因为这时"变身"一词尚不多见，又是一种比喻的用法，所以在初期使用时多用引号加以强调。例（28）则显示，"变身"有时可以表示人的身份的临时性改变。

3. 关于「転身」和"转身"

3.1 「転身」的意义和用法

日语的「転身」是来自古汉语的借词，且是个多义词，义项①是本义，借自古汉语；义项②是派生义，是通过隐喻产生的抽象意义。在现代日语中，通常使用后者：

てん-しん【転身】〘名・自サ変〙①体の向きを変えること。②身分・職業または生活方針・主義などを変えること。「銀行員から歌手に―する」

（『明鏡国語辞典』第2版，大修館書店，2010）

在『日本国語大辞典』中，还有义项③，从具体例证来看，义项②和③都产生于几十年前：

転身【名】①身をかわすこと。身を転じること。体の向きをか

えること。＊正法眼蔵（1231－53）看経「施主の拝をはりて、施主みぎに転身して」＊陳後主－舞媚娘楽府「転₁身移₋佩響₋、牽₁袖起₋衣香₋」②身分・職業や主義・生活などを変えること。転向。＊普賢（1936）（石川淳）――「頭上に垂れさがるその転身の枝に飛びつかうとあせりながら」＊ある女（1973）〈中村光夫〉五「彼は勤め先の会社がうまく『平和産業』に転身したので、ひきつづいて働くことができ」③からだや姿を他のものに変えること。変身。＊変形譚（1946）〈花田清輝〉「アープレーイウスは、驢馬に転身したルーキオスの冒険について物語ってゐる」

（『日本国語大辞典』第2版，小学館，2010）

我们从「現代日本語書き言葉均衡コーパス」（BCCWJ）中检索到「転身」的用例共有184例，从数量上看远远少于「変身」。下面是「転身」的实例：

（29）実業家に転身！？香田晋　芸能界引退へ
　　　同5日に体調不良のため3カ月間休養することを発表したばかりだった。22日発売の「週刊女性」（主婦と生活社）は香田が今後「実業家に転身へ」と報じている。
（http://headlines.yahoo.co.jp/hl？a=20120522-00000043-spnannex-ent　2012年5月22日）

（30）フリーアナウンサーへの転身は未定とのこと。　　（BCCWJ）

（31）芸能界から転身し、デビュー13年目。　　　　　（BCCWJ）

（32）筆者は長部日出雄。「週刊読売」の記者から映画評論家に転身、『津軽じょんから節』と『津軽世去れ節』により第69回直木賞を受賞。　　　　　　　　　　　　　（BCCWJ）

（33）大仁田厚さんは何故プロレスから離れて、勉強に励んだり、議員へ転身したんですか？　　　　　　　　（BCCWJ）

（34）そして転職先も直ぐに決定。今までの業界とは全く違うディスプレイ業への転身。　　　　　　　　　　　（BCCWJ）

（35）それは、弁護士生活から、オランダ連邦共和国の官僚としての生活に転身したことを意味する。　　　　　（BCCWJ）

「転身」不仅可以表示人的身份、职业、生活的改变，还可以表示

事物或团体、组织的性质的改变。例如：

（36）かつて物は商品に転身した。さらに、「すべての」物が商品に転身するという社会基盤がつくられたとき、社会それ自体が転身している。　　　　　　　　　（BCCWJ）

（37）通俗物語と通俗小説　いわゆる仮名草子が西鶴の『好色一代男』を境に浮世草子へ転身した―という通説に対しては、少なからぬ疑問を抱かないではいられない。
　　　　　　　　　　　　　　　　　　　　　　　（BCCWJ）

（38）だから「ガロ」の創刊は、一面では貸本マンガから一般の出版・流通ルートへの転身という時代的な意味を持つと同時に、…　　　　　　　　　　　　　　（BCCWJ）

（39）経済的に苦しくなって、これまでの浪費を削り、より効率的な機関に転身するはずであった。　　（BCCWJ）

（40）アメリカは、二つの大洋を支配する海洋帝国への転身を図る。　　　　　　　　　　　　　　　（BCCWJ）

「転身」在使用时经常与固定的修饰语共现：

（41）音楽の話題作曲家から華麗に転身実力派レスリー・ミルズ作曲家として認められてから歌手デビューする例は少ない。　　　　　　　　　　　　　　　　　（BCCWJ）

（42）レン君はつっこみやくに華麗に転身させた。　（BCCWJ）

（43）定期的にこの方法を行なえば華麗なる転身を図っていくことができます。　　　　　　　　　　　　（BCCWJ）

（44）岩手のローカルアナから華の転身。　　　　（BCCWJ）

（45）スタッフの入れ替わりが激しくて仕事に支障は大アリなのだけど、　その鮮やかな転身ぶりには本当に舌を巻く。
　　　　　　　　　　　　　　　　　　　　　　　（BCCWJ）

「転身」还可以构成如下复合词：

「作家転身」「政治家転身」「政界転身」「画家転身」「芸人転身」「タレント転身」「電撃転身」「転身先」「転身元」

罗马诗人奥维德的作品《变形记》(Les Métamorphoses)在日语中多译为『変身物語』，但也译为『転身物語』，说明二者是近义关系。下面是关于该作品的介绍：

（46）15の作品から構成されており、ギリシア・ローマ神話の登場人物たちが様々なもの（動物、植物、鉱物、更には星座や神など）に変身してゆくエピソードを集めた物語となっている。
（http：//ja.wikipedia.org/wiki/%E5%A4%89%E8%BA%AB%E7%89%A9%E8%AA%9E 2013年12月1日）

3.2 "转身"的意义和用法

在《现代汉语词典》（第6版，商务印书馆，2012）中"转身"是个多义词，义项①是本意，义项②是派生义，是通过隐喻产生的。

【转身】zhuǎn//shēn 动 ①转过身。②比喻时间很短：刚说好了的，一～就不认账。

在《汉语大词典》中，"转身"也是多义词，但义项③和④的用法在现代汉语中已经消失。

【轉身】①转动身体，改变面对着的方向。南朝陳後主《舞媚娘》诗之三："轉身移佩響，牽袖起衣香。"唐韓偓《復偶見三絕》之一："別易會難長自歎，轉身應把淚珠彈。"杨朔《英雄时代》："她转身一看，一个同志埋到土里。"②动身回转。《醒世恒言・徐老仆义愤成家》："那主人家得了些小便宜，喜逐顏開，一如前番，悄悄先打發他轉身。"《二十年目睹之怪現狀》第一〇六回："在侯家後又胡混了兩個多月，方才自己一個人轉身到上海。"③寡妇改嫁。《京本通俗小説・错斩崔寧》："却説那劉大娘子到得家中，設個靈位守孝過日，父親王老員外勸他轉身，大

娘子說道：'不要說起三年之久，也須到小祥之後。'父親應允自去。"《何典》第四回："老話頭：臭寡婦不如香嫁人。但是人家花燭夫妻，還常常千揀萬揀揀着了頭珠瞎眼。若是晚轉身，越發不好揀精揀肥。"④去世。明李贽《又与周友山书》："至于轉身之後，或遂為登臨之會，或遂為讀書之所，或遂為瓦礫之場，則非智者所能逆為之圖矣。"（《汉语大词典》第九卷，汉语大词典出版社，1992年）

下面是从"中国古典数字工程"语料库检索到的"转身"的例子，除了表示本义之外，还表示变化：

（47）乃至須臾間聞是人功德<u>轉身</u>，得與陀羅尼菩薩共生一處，利根智慧，百千萬世終不瘖。（中国古典数字工程）
（48）見佛聞法，供養眾僧，若能讀誦，諸重惡業永盡無餘，<u>轉身</u>受生，即過初地，得第二住。（中国古典数字工程）
（49）彼相者捨同諸煩惱染，不捨世間，偈中<u>轉身</u>，是中。（中国古典数字工程）
（50）須臾聽受，緣是功德，<u>轉身</u>所生，得好上妙象馬，車乘，珍寶，輦舉及乘天宮。（中国古典数字工程）
（51）日月神德咸勢難當，以手捫摩光明隱蔽，乃至淨居<u>轉身</u>自在，如斯神變其數無邊。（中国古典数字工程）
（52）誦真言至焰出，執之須臾<u>轉身</u>，如十五六男子色如真金。（中国古典数字工程）
（53）佛說解脫惡趣，<u>轉身</u>受勝妙樂。（中国古典数字工程）
（54）荊棘林中下腳易，月明簾外<u>轉身</u>難。（中国古典数字工程）
（55）亦得念力，亦得善分別一切法章句慧，亦得<u>轉身</u>成就不斷念，乃至得阿耨多羅三藐三菩提。（中国古典数字工程）

下面实例中的"转身"的用法显然与词典中的不同，可以说它是借自日语的新的用法，表示变化、改变、转变、变型等意：

（56）<u>转身</u>向"新"，淄博市再一次吹响了老工业城市转型升级的

号角。

（https://www.zhev.com.cn/news/show-1379725708.html 2013年9月21日）

（57）塞上榆林实现"绿色转身"

（http://www.xinhuanet.com/photo/2013-09/09/c_125349852.htm 2013年9月9日）

（58）"煤老大"转身向"绿"

（http://www.nea.gov.cn/2013-09/09/c_132704384.htm 2013年9月13日））

（59）本书既描写了郭凤莲、严俊昌等在重大时代变革中的亲历人物，也有王选这样的知识分子，既有李晓华、年广久这样草根出身的风云人物，也有佟志广、魏纪中这样的高级官员……他们的失败、成功、焦虑都是我们这个时代的重要经验之一。正是无数个他们的转身，铸造了我们这个时代纷繁激荡和万象更新的独特景观。

（http://book.ifeng.com/special/2009dinghuo/comment/200901/0105_5353_953999_10.shtml 2009年6月10日）

"转身"还多用于"华丽转身"，表示人的身份、地位的改变、提高，一般为褒义。有人认为"华丽转身"已经成为一个四字成语，但在使用时它也有变体。我们认为"华丽转身"的用法也源自日语（见例60—63）。

（60）可以说复出后的王一梅实现了华丽转身，以往那个只擅长重扣的王一梅已华丽转变为进攻手段多样、起到核心作用的成熟球员，随着王一梅状态的不断回升相信她会带给我们更大的惊喜。

（http://roll.sohu.com/20120730/n349409995.shtml 2012年7月30日）

（61）从蔡振华手中接过教鞭以来，刘国梁完成华丽转身，从大满贯球员一跃成为中国乒乓球男队主帅，8年来，有过4次捧起斯韦思林杯、3次蝉联男单金牌的辉煌，也有过丢掉雅典奥

运会男单金牌的沮丧。

（现代金报 2011年5月12日）

（62）从副局级升至正局级，37岁的邓亚萍将完成人生又一次<u>华丽的转身</u>。

（https://sports.qq.com/a/20100920/000614.htm 2010年9月20日）

（63）著名词曲作家付林在微博上证实了该消息："今天是个特别的日子！上午全团大会来人很齐！宣布了这届领导班子，司机中传说人事变动还真靠谱！虽然退居幕后但仍希望海政舞台的精彩！一个团的艺术往往就是团长的艺术！祝福宋祖英<u>美丽的转身</u>！"

（http://www.china.com.cn/news/2013-08/12/content_29692996.htm 2013年8月12日）

4．关于「化身」和"化身"
4.1 「化身」的意义和用法

日语「化身」借自汉语，其使用与佛教有关：

> けーしん【化身】【名】 仏や菩薩（ぼさつ）が衆生（しゅじょう）を救うために人の姿となって現れたもの。化生（けしょう）。応身（おうじん）。「弥勒（みろく）菩薩の—」 異類・鬼畜などが人に姿を変えて現れたもの。「悪魔の—」 歌舞伎で、妖怪変化。また、役者がそれを演じるときの隈取り。抽象的な観念が、形をとって現れたもの。「美［悪］の—」
>
> （『明鏡国語辞典』第2版，大修館書店，2010）

从『日本国語大辞典』（第2版）中的释义和例句也可以看出，虽然「化身」又产生了派生义，但它的使用范围是相当有限的。

> 化身【名】①仏語。仏の二身（法身・化身）、または三身（法身・解脱身・化身あるいは法身・応身・化身など）の一つ。仏が衆生を救うために、それぞれに応じて人や鬼などの姿で現れたものの一つで、釈迦仏などをさす。応身・応化身・変化身・化仏な

どと呼ばれることもある。＊解脱密経-五「当ﾚ知化身相有ﾆ生起ﾆ、法身之相無ﾚ有ﾆ生起ﾆ」②仏語。転じて、菩薩や鬼神、高僧などが人などの姿で現れたもの。＊霊異記（810－824）中・三〇「是れ化身の聖なり」＊日本往生極楽記（983－987頃）行基菩薩「集会人亦知ﾆ行基菩薩是文殊化身ﾆ」＊高野本平家（13C前）六・慈心坊「件の入道はただ人にあらず。慈恵僧正の化身（ケシン）なり」＊浮世草子・西鶴織留（1694）二・五「法師のいはくそれがしは唐土尋陽の江にすむ猩々也。今此朝に化身（ケシン）せり」③歌舞伎などで、妖怪変化のこと。また、これに扮（ふん）する時に用いる隈取り。

4.2 "化身"的意义和用法

在现代汉语中，"化身"是个多义词，但它多用于派生义，即《现代汉语词典》中的义项②。

【化身】huàshēn 名 ①佛教称佛或菩萨暂时出现在人间的形体◇这本小说的主人公正是作者自己的～。②指抽象观念的具体形象：旧小说里把包公描写成正义的～。

（《现代汉语词典》第6版，商务印书馆，2012）

从《汉语大词典》可以看出，"化身"在古汉语中的使用与佛教有关：

【化身】①佛三身之一。指佛、菩萨为化度众生，在世上现身说法时变化的种种形象。隋慧远《大乘义章》卷十九："佛隨衆生現種種形，或人或天或龍或鬼，如是一切，同世色像，不為佛形，名為化身。"宋苏轼《东坡志林·读坛经》："近讀六祖《壇經》，指説法、報、化三身，使人心開目明。然尚少一喻，試以喻眼：見是法身，能見是報身，所見是化身。"清赵翼《题袁止所我我周旋图》诗："佛説有化身，《易》言貴觀我。"亦借指人或事物所转化的种种形象。元鲜于枢《题赵模拓本兰亭後》诗："《蘭亭》化身千百億，貞觀趙模推第一。"《醒世恒言·薛录事鱼服证

仙》："莫说老君已经顯出化身，指引你去，便不是仙人，既勞他看脈一回，且又這等神驗，也該去謝他。"清鹅湖逸士《老狐谈历代丽人记》："我非西子，我乃西子化身也。"艾青《珠贝》诗："在碧绿的海水里，吸取太阳的精华，你是虹彩的化身，璀璨如一片朝霞。"②指抽象观念的具体形象。王西彦《鱼鬼》："他的身体，他的面貌，他的举止和言语，一切都是固执的化身。"萧乾《未带地图的旅人》："一刹那间我成为祖国的光荣和当代中国人民为反法西斯斗争所建立的功绩的化身了。"蒋子龙《乔厂长上任记》："这是一张有着铁矿石颜色和猎人般粗犷特征的脸……这一切简直就是力量的化身。"③使形体变换。明刘基《猛虎行》："嗚呼！世上茫茫化虎人，秖應化心不化身。"刘国钧《月词》诗："我欲化身云万朵，妨他清洁着汙泥"

（《汉语大词典》第一卷，汉语大词典出版社，1986）

下面是从"中国古典数字工程"语料库检索到的"化身"的例子：

（64）而佛身有二種，一者真身，二者化身。
（中国古典数字工程）

（65）我即化身為大力鬼，動其宮殿令不安所。
（中国古典数字工程）

（66）即是成就法，國土佛化身。（中国古典数字工程）

（67）一見釋迦現身即法身，二現寶滿即報身，三見千華上佛即化身。
（中国古典数字工程）

（68）隨意所樂受種種身，不為苦樂過失所染，如佛化身。
（中国古典数字工程）

（69）自識有見佛種子為因緣，託佛所現化身為本質。
（中国古典数字工程）

（70）現入六道種種化身，度諸眾生。
（中国古典数字工程）

（71）此即成所作智而功德聚圓成，乃即化身境界而此化身，以修諸波羅蜜而成。（中国古典数字工程）

（72）三種化身於菩薩。（中国古典数字工程）

拾叁、说"变身""转身""化身""变脸" 213

下面这些实例中的"化身"的用法是后起的，表示形象、角色的改变：

（73）蒋梦婕化身"画报女郎"新片角色成迷

（http://ent.163.com/photoview/00AJ0003/508835.html#p=9838SVGC00AJ0003 2013年9月6日）

（74）主题剧院坐落在面向微软摊位的一侧，以化身幕末豪杰的角色构成的醒目看板为号召，采用影片播映展出。因为是采用古装剧题材，所以招牌特色的酒店女郎再度化身成艺妓花魁，小露香肩的性感姿态与勾魂摄魄的撩人神态吸引许多参观者驻足。

（https://ent.163.com/13/0920/19/99859M9M00314K8I.html 2013年9月20日）

（75）黄磊化身陈数"男闺蜜"

《失恋33天》让"男闺蜜"成为热门话题，由黄磊、陈数主演的电视剧《我爱男闺蜜》昨日开机，本剧也是两位主演和导演汪俊继《夫妻那些事》之后的再度联手。剧中黄磊则由以往的"居家好男人"形象一跃成为了优质"男闺蜜"的最佳代言人。　　　　　　　　（新京报 2013年9月11日）

（76）《皇粮胡同》今开播　许晴化身民国"女福尔摩斯"

《皇粮胡同19号》今晚将登陆央视八套，网易视频也将同步更新。剧中许晴所扮演的女医生冯紫町，频频缉拿凶犯，堪称一位"女福尔摩斯"，被誉为中国影视剧中首位女侦探。

（http://ent.163.com/12/0406/05/7UCRBC1G00031GVS.html 2012年4月6日）

（77）近日，北京电影学院校花陈冰冰化身《神雕侠侣》"小龙女"出现在校园，拍摄了一组欢迎新生入学的照片，吸引众多目光。

（https://ent.huanqiu.com/article/9CaKrnJCdHt 2013年9月10日）

（78）微信上化身美女引欠债人见面

（乌鲁木齐晚报 2013年9月10日）

（79）北村一辉<u>化身</u>浪人剑客，怀揣小猫展露大叔温情
（https://www.1905.com/news/20130909/689092.shtml 2013年9月9日）

通过下面的例子可以看出，"化身"与"变身"是作为近义词使用的：

（80）老牌日化<u>变身</u>传媒股
拥有"中华""美加净""留兰香"等知名品牌的日化企业白猫，如今将被浙报控股借壳，<u>化身</u>传媒股。
（新京报2011年6月14日）

（81）陶喆<u>变身</u>"小人物"
前晚，陶喆"小人物狂想曲"2013世界巡演北京站在首都体育馆举行。
从开场曲《Runaway》到《找自己》，再到新专辑的曲目，陶喆与乐手<u>化身</u>邮差、厨师、巴士司机、教师等小人物，串联起30多首歌曲。（新京报2013年9月9日）

5．关于"变脸"

现代汉语中的"变脸"一词的本义（《现代汉语词典》义项①）本身就是一种比喻的用法，该词的历史应该不长，这从《汉语大辞典》中所举的例子的年代也不难推知，该词未能进入日语的词汇体系也就不足为奇了。

【变脸】biàn//liǎn 动 ①翻脸：他一～，六亲不认｜两个人为了一点小事儿变了脸。②戏曲表演特技，表演时以快速的动作改变角色的脸色或面容，多用来表现人物的极度恐惧、愤怒等。
（《现代汉语词典》第6版，商务印书馆，2012）

【變臉】①犹翻脸。《西游记》第五七回："善财陪笑道：'還是個急猴子。我與你作笑耍子，你怎麽就變臉了？'"老舍《四世同堂》八八："你的脾气一点儿也没改，不顺心就变脸，使性子。"

<u>杨朔</u>《海市》："大海一变脸，岂不是照样兴风作浪，祸害人命么？"②戏曲的情绪化妆。指演员在舞台上当众变换脸部色彩或改变脸谱纹样，用以表现人物情绪的突然变化，增强艺术效果。

（《汉语大词典》第五卷，汉语大词典出版社，1990）

古汉语中"变脸"的近义词比较发达，有如下这些，但它们都未传承下来：

变面——犹翻脸。
变容——改变脸色。多指发怒或惊恐。
变貌——谓使脸色改变常态。
变颜——犹翻脸。

但是，近年来"变脸"又产生了新的派生义，主要表示"变化"之意。由于一般读者对其认知的程度还不太高，所以在使用时大多使用引号加以凸显。以下是实例：

（82）新东安斥资两亿二次"<u>变脸</u>"
　　　　位于王府井金街核心地带的北京APM新东安广场，又将花费两亿元进行第二次翻修。
　　　　　　　　　　　　　　　　（北京青年报2011年7月12日）
（83）将严惩业绩<u>变脸</u>背后的造假
　　　　数据显示，新上市公司上市后出现业绩<u>变脸</u>的不在少数。
　　　　　　　　　　　　　　　　（新京报2012年9月4日）
（84）李庄古镇国庆前完成"<u>变脸</u>"
　　　　错落有致的木阁楼，沿着青石板路走下去，小巷的转角又别有洞天。宜宾李庄古镇的这一切，都将在十一黄金周时变得更为"原汁原味"。
　　　　　　　　　　　　　　　　（华西都市报2013年9月10日）
（85）重返奥运，摔跤规则<u>大变脸</u>，北京摔跤队领队称就像吃了定心丸　　　　　　　　　　　　（新京报2013年9月10日）
（86）<u>大变脸</u>！法兰克福车展实拍新斯柯达Yeti
　　　（https://www.autohome.com.cn/advice/201309/616003.

html?pvareaid=3311702 2013年9月11日）

（87）昨日金城天气晴雨交替"频玩变脸"
（http://news.sina.com.cn/o/p/2013-09-10/084128177850.shtml 2013年9月10日）

（88）审计署集中披露棚改乱象 建设用地"变脸"商业用地
（http://news.fdc.com.cn/tdsc/606151.shtml 2013年9月10日）

（89）揭王祖贤变脸整容内幕：因车祸容颜受损
（http://www.taonanw.com/news/mxhn/20130913255574.html 2013年9月13日）

（90）谢霆锋被问前妻张柏芝变脸，反问记者：是不想死呀
（http://ent.takungpao.com/star/q/2014/0325/2378571.html 2014年3月25日）

例（89）的用法接近本义，而例（90）则是"翻脸"之意。

6．小结

综上所述，"变身""转身""化身"在古汉语中一般用于佛教方面，表示其本义。这三个词构词结构相同，属于述宾结构，前项语素为动词性的，表示"变化"，后项语素为名词性的，表示具体事物，所以它们属于近义关系。但是这三个词在新时期出现了新义，应该说"变身"和"转身"的新义来自日语，受它们的影响，"化身"又产生了新义。另一方面，受词形相近的"变身"的影响，"变脸"也产生了新义。"变身""转身""化身""变脸"所产生的新义有着一定的关联，形成一个词群和语义场：

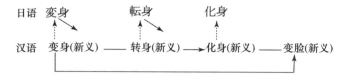

日语中的许多「漢語」借自古代汉语，其借入日语后不少产生了新义，而该新义有一些又在新时期传入汉语。来自日语的借词，不仅其词形和词义为汉语所接受，而且对汉语固有的词也会产生一些影响。

参考文献

1. 彭广陆，2008，从汉语新词看日语借词的变化及影响，日本语言文化教育与研究，大象出版社。
2. 彭広陸，2000，「中国語の新語に見られる日本語語彙の受容」，『対照言語学研究』第10号，海山文化研究所。

拾肆、说"自信满满"和"信心满满"

1. 引言

汉语中近些年常用的"自信满满"这个四字成语是来自日语的借词，属于借形词。在日语中，「自信満々」属于主谓结构的四字熟语，通常作为形容词使用。在汉语中，"△△+满满"这种结构的四字格过去是不存在的。汉语不仅直接借用了"自信满满"，甚至在此之前就为了适应汉语的表达习惯而出现了经过改造的"信心满满"这种说法。而且，汉语中还产生了"爱心满满""幸福满满""父爱满满""笑容满满""心机满满"这样的四字格。也就是说，"△△满满"已经成为一个比较能产的格式。不仅如此，"满满的+名词"这种组合也大行其道。本文旨在证明汉语的"自信满满"直接借自日语的「自信満々」，"信心满满"来自对「自信満々」的改造，同时它也可视为根据"信心十足""信心百倍"进行类推的结果。本文将对这两个近义词产生的动因及其固定下来的过程进行考察和分析，进而揭示汉语从日语借词的一般规律并阐述"自信满满"进入汉语词汇体系的特殊性。

2. "自信"

首先我们来看一下有代表性的几部词典中关于"自信"的释义：

① 《汉语大词典》（第八卷，汉语大词典出版社，1991）
【自信】①相信自己。《墨子·亲士》："雖雜庸民，終無怨心，彼有自信者也。"晋陆机《君子行》："近情苦自信，君子防未然。"宋曾巩《〈战国策〉目录序》："其说既美矣，卒以謂此書戰國之謀士度時君之所能行，不得不然。則可謂惑于流俗，而不篤于自信者也。"清龚自珍《己亥杂诗》之二十九："勇於自信故英絶，勝彼優孟俯仰爲。"②自表诚信。三国魏曹操《举贤勿拘品行令》："吳起貪將，殺妻自

信，散金求官，母死不歸。"

② 《应用汉语词典》（商务印书馆，2000）

　　自信 zìxìn ①〔动〕相信自己：～不疑。②〔形〕相信自己：我很～｜一定能考上大学｜也不要太～了。

③ 《现代汉语规范词典》（第2版，外语教学与研究出版社、语文出版社，2010）

　　【自信】zìxìn 动 自己相信自己▷他～能取胜｜不能太～。

④ 《现代汉语词典》（第6版，商务印书馆，2012）

　　【自信】zìxìn ① 动 相信自己：～心｜～能够完成这个任务。② 名 对自己的信心：不能失去～｜工作了几年以后，他更多了几分～。③ 形 对自己有信心：他做事总是很～。

　　《汉语大词典》中的第二个义项是古义，在现代汉语中已经不用，因此无须赘言。四种词典的第一个义项都是"（自己）相信自己"，可以说这是"自信"的本义，而且一直保留至今。比较一下以收录现代汉语词汇为主的《现代汉语规范词典》《应用汉语词典》《现代汉语词典》这三种词典可以发现，它们的义项数多寡不一，分别是一个义项（动词）、两个义项（动词、形容词）、三个义项（动词、名词、形容词），共同之处就是都承认"自信"有动词的用法。其中《现代汉语规范词典》虽然将"自信"处理为动词，却举了"不能太自信"这样的用例，而能够受程度副词的修饰恰恰是形容词的基本特征之一，正因为如此《应用汉语词典》和《现代汉语词典》都把这种用法的"自信"视为形容词，而且《应用汉语词典》也在形容词的义项中举出了类似的例句——"也不要太自信了"。此外，《应用汉语词典》中"自信"的义项①与义项②释义完全相同，只是词性不同而已，反映出即便意义相同，但只要词性不同就处理为不同的义项这一原则。至于《现代汉语词典》的条目，虽然三个义项的释义不尽相同，但意义也非常接近，可以说各义项之间意义上的差异主要是不同词性的用法造成的。

　　既然只有《现代汉语词典》承认"自信"有名词的用法，属于少数派，那么就有必要考察一下"自信"的实际使用情况。我们从CCL语料库的"现代汉语"部分随机抽取了100个"自信"的用例，并对其用法进行了分析，发现其词性的分布如下：

表1 CCL语料库中"自信"的词性分布

词	词　性	用例数	比　例
自信	动词	5例	5%
	名词	46例	46%
	形容词	49例	49%
合计		100例	100%

抽样调查结果表明,"自信"的动词用例是非常有限的,在现代汉语中"自信"主要用作形容词和名词。由此看来,《现代汉语规范词典》和《应用汉语词典》的义项划分是值得商榷的。

我们认为,"自信"因为属于心理动词,所以很容易转类为形容词,它又通过指称化转类为名词,换言之,现代汉语中的"自信"既是谓词又是体词,所以同时具有陈述功能和指称功能。

"自信"除了单独使用外,还可以构成派生词,最常见的是"自信心",此外还有近些年出现的"自信力"和"自信度"。"自信"构成四字格的情况我们在后面进行考察。

3. "信心"

先来看一看词典中的释义:

⑤《汉语大词典》(第1卷,汉语大词典出版社,1986)

【信心】①诚心。晋袁宏《後漢紀·章帝紀》:"暉聞其妻子貧窮,乃自往候視,瞻賑之。其子頡怪而問之,暉曰:'吾以信心也。'"清黃虞稷《周亮工行狀》:"其敦篤友朋,信心不欺,則如朱文季。"②虔诚信仰宗教之心。唐李德裕《賜回鶻可汗書意》:"信心既去,翕習至難。且佛是大師,尚隨緣行教,與蒼生緣盡,終不力爲。"前蜀貫休《題弘顗三藏院》詩:"嶽茶如乳庭花開,信心弟子時時來。"《警世通言·宋小官團圓破氈笠》:"宋金將老僧所傳《金剛經》却病延年之事,說了一遍。宜春亦起信心,要丈夫教會了,夫妻同誦,到老不衰。"③随心,任意。明李介《天香閣隨筆》卷一:"常郡司理吳兆塈,閩人也,冷面慈腸,信心而行,絕無顧忌。"

明袁宏道《与张幼于书》："至於诗，则不肖聊戏笔耳。信心而出，信口而谈。"清陈康祺《郎潜纪闻》卷三："公信心直行，矢慎矢公，终其任无一倖進者。"④相信自己的理想、愿望或预见一定能够实现的心理。毛泽东《坚定地相信群众的大多数》："我们坚持社会主义，我们是完全有信心的。"杜鹏程《保卫延安》第二章："望了一阵，他转身问：'拿下蟠龙镇，你有没有信心？'"巴金《三次画像》："画家更成熟了，更勤奋了，对自己的艺术创作更有信心了。"

⑥《应用汉语词典》（商务印书馆，2000）

信心 xìnxīn〔名〕确信某件事能办好或某种愿望能实现的心态：满怀～｜缺乏～｜有～超额完成任务。

⑦《现代汉语规范词典》（第2版，外语教学与研究出版社、语文出版社，2010）

【信心】xìnxīn 名 确信愿望一定能实现的心理▷充满～｜～十足。

⑧《现代汉语词典》（第6版，商务印书馆，2012）

【信心】xìnxīn 名 相信自己的愿望或预料一定能够实现的心理：满怀～｜～百倍。

《汉语大词典》和另外三种词典的释义表明，"信心"曾经是个多义词（《汉语大词典》中的义项①②④是名词性的，义项③是形容词性的），但在现代汉语中它成了单义词，而且保留的是后起义（派生义）。"信心"在现代汉语中只用作名词，而且在句子中一般作主语或宾语。

4. "满"和"满满"

4.1 "满"的释义

首先需要确认一个事实，即前引四种词典中均未收录"满满"这个条目，可见专家们并不认可它是一个词。因此，我们只能将它看作"满"的重叠形式[1]。这里有必要看一下词典中有关"满"的释义：

⑨《现代汉语规范词典》（第2版，外语教学与研究出版社、语文出版社，2010）

---

[1] 张斌（2010：126）所列举的AA式单音节性质形容词的重叠方式的词例中就有"满满"。

【满】（滿）mǎn ① 形 里面充实，没有余地；达到最大容量▷场场客～|肥猪～圈|一车装不～。→② 动 感到已经足够▷踌躇～志|心～意足。③ 形 骄傲▷～招损，谦受益|自～。→④ 动 达到一定期限或限度▷不～周岁|限期已～。→⑤ 动 使满▷～上一杯。→⑥ 形 全；整个▷～身是血|口答应|～门抄斩。⑦ 副 表示完全▷～可以不去|～不在乎。⑧ 名 姓。

⑩《现代汉语词典》（第6版，商务印书馆，2012）

【满】（滿）mǎn ① 形 全部充实；达到容量的极点：会场里人都～了|装得太～了。② 动 使满：～上这一杯吧。③ 动 达到一定期限：假期已～|不～一年。④ 形 全；整个：～身油泥|～屋子的烟。⑤ 副 完全：～不在乎|～有资格。⑥ 满足：～意|心～意足。⑦ 骄傲：自～|～招损，谦受益。⑧（Mǎn） 名 姓。

上引两种词典中的"满"的义项数完全相同，释义也大同小异，只是义项的排列顺序有所不同而已。从释义来看，基本可以确定"自信满满"和"信心满满"的"满满"属于前引两种词典中义项①（形容词的）的重叠用法。

4.2 "满满"

从语义和功能上讲，"满"属于性质形容词，关于性质形容词的重叠，张斌（2010）中有如下的描述：

> 性质形容词重叠以后在功能上就转向了状态形容词，譬如前边不能再加程度副词，也不能用"不"否定，而且做定语、补语都须要加"的"。（第127页）

> 少数AA式状态形容词可以直接做状语。（第131页）

> AA式状态形容词有些可以直接做谓语。（第132页）

为了搞清"满满"的实际用法，我们从CCL语料库"现代汉语"中随机搜索出100个"满满"的实例，并对其充当句子成分的情况进行了调查，结果如下：

表2 CCL语料库中"满满"的用法

句子成分	用例数	比例
定语	43	43%
补语	43	43%
谓语	10	10%
状语	4	4%
总计	100	100%

通过以上抽样调查可以看出,"满满"在句子中可以作定语、补语、谓语和状语,而作定语和补语是其主要用法,其中作补语的用法比较简单,无一例外地后面都加"的";但作定语时比较复杂,具体分析如下:

表3 CCL语料库中"满满"作定语的用法

修饰名词(8例 18.6%)		修饰数量词(35例 81.4%)	
后面加"的"	后面不加"的"	后面加"的"	后面不加"的"
8例[1] (18.6%)	0例 (0%)	4例[2] (9.3%)	31 (72.1%)

由此可见,"满满"修饰名词时一般后面加"的",但它修饰数量词(或数量词+名词)时以不加"的"为常,所以说张斌(2010)中的有关描写不尽准确。

此外,在"满满"作谓语的10个例句中,后面加"的"和不加"的"各有5个,通常主语是双音节词时后面不加"的"。在"满满"作状语的4个例句中,有3个是后面加"地"的,有1个后面不加"地"。

---

1 在后面加"的"的"满满"作定语的8个例句中,有3例是以动补结构的短语(V得满满的)作定语的,因此,"满满"后面的"的"与其说是作定语这个句法功能所要求的,不如说是"V得~的"这个作补语的句法功能所要求的。例如:"主张较少会议的人认为,考虑到多数管理人员每天排得满满的日程表,会议失之过少,也许比失之过多要好些。""可这批货,件数虽齐了,但原业(原文如此)装得满满的袋子,就得瘪瘪的每袋只有三分之一或一半。""在时速181公里试验中,一杯杯盛得满满的矿泉水置于茶几上,竟始终没有溢出,160公里时速时,多次紧急……"

2 与注1涉及的现象相同,在"满满"修饰数量词时后面加"的"例句中,有1个例句也是以动补结构的短语(V得满满的)作定语的:"宽敞明亮的教室里最吸引我们目光的是后墙上张贴得满满的三十多个奖状和分列两侧书写漂亮的班训'雄心恒心信心'……"

下面是来自CCL语料库的"满满"的用例：

（1）办报不是给慈禧和皇上做菜，<u>满满</u>一桌子，吃不了就扔，而要看人下菜碟。　　　　　　　　　〈作定语〉（CCL）

（2）三星公司周末经常组织员工去香山捡垃圾，每个人发一个口袋，结果发现中国员工捡的很少，只有半袋，韩国员工捡的多，能捡<u>满满</u>三口袋。　　　　　〈作定语〉（CCL）

（3）而倘若推迟这场意外的发现，恐怕这<u>满满</u>的一仓库冰毒，也仅仅会成为刘招华"冰"山的一角！　　〈作定语〉（CCL）

（4）阳光从南窗射进屋内，照着书架上、案几旁<u>满满</u>的中英文书籍。
　　　　　　　　　　　　　　　　　　　〈作定语〉（CCL）

（5）每个人带去的大口袋都被各种糖果装得<u>满满</u>的。
　　　　　　　　　　　　　　　　　　　〈作补语〉（CCL）

（6）他有了美丽的妻子、漂亮的房子、豪华的汽车、大把的股票和令人羡慕的财富，但是他的生活被电话、传真、电邮、访问、面谈等排得<u>满满</u>的。　　〈作补语〉（CCL）

（7）不只是今天的美国虽然负债全球第一却是最强大的国家，美国立国之初就是靠负债幸存下来，这应该跟中国各朝代的经历正好相反（中国历朝之初国库<u>满满</u>，但之后每况愈下，到最后财政危机终结朝代；而美国立国之初就负债累累，之后不断利用债券市场透支未来，而且还透支越来越多，可是其国力却越来越强）。　　　　　　　〈作谓语〉（CCL）

（8）乘车或乘飞机时，应记得带上一个曲线形的颈垫，这样能够保证睡觉时头部不会向一侧滑动。休息过后，精神<u>满满</u>！
　　　　　　　　　　　　　　　　　　　〈作谓语〉（CCL）

（9）而这一次，整个体育馆<u>满满</u>的。　　〈作谓语〉（CCL）

（10）那时候是莱特曼生意最火的时候，每天人都很多，因为在那个年代莱特曼是一个为数不多的可以跳舞的歌厅，所以每天都会有很多的年轻人和大学生，每天人都是<u>满满</u>的。
　　　　　　　　　　　　　　　　　　　〈作谓语〉（CCL）

（11）柱儿家的杀猪菜是一桌丰盛的酒席，很大很大的盘里，<u>满满</u><u>地</u>堆了一盘肉。　　　　　　　　　　〈作状语〉（CCL）

（12）大概是口渴的原因，男子一来到贪泉边即用木瓢满满地舀了一瓢泉水，正要畅饮，却有一位老者慌忙前来阻拦："先生，千万饮不得！你不知道这是贪泉吗？"

〈作状语〉（CCL）

（13）走累了的送粮人往街边哨凳上一放背篓，"嗨——哎"一声响亮的吆喝，一边揩汗，一边从小方桌上拿起一个碗来，向瓦缸里满满舀起一碗老荫茶，仰着头，咕嘟嘟灌将下去，随即一抹嘴巴，"嗨——"，徐徐地吐出一口舒心的长气。

〈作状语〉（CCL）

（14）光明日报一篇《论雷锋精神的本质特征和现实意义》的署名文章，她一字不落从头抄到尾，满满抄了3页纸。

〈作状语〉（CCL）

5. "自信满满"与"信心满满"

5.1 四字格中的"满满"

这里需要指出，以往"满满"构成四字格时一般都位于前面，即通常只能构成"满满△△"这种并列结构的四字格（其中"△△"为重叠形式），而且它并不是一个能产的格式，例如《现代汉语词典》中只收录了"满满当当"和"满满登登"这两个四字成语，《应用汉语词典》《现代汉语规范词典》则只收录了前者。我们在CCL语料库检索到的"满满△△"也不过以下10种，其用例数分别如下：

表4　CCL语料库中的"满满△△"

词 例	例句数
满满当当	198
满满登登	18
满满腾腾	11
满满堂堂	10
满满漾漾	2
满满满满[1]	2
满满墩墩	1
满满荡荡	1
满满盈盈	1
满满的的	1

1　"满满满满"也可以视为"满满"的重叠形式。

可以说，在"自信满满"进入汉语词汇体系以前，汉语中是没有"△△满满"这种主谓结构的格式的，从日语中借入"自信满满"，不仅使汉语多了一个四字成语，而且汉语还因此产生了"△△满满"这样的能产的格式，丰富了汉语的表达。

5.2 词典中的"自信满满"和"信心满满"

我们调查了"自信满满"和"信心满满"在词典中的收录情况。不仅《应用汉语词典》《现代汉语规范词典》《现代汉语词典》中都没有"自信满满"和"信心满满"这两个条目，而且如下新词语词典也未见收录：

表5 未收录"自信满满"和"信心满满"的新词语词典

词典名称	出版社	出版时间	收词量	收词范围
新词语大词典：1978—2002	上海辞书出版社	2003年	约20000	1978—2002
当代汉语新词词典	中国大百科全书出版社	2004年	约15400	1949—2003
现代汉语新词语词典	商务印书馆国际有限公司	2005年	10000余	1970—2004
新词语10000条	上海辞书出版社	2012年	10000	1978—2012
100年汉语新词新语大辞典（下卷）	上海辞书出版社	2014年	4514	1978—2011

甚至我们在"百度百科"中同样找不到"自信满满"和"信心满满"的条目。或许是由于"自信满满"和"信心满满"在汉语中出现的时间还不长，以至于尚未受到专家们的关注和重视。其实，这两个词的使用情况是不容忽视的。

5.3 "自信满满"和"信心满满"的实际使用情况

我们对人民网"站内搜索"中的"报刊"部分进行了搜索，任意抽取了100个"自信满满"和100个"信心满满"的实例，并对其用法进行了分析，结果如表6和表7：

表6　人民网中"自信满满"的使用情况

句子成分	例句数	百分比
主语	1例	1%
谓语	51例	51%
宾语	1例	1%
定语	13例[1]	13%
状语	34例[2]	34%
合计	100例	100%

表7　人民网中"信心满满"的使用情况

句子成分	例句数	百分比
谓语	63例	63%
宾语	2例	2%
定语	5例	5%
状语	30例	30%
合计	100例	100%

　　调查结果表明，无论是"自信满满"还是"信心满满"，其主要的句法功能是在句子中作谓语，其次是作状语，再次是作定语，据此可以将二者的词性判定为形容词，这与日语的「自信満々」的词性一致，详见后文。

　　下面是"自信满满"和"信心满满"的用例（例句主要来自CCL语料库，个别来自人民网）：

（15）再过一个星期就决赛了，好在都是业余选手，夫妻俩还<u>自信满满</u>。　　　　　　　　　　　　　　　　　　　　（CCL）

（16）柯远生又开始<u>自信满满</u>了，对窦明婕的脸颊轻轻一吻。
　　　　　　　　　　　　　　　　　　　　　　　　（CCL）

（17）中国队<u>自信满满</u>地坐在保平争胜的谷堆上，迎来了最理想的结果。　　　　　　　　　　（新华网 2001年9月27日）

（18）我又翻过一页：一位正襟危坐的政府官员从一张七十年前的

---

[1]　在13个"自信满满"作定语的例句中，有12个是后面加"的"的，1个后面加"之"的。
[2]　在34个"自信满满"作状语的例句中，有33个是后面加"地"的，1个后面加"的"的。

图画中，自信满满地向我问候。　　　　　　　　（CCL）
（19）平时自信满满的她，今天看上去心事重重。　　（CCL）
（20）他双臂叠在胸前，一副自信满满的模样。
（21）面对体壮如牛的安哥拉前锋乔吉姆，王小诗也显得自信满满。
　　　　　　　　　　　　　　　　　　　　　　　　（CCL）
（22）"音乐剧在未来中国舞台上有很大的市场！"陈佩斯信心满满。
　　　　　　　　　　　　　　　　　　　　　　　　（CCL）
（23）蒋迪对自己选择的道路信心满满。
　　　　　　　　　　　　　　　　　　（人民日报 2015年6月14日）
（24）上品折扣副总经理徐十周信心满满地说：上品折扣将走大型
　　　连锁之路。　　　　　　　　　　　　　　　　（CCL）
（25）有一位各科成绩很优秀的本科生，信心满满地报考郭姣的研
　　　究生，以为胜券在握。　　（人民日报 2015年9月15日）
（26）他把小手放在门把上，转动之后信心满满地准备一步跨进
　　　屋里。　　　　　　　　　　　　　　　　　　（CCL）
（27）王庆瑞仔细看看张干事信心满满的脸，终于信了个三四成，
　　　这三四成已经能让他有些许的感慨。　　　　（CCL）
（28）尽管还有首次入围、信心满满的中国队，但丝毫提不起我
　　　哪怕一点点的关注与热情，我知道，那不过是米卢厚积薄
　　　发的点睛之笔，不过是昙花一现的虚拟快乐。
　　　　　　　　　　　　　　　　　　　　　　　　（CCL）

6.「自信」

首先看一下日本出版的有代表性的日语语文词典中的释义：

⑪『日本国语大辞典』（第2版，第6卷，小学馆，2001）
　　じ-しん【自信】〔名〕自分の能力や価値などを信じること。
　　自分の行為や考え方を信じて疑わないこと。＊星巖先生遺
　　稿-後編（1863-65）紫薇仙館集・縦筆做陳白沙体「自信不及
　　故、死泯々波々」＊めぐりあひ（1888-89）〈二葉亭四迷
　　訳〉二「沈着（おちつ）いてゐて、自信が厚さうに見えて、
　　快気（こころよげ）に鳶色の眼をひらかせてゐた」＊わかれ

(1898)〈国木田独歩〉「渠はこれを自信せり」＊晴れたり君よ（1924）〈宇野浩二〉「余程の手腕を自信するのでなければ」＊帰京（1948）〈大仏次郎〉霧夜「達三は、その限られた権威を、外の世界にも主張してゐる自信の強い男のやうに見えた」＊新唐書-盧承慶伝「帝不┐許曰、朕信┐卿、卿何不═自信═」

⑫『大辞林』（第2版，三省堂，1995）

じーしん ⓪【自信】（名）スル

自分の才能・価値を信ずること。自分自身を信ずる心。「―がない」「―に満ちた態度」「低級趣味のものではないと―してゐる／それから（漱石）」

⑬『広辞苑』（第6版，岩波書店，2008）

じーしん【自信】

自分の能力や価値を確信すること。自分の正しさを信じて疑わない心。夏目漱石、こゝろ「答へた時の私には充分の―があつた」。「―がつく」「―満々」

⑭『明鏡国語辞典』（第2版，大修館書店，2010）

じ-しん【自信】〔名〕自分の能力・価値や自分の言行の正しさなどをみずから信じること。また、その気持ち。「体力には―がある」「―たっぷりに持論を語る」「―作・―過剰」

　　首先可以确定，日语中的「自信」借自古代汉语。从词性上看，4种词典都将其视为名词，但『大辞林』还承认它可以后接「スル」用作动词，而且所举的动词的用例（夏目漱石『それから』1909年）说明100多年前「自信」还在作为动词使用。另外，『日本国語大辞典』虽然将「自信」处理为名词，却也举了动词的用例。显然，「自信」的动词用法来自古代汉语中的"自信"的影响。一种语言从其他语言借词时，不仅借用其词义，往往还保持其词性，这是一个普遍现象。『日本国語大辞典』作为一部从历时的角度对词义和词性进行描写的词典，只承认「自信」的名词词性，不能不说有些欠妥。

　　为了搞清「自信」在现代日语中的用法，我们对日本国立国语研究所开发的现代日语语料库「現代日本語書き言葉均衡コーパス」

（BCCWJ）中1970年至2008年的500个「自信」的实例进行了分析，发现所有的「自信」都是名词的用法[1]。所以，像『明鏡国語辞典』这种专门收录现代日语词汇的词典把「自信」处理为名词是得当的。

从释义来看，四种词典中的释义虽不尽相同，但也差异不大。从构词能力来讲，「自信」后接语缀或类语缀构成的常用的派生词有「自信家」「自信作」「自信度」。「自信」构成的常用的四字语除了「自信満々」以外，还有「自信過剰」「自信喪失」等。

7.「満満」

7.1 「満々」的释义

先来看一下词典中的有关释义：

⑮『日本国語大辞典』（第2版，第12卷，小学館，2001）
　　まん-まん【満満】〔形動タリ〕みちみちているさま。みちあふれているさま。「自信満満」＊京大本湯山聯句鈔（1504）「昼伝ををぼへこうたる胸中は如雲雨まんまんとある意かぞ」＊虎明本狂言・鎧（室町末-近世初）「まんまんたるてきも、夏のかやはいを、大うちわにてあふぐことく」＊浄瑠璃・近江源氏先陣館（1769）九「前には湖水満々として」＊咄本・鹿の子餅（1772）九郎助「やや一時慾心満々（マンマン）の願ひ事」＊思出の記（1900-01）〈徳富蘆花〉三・二二「仁王のごとく突立った伯父の怒気満々たる眼は」＊裸に虱なし（1920）〈宮武外骨〉敗者の悪名「権勢慾満々（マンマン）の野心家であったのだから」＊白居易-花下自勧酒詩「酒盞酌来須_満満_、花枝看即落紛紛」

⑯『大辞林』（第2版，三省堂，1995）
　　まん-まん ⓪【満満】（トタル）文形動タリ　満ち満ちているさま。満ちあふれているさま。「自信―」「―と水をたたえた湖」

⑰『広辞苑』（第6版，岩波書店，2008）
　　まん‐まん【満満】みちみちているさま。狂言、粟田口「いかな

---

1 其中只有「でも、しっかり事前準備をしておけば、少なくとも自信はできる」这个例句中的「自信」与动词不无关系，但从形态上来看，它还是名词的用法。

る—たる敵も」。「—たる水」「自信—」

⑱『明鏡国語辞典』（第2版，大修館書店，2010）

　まん-まん【満満】〔形動トタル〕満ちあふれているさま。「—と水をたたえた湖沼」「自信—」

首先，「満々」是音读的汉字词，借自古代汉语。与汉语中的"满满"不同，「満々」在日语中被看作一个词，因此一般的词典中均有收录。就其词性而言，在日本的语文词典所采用的传统语法（学校语法）系统中称之为形容动词（为论述方便，有关词类划分本文采用传统的说法），但其活用方式属于「トタル」型，而不属于「ナリ」型。从词义上讲，「満々」是单义词，但它既可以表示具体义——（河、湖）水的满盈貌，还可以表示抽象义——抽象事物的充足貌。『大辞林』『広辞苑』『明鏡国語辞典』所举的例子中都有「自信満々」，可见「自信満々」使用频率之高。

7.2　「満々」的用法

我们从「現代日本語書き言葉均衡コーパス」（BCCWJ）中随机抽取了100个「満々」的用例，对其用法进行了分析，统计结果表明，「満々」一共有如下3种用法：

表8　BCCWJ中「満々」的用法统计

名词＋「満々」 56例（56%）						动词连体形＋「気満々」37例（37%）		「満々と」7例（7%）
自信～	意欲～	闘志～	不平～	俗気～	其他	やる気～	其他	
40例	6例	3例	2例	2例	3例	21例	16例	7例

具体说明如下：

（a）「満々」接在抽象名词后面，而且该名词一般都是两个汉字的音读复合词（只有「下心（したごころ）」例外），构成主谓结构的四字语（△△満満）。其中「自信満満」占了40例，说明它结合得非常紧密，已经完全成为一个高频的四字语。

（b）动词连体形与名词「気」组合，再与「満々」组合，构成一

个临时的主谓结构的短语（偏正结构的主语部分一般不带标记）。其中「やる気満々」使用频率最高，因此可以认为它已经成为一个固定短语。"其他"中除了「売る気満々」有2个例句外，余者均各为1个例句：「行く」「来る」「買う」「使う」「戦う」「働く」「遊ぶ」「釣る」「ぶり返す」「食べる」「焼ける」「逆転する」「出場する」「勉強をする」，说明可以与「〜気満々」组合的动词比较广泛。

（c）以「満々と」的形式做连用修饰语，多用来描述水的状态。

「△△満満」这种主谓结构的四字语还有「野心満々」「惰気満満」等。下面是BCCWJ中的「〜満満」的用例：

(29) 6大会連続のW杯出場へ、<u>自信満々だ。</u>　　　　（BCCWJ）
(30) 彼らは、自分の専攻科目に専念する<u>意欲満々で</u>やってきます。　　　　（BCCWJ）
(31) 彼の知っている千鶴子はいつも<u>闘志満々で</u>したたかだったし、その生命力が良くも悪くも彼女の魅力であり全てだった。　　　　（BCCWJ）
(32) だから、特権の取消しには<u>不平満々であった。</u>　　　　（BCCWJ）
(33) この男、春を迎えてひともうけしてやろうと<u>俗気満々なの</u>か—。　　　　（BCCWJ）
(34) じっとしていても暑いこの時期にお祭り好きな我が家の上さんは出かけると<u>元気満々である。</u>　　　　（BCCWJ）
(35) 永の姿は、ある意味では非常に若々しい意欲的な、目のあたりなどには、見方によっては<u>野心満々たる</u>表情がよみとれます。　　　　（BCCWJ）
(36) 闘争に関しては、私は休養十分で<u>やる気満々である。</u>　　　　（BCCWJ）
(37) でも子供達は早朝から、<u>遊ぶ気満々</u>！　　　　（BCCWJ）
(38) 体力的なハンディはまだ残っていたが、<u>働く気は満々</u>だった。　　　　（BCCWJ）
(39) ところが、面識のない遠い親戚のおじいさん（85歳）が披

露宴に来る気満々だというのです。　　　　　　（BCCWJ）
(40) この湖は、ふだんは満々と水がたたえられ、ロッキー山脈
を湖面に映す壮大な湖である。　　　　　　　　（BCCWJ）

如例（38）所示，「动词连体形＋気」和「満々」之间可以插入语法成分（话题标记「は」），这说明它们之间尚未融合为一个词，还属于句法结构[1]。

以上用例表明，「満々」在使用时，其形态方面表现出混合的特征，即它在作连用修饰语时采用「満々と～」的形式，在作连体修饰语时采用「～満々たる」的形式，这些都是トタル型形容动词的词法特征；而它在作谓语时则采用「～満々だ・である」的形式，又表现出ナリ型形容动词的词法特征，这些都说明「満々」的活用类型正在处于转变（由トタル型形容动词向ナリ型形容动词转变）的过程当中。

8.「自信満々」

8.1 「自信満々」的使用情况

尽管在日语中「自信満々」的使用频率已相当高，在抽样调查中占40%（见表8），但它至今未能被收入日本的语文词典。究其原因，似乎是由于「満々」与其他词语的组合能力也很强（当然一般限于与抽象的词语组合），而且其语义透明度较高（例如「自信満々」＝「自信」＋「満々」），因此专家们认为「～満々」这样的组合是自由短语，所以语文词典不将其作为条目收录，但又由于「自信満々」这种组合使用的频率非常突出，远远高于其他的「△△満満」，所以语文词典几无例外在「満々」这个条目中都举出「自信満々」这个例子。

下面是我们对语料库BCCWJ和SIC中的「自信満々」的用例的调查结果：

表9　语料库中的「自信満々」

来源	词语	用例
BCCWJ	自信満々	109例
SIC	自信満々	394例

---

1 前文（b）中提到的「出場する」也是以「出場する気は満満」的形式使用的。

我们从BCCWJ中随机抽出100个「自信满满」的例句，对其用法进行分析的结果如下：

表10　BCCWJ中的「自信满满」的用法

形　态	例句数	比例
①～だ・である	27	27%
②～に	26	26%
③～で	20	20%
④～の	12	12%
⑤～。	8	8%
⑥（其他）	4	4%
⑦～な	3	3%
总计	100	100%

从「自信满满」的用法来看，我们可以断定其词性为形容动词，而且它具备了ナリ型形容动词的基本特征，但有一点也不容忽视：「自信满满」在作连体修饰语（定语）时，除了「自信满满な」以外，还有「自信满满の」这个形态。而且，对语料库调查的结果表明［无论是抽样调查（见表10）还是穷尽性的调查（见表11）］，「自信满满の」的用例的数量高出「自信满满な」2倍或是3倍以上。

表11　语料库中的「自信满满の」和「自信满满な」

词语	BCCWJ	SIC
自信满满の	15例	61例
自信满满な	5例	13例

「自信满满の」和「自信满满な」这两种形态并存，说明「自信满满」在作连体修饰语时还没有完全定型。

还有一点也值得注意——作为形容动词使用的「满满」尽管其活用类型开始发生变化，但它仍然保留了明显的トタル型的特征，即在作连用修饰语时一般仍采用「满满と」的形式，而作连体修饰语时则采用「满满たる」的形式。与此不同，「满满」与「自信」组合构成「自信满满」这个四字语后，虽然其词性仍为形容动词，但其活用方式发生了明显的变化，即它开始具有ナリ型形容动词的特征，具体表现为其连用形主要采用「自信满满に」或「自信满满で」的形式，而连体形则采用

「自信満々の」「自信満々な」的形式。而且我们在表10中也未能看到「自信満々と」「自信満々たる」的用例。那么，「自信満々と」「自信満々たる」的用例是否就不存在呢？我们通过日语语料库进行调查的结果如下：

表12　语料库中的「自信満々たる」和「自信満々と」

词语	BCCWJ	SIC
自信満々たる	0例	3例
自信満々と	0例	0例

检索结果表明，「自信満々」在现代日语中已经不再具有トタル型形容动词的特征，SIC中的3个「自信満々たる」的用例（见例41—43）也都是六十余年前的用例，即便从数量上看，比起表11中的「自信満々の」和「自信満々な」的用例也是微不足道的。

(41) しかし津上はいま彼の上に注がれている岡部の、<u>自信満々たる</u>小さい二つの眼を憎んでいるのであった。　　（SIC）

(42) どこか即答を迫っているような、<u>自信満々たる</u>相手の態度にむらむらと反撥を感じて来たのである。　　（SIC）

(43) いよいよ試合がはじまるという前の晩は歓迎会につぐ歓迎会で、前田五段も<u>自信満々たる</u>もんだったらしい。
　　　　　　　　　　　　　　　　　　　　　　　　（SIC）

下面是引自BCCWJ的「自信満々」的用例：

(44) 水谷は<u>自信満々だった</u>。　　　　　　　　　　（BCCWJ）

(45) 何が大丈夫なのかわからないが、ちさとは<u>自信満々である</u>。
　　　　　　　　　　　　　　　　　　　　　　　　（BCCWJ）

(46) 加葉子は<u>自信満々に</u>ほほえみ、「愛です。命懸けの愛しかありません」　　　　　　　　　　　　　　　（BCCWJ）

(47) 日高は<u>自信満々で</u>いいました。　　　　　　　（BCCWJ）

(48) <u>自信満々の</u>中将に、参謀長はふと不安を感じた。
　　　　　　　　　　　　　　　　　　　　　　　　（BCCWJ）

(49) ヘギョンは<u>自信満々な</u>様子で言った。　　　　（BCCWJ）

8.2 「自信満々」的产生

那么，在日语中「自信満々」是什么时候出现的呢，我们查到的早期用例有如下这些[1]：

(50) とはいえ<u>自信満々</u>たる氏は所信に向っては勇往邁進すべく徒らに党幹部の意に迎合するようなことはない、共和党幹部製の嫌いあるタフト、ハーヂング、クーリッヂ氏等と選を異にしているのは即ちこの点に存するのである。
　　　　　（大阪朝日新聞　1928年11月20日－1928年11月29日）

(51) 全選手の意気冲天<u>自信満々</u>・平沼団長語る〈写〉
　　　　　（朝日新聞東京朝刊　1936年8月2日）

(52) 全国中等学校優勝野球大会前哨記（2）/北海道地方北中は<u>自信満々</u>　昨年以上の強味突撃する札商、旭川勢〈写〉
　　　　　（朝日新聞東京朝刊　1937年6月22日）

(53) 遙相作"豪商銭五一代記"永井さん<u>自信満々</u>〈写〉〈イラスト〉　　（朝日新聞東京朝刊　1938年6月7日）

(54) <u>自信満々</u>空襲を予告　敵前上陸白蘭対岸か
　　　　　（朝日新聞東京朝刊　1940年8月14日）

(55) 「そんな事はない。」北さんは<u>自信満々</u>だった。　（SIC）

与此可以看出，最晚在20世纪20年代「自信満々」一词就已见诸日本的报端，它的出现远远早于汉语中的"自信满满"。

顺带提一下，为什么日语中没有「信心満々」这个词形呢？因为日语中的「信心」较之古代汉语中的"信心"词义范围缩小了，仅保留了与《汉语大词典》中的第二个义项"虔诚信仰宗教之心"有关的意义。例如：

⑲『広辞苑』（第6版，岩波書店，2008）
　しん-じん【信心】神仏を信仰して祈念すること。また、その心。信仰心。「―が篤い」

1　例（50）－（54）由陈力卫教授提供。

⑳『明鏡国語辞典』（第2版，大修館書店，2010）
しん-じん【信心】〚名・他サ変〛神仏を信仰して祈ること。また、神仏を信じる心。信仰心。「いわしの頭も—から」「—深い人」

正因为「信心」的词义与宗教信仰有关，使用范围有限，使用频率也不高，而且又有了「自信満々」的说法，所以也就未能产生「信心満々」这种说法。

9. "自信满满"与"信心满满"的比较
9.1 "自信满满"和"信心满满"的产生

尽管"自信"和"满满"在汉语中古已有之，但"自信满满"这样的四字语过去在汉语中是不存在的。下面是我们从人民网上检索到的"自信满满"的早期用例：

（56）"我觉得台湾都快输了，不过还好有我在。"他又<u>自信满满</u>地幽了一默。
（http://tw.people.com.cn/GB/14813/14878/1963070.html 2003年7月11日）

（57）每一次，她出现在众人面前，都是短发中分，<u>自信满满</u>，虽非天生绝色倾城，却总是让人看得心生惬意。
（http://www.people.com.cn/GB/shenghuo/1092/1989945.html 2003年7月29日）

（58）他是<u>自信满满</u>的亿万富翁，他可以面对任何情况毫无惧色，但注意一下这条新法律，会发现贝卢斯科尼害怕蜘蛛。
（http://www.people.com.cn/GB/guoji/1031/1992012.html 2003年7月30日）

据此可以初步判断，"自信满满"是进入21世纪以后才在汉语中出现的新四字词语，而日语中的「自信満々」的产生比起汉语的"自信满满"早了七十余年，"自信满满"的产生是「自信満々」的影响使然，换言之，是汉日语言接触的产物，这是毋庸置疑的。

然而，汉语中还有与"自信满满"同义的"信心满满"也在使用，

下面是我们在人民网上检索到的"信心满满"的早期用例：

（59）自从和李亚鹏分手，瞿颖的工作重心就一直放在影视剧上，和老友胡兵、胡东两兄弟合作的《真情告别》大获成功不仅抚平情感的创伤更扬起了她再战歌坛的勇气，尽管两年的时间没有发行新专辑，可瞿颖昨天还是信心满满的向记者表示一定会成功。
（http://www.people.com.cn/GB/yule/1085/1933356.html 2003年6月25日）
（60）普拉尼什科夫对竞选前景也是信心满满。
（http://news.sina.com.cn/w/2003-08-04/0737498952s.shtml 2003年8月4日）

从出现的时间来看，二者相差无几。为了搞清"自信满满"和"信心满满"的产生孰先孰后，我们一共调查了三个与报纸有关的网站，结果如下：

表13 在网站中检索到"自信满满"与"信心满满"的最早用例

语料库、网站名	自信满满	信心满满
人民网	2003年7月11日	2003年6月25日
光明网	2004年9月3日	2004年5月28日
中国青年报电子版	2004年10月28日	2003年6月2日

三个网站检索的结果都表明，"信心满满"的产生早于"自信满满"，至少可以肯定地说，"信心满满"的产生应该不会晚于"自信满满"。

9.2 "自信满满"和"信心满满"的使用情况

既然汉语中同时存在着受到日语影响而产生的"自信满满"和"信心满满"，那么这两个新的四字词语哪个用例更多呢？我们对语料库和网站的调查结果如下：

表14 语料库、网站检索到的"自信满满"和"信心满满"

语料库、网站名	自信满满	信心满满
CCL语料库	57例	25例
北语汉语语料库	1094例	566例
传媒大学语料库	43例	246例
人民网	13656例	28952例
光明网	3000例	8480例
京报网	304例	652例
中国青年报电子版	593例	1568例

表14的数据表明,大多数的语料库或网站检索到的"信心满满"的用例都多于"自信满满"的用例(而且至少多出1倍),那么就有必要分析一下其中的原因。

我们认为,无论是"自信满满"还是"信心满满",所构成的都是主谓结构的四字词语,在汉语的主谓结构的四字词语中,一般都由名词(体词性成分)充当主语,例如"内外交困""八面玲珑""声名狼藉""江河日下",而"自信"虽然有名词的用法,但在人们的心目中它主要还是谓词(《应用汉语词典》和《现代汉语规范词典》中的"自信"的释义不承认它具有名词的词性就是最好的证明),所以汉语母语者对"自信满满"「自信满々」这个四字语接受起来就会有些抵触,这个原因导致「自信(满々)」在汉语中被替换成了纯粹的名词"信心(满满)"。

下面的事实也可以从另一个方面证明上述观点的合理性——尽管作名词时"信心"和"自信"属于近义词,但在与相同谓词组合成主谓结构的短语时,人们更倾向于选择只有名词用法的"信心"。

表15 语料库和网站中检索到的"信心"与"自信"的用例

来源＼词例	有信心	有自信	增强信心	增强自信	丧失信心	丧失自信
CCL语料库	4253例	399例	314例	61例	236例	21例
人民网	15379例	784例	1019例	208例	696例	47例

既然汉语中接受了经过改造、亦即汉化了的"信心满满",那么为什么又原封不动地接受了日语式的"自信满满"并在大量地使用呢?或许是由于汉语母语者对"自信满满"这个陌生的组合有一种新鲜感,它

的直接借用可以满足追求新奇、赶时髦这种心理的缘故。

10. 汉日语言接触的特殊性

汉语与日语之间的接触始于一千数百年前，日本人在创造出自己的文字之前就接触到了汉字，于是开始使用汉字记录自己的语言，并从中国传去的典籍中借用了大量的词汇，当然在使用汉字词的过程中发生变异的情况也不在少数，不仅如此，日本人还利用汉字造了许多新词，而日本人所造的新词有不少又被汉语所接受，于是在19世纪末至20世纪初出现了第一次汉语从日语借词的高潮。改革开放后，国门大开，逐渐又形成了汉语从日语借词的第二次高潮，媒体的多样化和互联网时代的到来，又大大加快了日语借词在汉语中固定下来的速度[1]。同样使用汉字，使得汉语和日语之间相互借词非常便捷，这一点是显而易见的。

本文所讨论的"自信满满"就属于直接从日语借用的情况，而与其同义的"信心满满"的产生则可以认为是对日语的「自信満々」进行改造的产物。同时还有一点也值得注意，即在"自信满满"和"信心满满"出现之前，汉语中早已开始使用表示相同意义的"信心十足"和"信心百倍"，它们的存在也是"信心满满"产生的一个原因，也就是说，将"信心满满"看成根据固有的"信心十足"和"信心百倍"进行类推造词的结果也未尝不可，但来自日语「自信満々」的影响也不容忽视。稳妥的看法是，「自信満々」的汉化和类推造词的相互作用催生了"信心满满"这个四字词语的产生。

"信心十足""信心百倍"和"信心满满""自信满满"的关系可以归纳如下：

表16　近义而类型不同的四字词语之间的关系

汉语固有型	汉化类推型	直接引进型
信心十足、信心百倍	→信心满满	→自信满满

实际上，在汉语中这几种不同类型的表达方式是并行不悖的。为了搞清这几个近义的四字词语的实际使用情况，我们对人民网"站内搜索"的"报刊"部分和中青在线"站内新闻检索"中的同一时期的"信

---

[1] 详见彭広陆（2000、2003）。

心十足""信心百倍""信心满满""自信满满"的用例进行了检索，结果如下：

表17 网站2015年9月份的用例

词例	人民网用例数	中青在线用例数
信心十足	400例	97例
信心百倍	47例	6例
信心满满	249例	88例
自信满满	626例	37例

可以说，正因为汉语母语者既喜新，又不厌旧，所以导致"汉语固有型""汉化类推型""直接引进型"的几个近义的四字词语在汉语中呈现出共存共荣的局面。

最后需要指出的一点是，"自信满满"和"信心满满"的大量使用也激活了汉语中的"满满"的使用，它不仅构成了许多新的主谓结构的"△△满满"型四字格，例如"爱心满满""幸福满满""父爱满满""笑容满满""心机满满"等，而且使得"满满"在语义上也发生了变化：不再仅仅表示具体的意义——水等具体事物的满盈貌，还出现了表示抽象意义的新用法，即"满满"也开始用来表示抽象事物充足的状态。不仅如此，"满满"表示抽象义的用法还表现在作定语时：

（61）而组装车的主角爸爸则是父爱爆棚，满满的正能量。

（中国日报网 2015年11月3日）

（62）在感叹Cindy的胆子大的同时，也为满满的父爱鼓掌。

（国际在线 2014年11月21日）

（63）萌萌哒的粉色礼盒，独一无二的设计，满满的爱，让喜结良缘的新人们爱不释手。　　（人民网 2015年11月2日）

（64）她水灵蕴秀，素骨凝冰，一袭白衣高贵冷清，眼神中充满满满的温柔。　　（中国日报网 2018年8月9日）

（65）古堡、白马、王子、蓝天、白云，画风是满满的欧式复古，而她就是城堡里等待被王子迎娶的公主。

（新浪时尚 2010年10月23日）

（66）如果你的肩部和锁骨线条很美的话，记得一定要尝试下一字

领哦，凸显你的身材优势，还穿出<u>满满的</u>女人味，让你魅力急升。　　　　　　　　　　　　　　（纺织网 2015年7月31日）

11. 结语

　　本文以近年来汉语中新出现的"自信满满"和"信心满满"这两个近义四字词语为对象，对其产生的背景和过程进行了实证性的考察。考察结果表明，汉语中自古有"自信"和"信心"这两个近义词，也存在"满"及其重叠用法的"满满"，但不曾存在"自信满满"这种组合。"自信"和"满满"都于古代传入日语，数十年前，日本人将「自信」和「满々」组合在一起使用，从而形成了「自信满々」这个四字语，而这种说法近年又被汉语所接受。实际上在"自信满满"出现之前，汉语中已经产生了对「自信满々」改造而成的、符合汉语表达习惯的"信心满满"，而在此之前，汉语中则使用近义的"信心十足"和"信心百倍"，因此"信心满满"也可以认为是类推造词的产物。现在，汉语固有型的"信心十足""信心百倍"和汉化类推型的"信心满满"、直接引用型的"自信满满"都在使用。

参考文献

1. 张斌，2010，现代汉语描写语法，商务印书馆。
2. 彭广陆，2000，中国語の新語に見られる日本語語彙の受容，対照言語学研究第10号，海山文化研究所。
3. 彭广陆，2003，中国語の新語に見られる日本語からの借用語，日本語学11月号，明治書院。

出处一览

零、日源新词面面观（代序）

《汉语日源新词面面观》，『高橋弥守彦教授古希記念論文集』日本語文法研究会発行，2017

壹、说"～族"

《从汉语的新词语看日语的影响·之一——说"～族"》，《汉日语言研究文集》（第三集），北京出版社、文津出版社，2000

贰、说"～屋"

《从汉语的新词语看日语的影响——说"～屋"》，《日本学研究——日本学国际学术研讨会论文集》，中国人民大学出版社，2001

叁、说"问题"

《从汉语的新词语看日语的影响·之四——说"问题"》，《日本文化论丛》，大连理工大学出版社，2001

肆、说"写真"

《从汉语的新词语看日语的影响·之二——说"写真"》，《日本语言文化论集》（3），北京出版社、文津出版社，2002

伍、说"蒸发"

《从汉语的新词语看日语的影响·之三——说"蒸发"》，《日本学研究》第12期，世界知识出版社，2003

陆、说"献金"

《从汉语的新词语看日语的影响·之五——说"献金"》，《日本语言文化研究》（第4辑），学苑出版社，2003

柒、说"过劳死"

《从汉语的新词语看日语的影响——说"过劳死"》，《中国语研究》第45号，白帝社，2003

捌、说"料理"

《从汉语的新词语看日语的影响·之六——说"料理"》，《日语学与日语教育研究——纪念顾明耀教授从教40周年》，西安交通大学出版社，2003

玖、说"瘦身"

《从汉语的新词语看日语的影响·之七——说"瘦身"》，《日语教育与日本学研究论文集》，西安交通大学出版社，2005

拾、说"友情出演"

《从汉语的新词语看日语的影响·之八——说"友情出演"》，《日本语言文化研究》第六辑，学苑出版社，2006

拾壹、说"慰安妇"

「「慰安婦」について」，『国際シンポジウム35集東アジア近代における概念と知の再編成』，国際日本文化研究センター，2010

拾贰、说"人脉"

《从汉语的新词语看日语的影响——说"人脉"》，《日语学习与研究》2012年第4期

拾叁、说"变身""转身""化身""变脸"

《说"变身""转身""化身""变脸"》，《语言文化学刊》创刊号，白帝社，2014

拾肆、说"自信满满"和"信心满满"

《说"自信满满"和"信心满满"》，《中日语言文学研究》，学苑出版社，2016

后　记

　　1992年2月29日，我结束了在日本的5年留学生活回到北京，并继续在北京外国语大学日语系执教。其后，我发现见诸国内媒体的一些新词实际上是从日语的词汇中借用的，由于本来就对词汇研究感兴趣，所以我开始关注日源外来词的问题，并有意识地收集这方面的用例，直至今日。那时互联网尚未普及，也几无可资利用的语料库等，唯一可以做的就是从报纸上找例子，将其剪下来制成卡片，当收集到的例句达到了一定的数量，我才开始动笔，从2000年起陆续发表有关日源新词研究的论文近30篇。可以说这就是本书的缘起。

　　关于汉语新词中的日源外来词研究，我基本上是从两个方面着手的：一是"面"的研究，二是"点"的研究。

　　所谓"面"的研究，是指宏观上的研究，即根据实例进行概括性的论述，尽量找出日源新词的共性和特点，同时我还针对辞书（包括《现代汉语词典》和一些新词词典）中有关日源新词的收录情况展开调查，此外还对报纸上日源新词的使用情况进行了考察。迄今已发表数篇有关日源新词的"面"的研究论文，拟待进一步充实和整合后另外结集出版。

　　与上述研究不同，我在日源新词研究中所选取的另一个角度则是由"点"入手，具体而言，以一个或两个以上相关的具体的日语借词为对象，全面考察其借入汉语的过程以及借入后的使用情况，力图探究日源新词进入汉语词汇体系后所发生的变异以及对汉语词汇造成的影响，并尝试对语言接触（词汇互借）过程中的文化背景和社会因素进行分析。

　　我一直认为，日源新词的研究方法有待改进。目前大多数人的做法是，指出一些词是借自日语的外来词，并作为佐证辅以一些实例，然后稍加分析而已，私以为这样做是远远不够的。

宏观的研究固然重要，但针对每个具体借词的个案研究也是必不可少的。每个日源新词都有其各自借用的历史，都有其特殊性，对于认定为借自日语的每个外来词，都必须进行细致的考察，除了要从发生学的角度考察其源流，尽量找到最早借用的例证，还要进行日汉语的对比，因为同样一个词在两种不同的语言的词汇体系中的价值往往是不同的。换言之，它们的意义和用法通常不太可能是完全一样的，尤其是日源新词进入汉语词汇体系后许多都发生了变异，而且有的已经汉化了，甚至还对汉语的词汇产生了这样或那样的影响，这才是我们应该关注和考察的重点，但以往的研究大多都忽视了这一点。

对具体的日源新词意义和用法的细致描写，不仅对于发现每个日源新词的个性而言是不可或缺的，而且也是归纳总结日源新词整体的共性的基本前提。总而言之，有关日源新词的"面"的研究应该以"点"的研究作为支撑，不仅需要点面结合，还应该要将接触语言学、对比语言学、社会语言学，以及语料库语言学、词典学等融为一炉，要从词汇学、语义学、语法学等方面多维度地进行研究，要充分地利用语料库，定性分析与定量分析相结合，这样才能使日源新词在宏观和微观上得到全面立体的研究。

本书可以说是作者在这方面所进行的探索的一个具体体现，细心的读者也可以从书中看出本人在日源新词研究方面的方法论上的一些变化。可以说，本书是迄今为止我对日源新词所做的个案研究的一个阶段性总结，其中作为正文收录的14篇论文都是关于具体的日源新词的研究成果，另外一篇用于卷首的"日源新词面面观（代序）"则具有综述的性质。

本书是围绕同一个主题所发表的论文的合集，所以各篇之间难免有重复之处，敬请读者原谅。本书付样前，作者对书中的一些文字进行了修改和调整。由于本书所收论文的发表时间跨度较大，有的是近20年前的旧作，有些论文中描写过的日源新词的意义用法后来又发生了一些变化，因此很难说本书的研究全面地、准确地反映出了这些日语借词的最新面貌。但说本书是对特定历史时期的日源新词的实证性研究的成果，似乎也不为过。如本书能对今后的日源新词研究起到抛砖引玉的作用，则幸甚。

还有两点需要说明：（1）本书所涉及的辞书中有关日源新词或相关词语的收录情况及其释义原则上反映的是原文发表时的最新版本的情况，对于其后出版的新的版本中发生变化者，均以补注的形式加以说明；（2）对个别例句进行了相应调整；（3）个别论文有所删减。

在这里，我首先要感谢我的父母，他们不仅养育了我，而且还曾以年迈之躯帮助我剪报纸、做卡片。行文至此，我无比思念我在天堂的先母，2007年11月我在日本的大学任教期间，慈母突发心脏病，遽归道山，子欲养而亲不待，这是我一生的痛。

我在北京外国语大学和北京大学任教时教过的一些学生也曾经帮助我做过卡片，在此无法一一具名，一并表示感谢。

在此，对于多年来一直关心我的成长，给予我诸多教诲和帮助的各位师友表示由衷的谢意。

华东师范大学外语学院日语系高宁教授在他的专著《越界与误读：中日文化间性研究》（宁夏人民出版社，2005）中的"汉语外来词语源研究"部分对于本人有关日源新词的研究给予了肯定，他曾非常关心拙著出版一事，而此时他正在医院顽强地与病魔斗争，在此遥祝高宁兄早日康复，并能继续他富有创见的研究。商务印书馆总编辑周洪波先生也曾鼓励我将这方面的研究继续做下去，这对我而言自然是一个很大的激励。在此谨向以上二位表示深深的谢意。

本书的出版获得了陕西师范大学优秀学术著作出版基金和陕西师范大学外国语学院的资助，特别是陕西范大学外国语学院王启龙院长对于本书的出版给予了热情关注和大力支持，在此谨致谢忱。

北京大学博士研究生刘爱美为本书进行了初步的编辑，没有她的辛勤劳动本书是不可能顺利出版的。北京外国语大学日语学院周彤老师、北京语言大学东方语言文化学院孙佳音老师、首都师范大学外国语学院刘健老师、江西科技师范大学外国语学院金大喜老师帮助作者进行了校对。身怀六甲的北京大学出版社日语编辑兰婷女士为本书的编辑和出版倾注了大量的心血。在此对她们表示衷心的感谢。

牛步居主人识
2020年春于京都醍醐